RAPPORT

Au nom de la 2ᵉ Commission, sur diverses pétitions relatives au

MARCHÉ DU TEMPLE

PRÉSENTÉ PAR

M. Georges VILLAIN

CONSEILLER MUNICIPAL

PARIS

Imprimerie municipale

—

1892

RAPPORT

présenté au nom de la Commission ... sur diverses questions relatives au

MARCHÉ DU TEMPLE

par

M. Georges VILLAIN

Conseiller municipal

PARIS
Imprimerie municipale
1893

RAPPORT

Présenté par M. Georges VILLAIN, *au nom de la 2ᵉ Commission* (1), *sur diverses pétitions relatives au* **marché du Temple**.

MESSIEURS,

Depuis quelques années, le Conseil municipal est saisi assez fréquemment de pétitions, de réclamations, concernant le marché du Temple. Ce ne sont pas seulement les marchands de vêtements vieux ou neufs, de confections, de modes établis au rez-de-chaussée qui ont fait entendre leurs doléances, ce sont aussi les brocanteurs, les marchands d'habits qui fréquentent le « carreau » du premier étage.

Le Conseil municipal s'est déjà efforcé de concilier les intérêts en présence. Il a notamment pris, les 21 mars et 8 août 1887, deux délibérations concernant la réglementation du Carreau. A-t-il réussi à donner satisfaction à toutes les demandes? On devrait le supposer; mais les réclamations ont persisté, sont même devenues plus nombreuses. La question du Temple revient ainsi à l'ordre du jour.

---

(1) La 2ᵉ Commission (*Administration générale — Police*) est composée de MM. Paul Viguier, *président;* Foussier, *secrétaire;* Darlot, Duplan, Hervieu, Alfred Lamouroux, Lampué, Charles Laurent, Opportun, Prache, Simoneau, Georges Villain.

N° 11.

Votre 2ᵉ Commission, saisie de pétitions relatives à des intérêts parfois contradictoires, estime qu'il faut aborder de front cette question. C'est pour ce motif qu'elle m'a chargé d'étudier l'affaire, aussi bien au point de vue économique qu'au point de vue strictement municipal, afin que vous puissiez prendre les résolutions de nature à sauvegarder les intérêts de la population parisienne, de la ville de Paris et des commerçants de toute sorte, locataires du marché, dont la situation malheureuse, vous le verrez plus loin, mérite toute votre sollicitude.

I.

L'enclos du Temple.

Le marché du Temple a été originairement et, jusque dans ces derniers temps, est toujours resté un marché de « vieux ».

Son origine n'est pas ancienne. Elle remonte au commencement du siècle. Mais ce qu'il y a de particulier, c'est que l'endroit où il a été établi était quelque peu prédisposé à le recevoir. Voici comment :

L'enclos du Temple qui, à la fin du XVIII siècle, avait conservé sa forme primitive, était un vaste domaine enclos de murs ayant une superficie de 125 hectares environ. Il avait la forme d'un quadrilatère irrégulier de l'importance duquel on peut se rendre compte par ce fait que, sur son emplacement, se trouvent actuellement la mairie du III arrondissement, le square du Temple, le marché du Temple et une notable partie du pâté de maisons constitué par les rues du Temple, Béranger, de Franche-Comté et Dupetit-Thouars.

Ce domaine avait appartenu tout d'abord aux Chevaliers du Temple de Jérusalem, autrement dit aux Templiers, qui s'y établirent dès 1122.

Là, ils installèrent le siège de leur ordre en France, ordre qui, on le sait, prit rapidement en Palestine et en Europe un développement considérable. Les donations faites aux Templiers étaient nombreuses et importantes : les richesses accumulées en peu de temps représentaient des capitaux énormes pour l'époque. Pour les mettre en valeur, l'ordre fit avec célérité et sûreté les règlements financiers d'un pays à l'autre ; c'était un banquier puissant. Le roi Philippe-Auguste fait allusion dans l'art. 10 de son testament, rédigé en 1190, à des coffres situés au Temple dans lesquels ses valeurs doivent être déposées (1). La convention conclue en 1269 entre Saint Louis et le prince Édouard d'Angleterre stipule que la redevance annuelle de 25,000 livres tournois payée par le roi de France sera versée au trésor des Templiers : « Seront payez ces deniers, chascun an, à Paris au Temple ».

L'ordonnance de 1272 de Philippe-le-Hardi (2) dit qu'il faudra laisser au Temple une partie de l'argent que les baillis doivent verser au Trésor royal.

---

(1) Ordonnances des rois de France. Paris, 1723, page 18.
(2) Ordonnances des rois de France. Paris, 1723, page 296.

Il ne faut pas s'étonner, dès lors, de l'importance des bâtiments que les Templiers élevaient dans leurs enclos. Il y avait une église, des bâtiments pour les templiers, un cloître, des logements pour les visiteurs, la fameuse tour où était le trésor et qui fut commencée en 1210. Le tout très solidément et très largement construit, et si confortable pour l'époque, que le roi Henri III d'Angleterre, dans le voyage qu'il fit à Paris en 1254, préféra un logement au Temple à celui que Saint Louis lui offrait dans Paris.

Le Temple, confisqué par Philippe-le-Bel après le procès engagé par la Couronne contre l'ordre des Templiers, fut donné, peu de temps après, aux Chevaliers de Saint-Jean de Jérusalem qui devinrent les Chevaliers de Rhodes après la prise de Jérusalem par les Sarrazins, et les Chevaliers de Malte après la prise de Rhodes par les Turcs. Comme le Temple a été donné aux Chevaliers de Rhodes vers 1314 et a été déclaré bien national en 1790, on voit que l'enclos est resté pendant près de cinq siècles entre les mains de l'ordre de Malte. C'est là, au surplus, que les chevaliers de Saint-Jean installèrent le siège principal de leur ordre en France, antérieurement situé dans la commanderie de Saint-Jean-en-l'Ile, près de Corbeil.

Le prieuré du Temple constituait une résidence, enclose d'une muraille fortifiée, tout comme l'abbaye Saint-Martin, l'abbaye Saint-Antoine, l'abbaye Saint-Victor et Saint-Germain-des-Prés. Il se trouvait, comme elles, en dehors de l'enceinte de Philippe-Auguste, mais il fut compris dans Paris lors de la construction de l'enceinte d'Étienne-Marcel.

Le domaine territorial de l'ordre de Malte n'était pas limité à l'enclos, il comprenait encore des terrains maraîchers et des terrains de culture qui s'étendaient jusqu'à la rue Vieille-du-Temple, et qui furent allotis et couverts de maisons quand la population parisienne dut, pour se loger, convertir en immeubles les champs alors compris dans les murs d'enceinte.

Comme presque toutes les grandes institutions religieuses du moyen-âge, les Templiers et leurs successeurs avaient, sur leurs domaines, les droits souverains que, sous le régime féodal, les seigneurs s'étaient attribués. Ces droits, ceux de haute et basse justice, entre autres, ils les tenaient de chartes royales ou de bulles papales et ils les conservèrent dans leur principe, sinon dans leur forme même, jusqu'à la Révolution.

On sait que les églises et les résidences des grands ordres religieux étaient lieu de refuge, d'asile et de franchise pour tous ceux qui voulaient s'y retirer, et qu'il était défendu à toute personne de « mettre une main violente » sur les réfugiés à peine d'excommunication. Mais ce droit d'asile n'était pas absolu. On se souvient que, sous le règne de Saint Louis, un sergent d'armes du Roi arrêta un criminel dans la cathédrale de Tours. Il y eut procès devant le Parlement et la sentence porta que le sergent d'armes remettrait le prisonnier entre les mains du chapitre de la Cathédrale, mais que les hommes de l'église restitueraient le criminel à la justice royale.

Depuis Saint Louis le droit d'asile subit bien d'autres modifications.

Aussi au xviie siècle, par exemple, le droit du grand prieur de Malte était-il bien atténué. On ne pouvait garder au Temple des criminels; la protection ne s'appliquait qu'aux banqueroutiers. Eux, par contre, s'y trouvaient en franchise. Il leur suffisait de s'adresser au bailli de l'ordre, qui leur accordait de suite une permission de séjour de trois mois, moyennant un droit de cinq livres et quelques sous. Cette taxe était perçue par les officiers de justice du bailli, au profit de la caisse du grand-prieur. La seule restriction qui était apportée à la manière de vivre des banqueroutiers, c'est qu'ils devaient loger... en garni.

Si, au point de vue du droit féodal, de tels changements s'étaient effectués sur la situation légale du Temple, au point de vue matériel des modifications très importantes s'étaient également produites peu à peu.

Déjà dès le xvie siècle, le Temple avait beaucoup perdu de son caractère religieux. L'enclos était si vaste que les services du Grand-Prieuré ne pouvaient l'utiliser en entier. Aussi avait-on autorisé la construction, au dedans du mur de clôture, d'immeubles où s'étaient établis les artisans qui pouvaient échapper, dans cet enclos privilégié, aux ordonnances et règlements concernant les métiers.

Dès le xvie siècle, écrit Barillet dans ses *Recherches historiques sur le Temple* (1), il y avait un grand nombre d'orfèvres qui travaillaient à l'ombre du privilège qui exemptait de la maîtrise les artisans qui demeuraient dans l'enclos. C'est dans ce lieu que l'on fabriqua d'abord ces fausses pierres précieuses et ces émaux connus sous le nom de bijoux du Temple, et, quoique cette contre-façon ne fût aucunement illicite ni prohibée, on ne les fabriqua longtemps que dans cet endroit.

Lorsque l'usage des indiennes fut défendu, le débit ne put s'en faire avec sûreté que dans ce lieu, et cet avantage y avait fait naître beaucoup d'établissements de ce genre de commerce qui subsistaient encore sur la fin du dernier siècle.

Vers 1750, la mode introduisit une sorte de perruques en laine, dont l'usage presque général se prolongea pendant plusieurs années. Ce fut encore au Temple qu'on les fabriqua, et c'était de ce seul enclos qu'il s'en faisait des envois pour tous les pays où cette mode s'était étendue.

C'est au commencement du xviie siècle que l'on commença la construction des hôtels qui occupaient les terrains libres de l'enclos. Peu de bâtiments, en dehors des édifices religieux, étaient encore sortis de terre au temps de Henri IV, puisque l'on

---

(1) Recherches historiques sur le Temple par Barillet, Paris, 1809, pages 121 et 122.

trouvé à la bibliothèque Carnavalet des estampes où sont figurés des projets relatifs à la construction de tout un vaste quartier neuf sur les terres de l'enclos et sur les terrains circonvoisins. Ce projet somptueux ne fut pas exécuté. On se contenta de l'aménagement du quartier voisin dit de la place Royale. Mais, dès lors, l'enclos du Temple commença à être utilisé comme terrain à bâtir et, cent ans après, on y trouvait une véritable ville « franche ». Voici ce qu'en dit Jean de la Caille dans les documents annexés à son plan de Paris de 1714 (1) :

« La commanderie du Temple est un lieu privilégié pour toutes sortes d'artisans, qui contient environ cent maisons, où il y a une paroisse, une haute et basse justice. Les habitants payent au bailly de ce lieu 250 livres pour l'entretien des lanternes et le nettoyement de cet enclos. »

Dans le courant du xviii° siècle, l'importance du Temple ne fit que s'accroître et, à l'époque où Mercier écrivait son *Tableau de Paris*, c'est à dire une quinzaine d'années avant la Révolution, il y habitait près de quatre mille personnes, autant que dans un de nos chefs-lieux de canton de moyenne importance !

Voici, d'après le plan annexé à l'ouvrage de Barillet et que nous reproduisons ci-après, quelle était la topographie de l'enclos :

Au nord, l'hôtel Poirier le long de la rue du Temple, l'hôtel Boisboudran où mourut l'abbé de Chaulieu et dont l'entrée était presque en face de la rue Notre-Dame-de-Nazareth. Puis, en descendant vers la Seine, l'hôtel de Guise, l'hôtel de Boufflers, l'hôtel où le prince de Conti tenait sa trésorerie. Au centre était l'église du Temple et les bâtiments du prieuré avec les dépendances. C'est là que se trouvaient toutes les masures habitées par la clientèle hétéroclite du « lieu franc ». Enfin au sud, sur l'emplacement du square actuel était le grand hôtel du Prieur construit en 1667 par Jacques de Souvré, grand prieur, sous la conduite et d'après les dessins de l'architecte Delisle. L'architecture était médiocre. Mais l'intérieur était en rapport avec la situation des grands prieurs qui étaient de la plus haute condition, comme Philippe III de Vendôme (2), petit-fils de Henri IV et de Gabrielle d'Estrées et dont les soupers furent presque aussi célèbres que ceux du Palais-Royal; Jean Philippe d'Orléans (3), fils naturel du Régent; Louis François de Bourbon Conti (4), dont l'amie, la marquise de Boufflers, habitait l'hôtel voisin,

---

(1) *Atlas historique des plans de Paris.* Appendice, page 40.

(2) Mort en 1727.

(3) Mort en 1749.

(4) Mort en 1776.

ou encore Louis Antoine de France, duc d'Angoulême, fils aîné du comte d'Artois et neveu, par conséquent, du roi Louis XVI. Ce prieur, le dernier de la liste, fut pourvu de la charge à l'âge... de trois ans. Aussi l'administration du Temple était-elle confiée à un homme plus à même de faire valoir le domaine qu'un bambin de cet âge, et cette charge — le titulaire portait le titre de bailli — incombait, à la fin du xviii⁰ siècle, à un homme de grande valeur, M. de Crussol qui, en 1789, fut électeur de la Noblesse pour la vicomté de Paris et dont le nom est lié à l'histoire économique du Temple.

Dans la partie orientale de l'enclos, entre l'église et le mur d'enceinte, se trouvaient de grands jardins qui se reliaient au jardin particulier des prieurs : c'est au milieu de ces jardins que s'élevait la fameuse tour du Temple. Ces vastes espaces furent utilisés par le bailli de Crussol qui y édifia, en 1783, la fameuse rotonde du Temple, afin de débarrasser l'enclos de toutes les masures situées à côté de l'église où logeaient les artisans et les banqueroutiers.

Il ne manquait pas, d'ailleurs, de pittoresque ce coin de l'enclos du Temple :

« On y comptait, dit Barillet (1), plus d'une vingtaine d'endroits publics, tels que cafés, marchands de vins, traiteurs, tabagies, billards, qui tous ne désemplissoient pas, et, comme des tables garnissoient l'été le devant de leurs portes, ils présentoient ainsi l'image d'une guinguette dans le sein de la ville. »

Aussi Mercier a-t-il pu nous laisser de sa visite à l'enclos du Temple une esquisse, peut-être superficielle, mais bien vive en tout cas, de la vie facile que menait, dans cet asile privilégié, une population quelque peu exempte de préjugés, qui comprenait, entre autres, beaucoup de débiteurs vivant à l'abri des poursuites de leurs créanciers.

C'est à qui n'acquittera pas ses dettes (2). L'un demande du temps, l'autre obtient un arrêt de surséance; celui-ci un sauf-conduit. Il est des hommes habiles, qui, connoissant le dédale des formes, font naître des incidents, déclinent des juridictions, croisent des oppositions. Ceux qui ne connaissent pas cette ressource, se réfugient dans l'enclos du Temple.

Là, l'exploit de l'huissier devient nul; l'arrêt qui ordonne la prise de corps expire sur le seuil de la porte. Le débiteur peut entretenir ses créanciers sur ce même seuil, les saluer, leur prendre la main. S'il faisait un pas de plus, il serait pris : on fait tout pour l'attirer au dehors; mais il n'a garde de tomber dans le piège.

Il paye cher une petite chambre étroite, toujours préférable à la prison. Du fond de cette re-

---

(1) Ouvrage cité, page 126.

(2) *Tableau de Paris* par Mercier. Édition d'Amsterdam, 1783. Tome vii, pages 92 et 93.

Légende du Plan de l'Enclos du Temple en 1789,

PAR BARILLET

---

1 Porte du Temple construite vers le même temps que le palais. On voit les restes des bâtimens de l'ancienne porte en entrant à main gauche et qui servoient de prison au baillage.

2 Ancien bâtiment.

3 Corps de bâtiment construit vers 1750 et appelé Bâtiment-Neuf.

4 Hôtel des Bains, anciennement nommé hôtel Poirier.

5 Hôtel de Boisboudran où mourut l'abbé de Chaulieu.

6 Hôtel de Guise.

7 Hôtel de Boufflers et son joli jardin anglais.

8 Deux autres hôtels sous le même numéro; dans le premier le prince de Conti y tenoit sa trésorerie.

9 Cour de la Cordérie.

10 Rue de la Rotonde, nouvellement nivelée pour circuler à l'entour de ce bâtiment.

11 Rotonde commencée en 1787.

12 Tour carrée appelée vulgairement Tour de César.

13 Pan de muraille de construction ancienne et que l'on peut présumer avoir fait partie de bâtimens considérables qui se trouvoient en cet endroit.

14 Cour du Lion d'Or.

15 Place ou cour et cul-de-sac du Chameau.

16 Rue Haute.

17 Petite-Rue.

18 Baraques construites sans aucunes fondations.

19 Hôtel du Bel-Air.

20 Partie restante des Charniers.

21 Maison du Prieur-Curé.

22 Église du Temple.

23 Cimetière du Temple.

24 Hôtel du Chapitre, ancien ancien hôtel des Grands-Prieurs de France;

25 Hôtel appelé dans ces derniers temps Hôtel de Rostaing.

26 Bailliage et passage qui y conduisoit. Ce même numéro peut indiquer aussi l'entrée banale du jardin.

27 Palais du Grand-Prieuré.

28 Jardin du palais du Grand-Prieuré.

29 Boucherie appelé boucherie du Temple.

30 Cuisines du palais du Grand-Prieuré.

31 Écuries du palais du Grand-Prieuré.

32 Tours du Temple.

33 Fontaine de Boisboudran dite fontaine de Vendôme.

34 Fontaine du palais du Temple.

35 Fontaine nouvellement construite.

L'ENCLOS DU TEMPLE EN 1789

d'après Barillet.

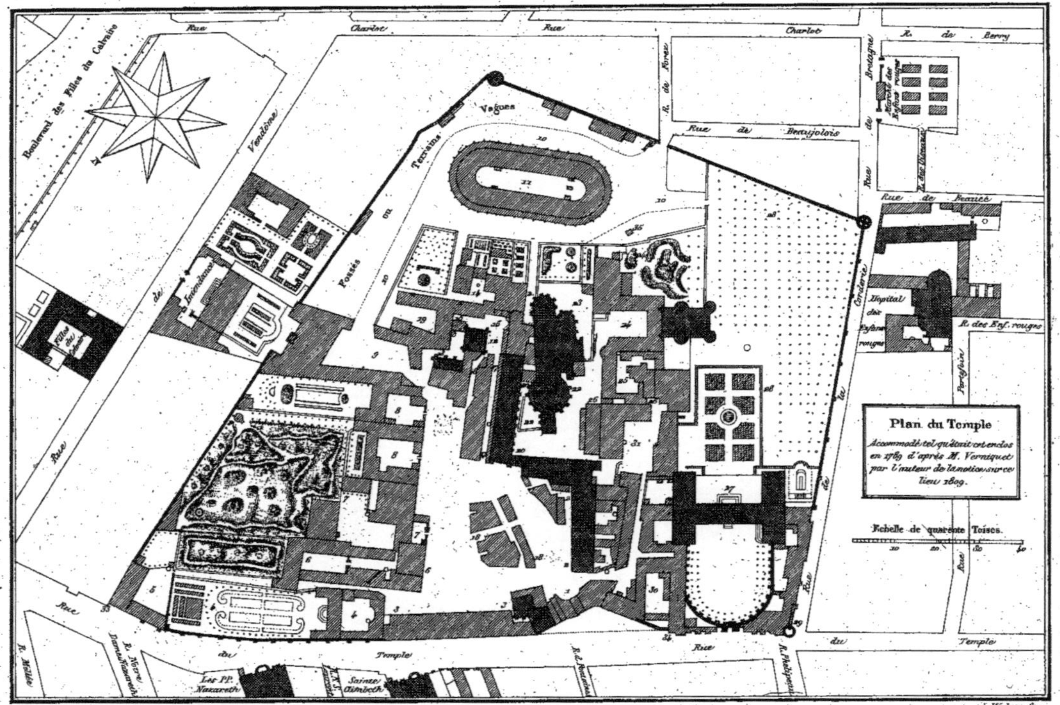

traite, il arrange ses affaires ; il traite, il négocie. Si les créanciers sont intraitables, il reste dans l'asyle que lui ont ménagé les Religieux templiers,.... qui ne s'en doutaient guère.

Il n'y a point d'inconvénient à laisser subsister ce lieu privilégié, parce que les créanciers s'arrangent toujours beaucoup mieux avec le débiteur présent qu'avec le débiteur absent.

La visite des jurés des communautés n'a plus lieu dans le Temple ; toutes les professions y sont libres, en voici un exemple récent :

Un épicier ruiné, ayant trouvé la recette d'une tisane purgative et confortative, la débite aujourd'hui dans le Temple avec un prodigieux succès. Elle fait beaucoup de bien ; et le peuple, las du charlatanisme des médecins, des drogues empoisonnées des apothicaires, a trouvé dans cette tisane un remède vraiment salutaire : du moins l'expérience confirme chaque jour sa bonté et son utilité générale.

Le débit de cette tisane monte jusqu'à douze cents pintes par jour ; et, comme l'efficacité d'un remède n'est constatée que par l'expérience, tous les raisonnements contre l'empirisme deviennent fautifs, quand l'empirisme guérit encore mieux que la médecine qui raisonne. Il se pourrait faire qu'il n'y eût au fond qu'une seule et même maladie, et qu'un seul remède conséquemment pût détruire le germe des maladies chroniques. La colère des guérisseurs de profession contre l'épicier chez qui tout Paris accourt, est une des choses qui m'ont le plus réjoui.

Il est bon qu'il y ait dans une grande ville un asile ouvert aux victimes de cette foule de circonstances qui agitent si diversement la vie humaine ; il est bon que les petites tyrannies des corps qui immolent tout à leurs intérêts particuliers disparaissent pour laisser à l'homme ou à l'art la liberté trop souvent ailleurs gênée et fatiguée.

Ainsi le terrain du Temple devient précieux. On parlait d'y établir un second théâtre ; il servirait à donner à l'art dramatique une plus grande étendue et à détruire ce privilège incroyable, qui a tué Melpomène et Thalie aux pieds de Messieurs les gentilshommes ordinaires de la Chambre.

Monseigneur le duc d'Angoulême, fils de monseigneur le comte d'Artois, frère du Roi, est grand-prieur du Temple.

On enterre dans l'église du Temple tous les commandeurs et chevaliers de l'ordre de Malthe qui meurent à Paris.

Ainsi les chevaliers de Saint-Jean-de-Jérusalem habitent la maison qu'occupaient les Templiers, dont la destruction forme dans notre histoire une époque qui exerce et trompe notre vive curiosité.

A cent ans de distance nous ne pouvons que nous étonner de voir qu'il existait en plein Paris une agglomération de population aussi bigarrée.

Peut-être que dans cent ans, se trouvera-t-il quelque critique qui fera sur notre fin de siècle les observations que nous sommes tentés de faire sur nos ancêtres. Mais on avouera qu'il était singulier de voir coexister, dans la résidence de l'un des plus puissants ordres religieux, sous le patronage intéressé (1) d'un grand

---

(1) Barillet dit que l'enclos rapportait brut 300,000 livres par an avec 50 à 70,000 livres de charges.

prieur, des marquises qui avaient su allier leur goût pour la galanterie à une dévotion mondaine, des marchands d'orviétan et des banqueroutiers. L'enclos du Temple était bien pour le monde parisien du xviiie siècle ce que le marché du Temple fut pour le commerce parisien du xixe. D'ailleurs la transition ne fut pas longue à établir : le fossé à franchir n'était pas très profond, et la construction de la Rotonde marqua le commencement de cette rapide transformation.

Mercier ne nous parle pas de ce monument. C'est que le bâtiment n'était pas même commencé quand l'auteur du *Tableau de Paris* recueillait les notes de son ouvrage (1).

La Rotonde était un bâtiment de 37 toises (72 mètres) de long sur environ 18 toises (35 mètres) de large. Ces dimensions montrent qu'il ne s'agissait pas, effectivement, d'une rotonde. En fait, le bâtiment se composait de deux parties droites réunies par deux hémicycles. Au milieu se trouvait une cour longue de 43 mètres environ et large à peu près de 12 mètres. La superficie totale était de 2,227 mètres carrés.

La partie extérieure du monument était formée de 44 arcades soutenues par des colonnes toscanes, constituant une galerie couverte, bordée de boutiques et d'entresols, à l'instar du Palais-Royal. Au-dessus des arcades s'élevaient deux étages et un troisième étage de mansardes.

Il existe fort peu de données sur cette Rotonde, élevée dans le but de rapporter de forts loyers et qui ne rencontra jamais grand succès. La date précise de sa construction même est incertaine. Dulaure dans son *Histoire de Paris* (2) lui donne comme date de construction l'année 1781, erreur reproduite par la plupart des écrivains qui se sont inspirés (3) peut-être de lui. Par contre Émile de La Bédollière, dans son *Nouveau Paris*, a indiqué la date de 1788 (4). Quelle est donc la vraie date ?

Si l'on consulte une grande aquarelle d'architecte existant au musée Carnavalet et représentant la Rotonde, on serait tenté de donner raison à Dulaure. En effet l'artiste a représenté un groupe de personnages se rendant dans le bâtiment pour assister à un concert. Au milieu du groupe se trouve un enfant de huit ou dix ans. C'est le grand prieur de Malte, le duc d'Angoulême, né, on le sait, en 1773. Voilà qui confirmerait la date de 1781. Mais il ne faut pas attacher un caractère

---

(1) Mercier écrivait vers 1780.

(2) *Histoire de Paris*, par Dulaure. Paris, Boisgard. 1852, page 532.

(3) M. Lance, dans son Dictionnaire des architectes français (tome II, page 196), dit que Perard de Montreuil a traité la Rotonde à cette époque. Le grand ouvrage *Paris à travers les âges* parle également de 1781.

(4) *Le Nouveau Paris*, de Émile de La Bédollière, page 38.

absolu de précision aux épisodes signalés sur les dessins dits d'architecte, où l'auteur se préoccupe plus de reproduire le monument qu'il a en vue, que les accessoires qu'il ajoute à son travail.

L'ouvrage de Barillet est fait avec le plus grand soin et par un homme qui connaissait bien le Temple, puisqu'il en fut l'architecte sous l'Empire. La date qu'il donne est d'ailleurs, à notre avis, celle qui se rapporte le mieux à l'édification du monument.

Ce bâtiment, dit-il (1), fut commencé en 1788, sur les dessin de M. Perard de Montreuil, architecte du grand prieuré, M. le bailli de Crussol, qui en était administrateur, en posa la première pierre avec une certaine pompe, et il fut terminé en 1790. Une spéculation avait fait faire cette entreprise; mais la Révolution la rendit infructueuse. La Rotonde est élevée sur un terrain vague qu'on appeloit le « Marais », dans lequel étaient autrefois les serres chaudes du prince de Conti, qui furent détruites après sa mort, ainsi que sur l'emplacement d'un nombre considérable de bicoques, toutes occupées par des ouvriers que la franchise du lieu avoit attirés dans l'enclos, et sur les jardins dont jouissoient les chapelains du grand prieuré, et qui appartenoient à leur chapitre à titre de propriété. Ce vaste monument est peu solide et déjà en mauvais état (2); on circule à l'entour par une galerie ornée de colonnes. Au milieu est une cour, que son peu d'espace joint à l'élévation du bâtiment rend malsaine et peu commode.

Au surplus, Barillet, qui est l'auteur le mieux renseigné sur le vieux Temple, dit que le bâtiment fut commencé en 1788 et achevé en 1790.

Effectivement, quel mobile aurait poussé le bailli de Crussol, administrateur du Temple, à faire élever cette rotonde, qui, en 1781, se serait trouvée le premier monument du genre, édifié à Paris? Certes, l'industrie et le commerce de l'enclos devaient inciter un administrateur ingénieux à offrir à la clientèle un aménagement moins rudimentaire que celui des vieilles échopes et des boutiques du Temple. Mais il paraît plus vraisemblable de penser que la Rotonde a été bâtie, avec sa série d'arcades et de magasins, pour attirer dans l'enclos une partie de la population parisienne alors très séduite par les attraits des galeries du Palais-Royal. Les maisons qui entourent le jardin actuel du Palais-Royal ont été, on le sait, construites par l'architecte Louis, sur une partie du parc du Palais d'Orléans. Les travaux commencèrent le 1er août 1781 (3) par l'abatage des vieux arbres du parc ; six mois après, on procédait à la construction des fondations. Des lettres patentes du

---

(1) Barillet, id., pages 86 et 87.

(2) Barillet écrivait vers 1808. Il dit à propos de la Rotonde que, pour tailler les pierres de la colonnade, on utilisa un système qui consistait à scier plusieurs blocs à la fois, en actionnant une scie à l'aide d'un cheval, système qui fut d'ailleurs abandonné.

(3) Dulaure, id., page 538.

roi, en date du 13 avril 1784 (1), autorisèrent l'exploitation des bâtiments, et le nouveau jardin fut ouvert au public en 1787.

En fait la Rotonde du Temple devait avoir la même destination que le Palais-Royal : elle n'eut pas cependant le même succès. C'est qu'il y avait à l'ombre du Palais du Régent des attractions multiples (le jeu et la galanterie principalement) que le Temple ne fut pas à même de présenter. Celles qu'il offrait n'avaient pas une séduction aussi intensive. Malgré cela, l'opération financière du bailli de Crussol n'eût peut-être pas été très mauvaise si l'enclos avait conservé l'usage de ses antiques privilèges. Mais la Révolution arriva et elle détermina le changement complet de la vie économique de ce quartier de Paris.

Le Temple n'était pas, en effet, le seul enclos privilégié qui se trouvait dans la ville. La liberté du travail, c'est-à-dire l'exemption des règlements corporatifs, existait également dans le faubourg Saint-Antoine (dépendant de l'ancienne abbaye), dans les enclos de Saint-Jean-de-Latran, de Saint-Martin-des-Champs et de Saint-Germain-des-Prés. Aussi, dès le commencement de la Révolution, fut-il question de leur suppression.

Dans son ouvrage si documenté sur les élections de Paris en 1789, M. Ch.-L. Chassin donne des extraits des cahiers particuliers dans lesquels se trouvaient exposées les doléances de quelques corporations. Ces cahiers, qui n'ont pas été utilisés par l'assemblée des électeurs, furent déposés au Châtelet et à l'Hôtel de Ville. Ils sont très curieux à consulter car on y trouve exposées les idées de certains industriels ou négociants sur les réformes intéressant leur corporation, et ils contiennent quelques-unes des protestations que devaient naturellement leur inspirer les enclos privilégiés (2).

Les Maîtres-fondeurs réclament très nettement *la suppression des privilèges locaux qui servent de retraite aux faux ouvriers et aux banqueroutiers.*

Il est aisé d'apercevoir, disent-ils, le double préjudice que causent au commerce les privilèges, dont aucun n'a été accordé par la Nation, et qui ne sont que l'abus que les réguliers [le clergé régulier] ont fait de la trop crédule religion des princes : d'un côté, ils servent de refuge et de voile à toutes les fraudes dont sont susceptibles les fabrications de toute espèce ; les ouvriers qui s'y livrent, ne craignant rien des droits que les statuts accordent à chaque communauté, ont le triple avantage :

1° D'exercer librement et sans aucune taxe pécuniaire des professions, pour l'exercice desquelles les maîtres de communautés sont obligés de payer des sommes considérables et des impositions aussi onéreuses par leur quotité que par leur reproduction annuelle ;

---

(1) Louis Lazare, Bibliothèque municipale. 1863. Tome iii, page 300.

(2) *Les élections et les cahiers de Paris en 1789*, par Ch.-L. Chassin. Paris, 1888, tome II, page 518.

2° De n'être pas soumis à la nécessité de payer des loyers importants ;

3° De n'être ni gênés ni surveillés dans leur fabrication ; d'où résulte en leur faveur la possibilité de vendre à un prix infiniment inférieur à celui que doit exiger le maître de communauté, pour trouver un bénéfice au-dessus de la valeur réelle de son ouvrage, du produit de ses talents, du remboursement de la dépense de ses compagnons, enfin des frais nécessaires de loyers, charges bourgeoises et autres.

De l'autre côté, ces lieux servent de retraite à ceux dont l'inconduite et la mauvaise foi dissipent ou emportent les fonds qu'ils ne tenaient que de la confiance qui fait l'âme du commerce ; et, de ces lieux impénétrables, où ces banqueroutiers vivent de la substance de ceux qu'ils ont trompés, ils se rient impunément des efforts que leurs malheureux créanciers font pour recouvrer leurs fonds ou leur font impérieusement la loi pour en obtenir des remises exhorbitantes ; pendant que, si leurs personnes n'étaient pas garanties par le privilège de leur retraite, des décrets de la justice, la crainte de perdre leur liberté ou le désir de la recouvrer, leur feraient dégorger les sommes que leur mauvaise foi a soustraites à l'action des créanciers.

Les Maîtres-perruquiers ne sont pas moins nets. En vertu d'édits royaux, ils avaient le droit exclusif « d'exercer les fonctions de barbiers-baigneurs-étuvistes-perruquiers, dans toute l'étendue du royaume (1) ». Il y avait défense formelle « aux supérieurs et juges des enclos du Temple, Saint-Jean-de-Latran, Saint-Martin-des-Champs, l'abbaye Saint-Germain et tous autres endroits privilégiés ou prétendus tels, de souffrir dans lesdits endroits aucuns barbiers-perruquiers-baigneurs-étuvistes, sous peine de 3,000 livres d'amende ».

Malgré ces édits, ajoute le mémoire, et beaucoup d'autres règlements rendus en leur faveur, les réclamations des maîtres-perruquiers ont toujours été sans effet, et ces endroits privilégiés ont continué à servir de retraite aux ouvriers de tous genres qui ont voulu se soustraire aux lois établies pour les communautés.

A côté des Maîtres-fondeurs et des Maîtres-barbiers-perruquiers-baigneurs-étuvistes, on peut ranger les vœux des Marchandes de modes-plumassières-fleuristes de Paris qui, elles aussi, demandent la suppression des enclos.

Voici l'article premier de leur requête, rédigée le 28 mai 1789, dans une réunion des « syndiques adjointes et députées en exercice » :

Demande la communauté que tous les privilèges ou lieux privilégiés soient et demeurent supprimés, notamment les enclos du Temple, Saint-Martin-des-Champs, Saint-Germain-des-Prés, Saint-Jean-de-Latran, Saint-Denis-de-la-Châtre et autres, en dedans des murs de la ville de Paris.

____

(1) Id. p. 550.

Ces endroits sont le refuge d'un grand nombre de marchands, négociants, ouvriers sans qualité, ne payant point de maîtrises ni aux droits au roi ni aux corps et communautés; n'étant classés, disciplinés ni inspectés par les gardes, syndics et adjoints ; ce qui donne lieu à une infinité d'abus et porte le plus grand préjudice au commerce et aux droits des corps et communautés.

Ces endroits sont encore le refuge des personnes qui, après avoir fait des achats considérables de marchandises, soit dans les manufactures, magasins et boutiques, font, par leur retraite dans ces lieux privilégiés, la loi aux créanciers qui sont contraints, au lieu de tout perdre, d'accepter toutes les conditions qui leur sont proposées par les débiteurs.

Ces réclamations étaient provoquées par l'intérêt particulier des corporations qui trouvaient dans les commerces et dans les industries des enclos une concurrence gênante. Ce qui les dictait était moins le désir d'être utile au consommateur, au public, que le souci de faire fermer les établissements concurrents. Si l'ancien régime avait continué d'exister et si les pétitionnaires avaient eu gain de cause, les privilèges de leurs corporations se fussent accrus en conséquence.

La Révolution mit fin à ces réclamations en proclamant la liberté du travail, cette conquête aussi précieuse que la liberté individuelle, dont elle est d'ailleurs le complément naturel.

Les franchises du Temple ayant disparu avec l'abolition des droits seigneuriaux, l'enclos fut désormais soumis au droit commun comme le reste de Paris.

Cette nouvelle situation ne lui enleva toutefois qu'une partie de son importance économique. Par sa situation topographique, par les habitudes que la population des environs avait prises, le Temple conserva, sous la Révolution, une certaine activité. La vie parisienne ne pouvait pas, d'ailleurs, abandonner un quartier dont l'histoire locale fut alors intimement liée à l'histoire de la France tout entière. La détention de Louis XVI attira autour du Temple les promeneurs parisiens dont la distraction favorite, ainsi que le témoigne l'imagerie populaire, était la contemplation éloignée de la prison royale.

A la suite de cette foule, un commerce nouveau, celui de la Friperie (1), vint se fixer au Temple, qui devint alors le marché principal des vieux habits.

---

(1) Dans le procès de Georges Cadoudal, on voit que le fameux conspirateur avait, quelques temps avant son arrestation, trouvé asile chez une jeune *rapioteuse* (racommodeuse de vieilles nippes) du Temple. Sur sept femmes qui furent impliquées dans le procès, il y avait trois rapioteuses.

II.

La Friperie à Paris.

La Friperie avait d'ailleurs constitué depuis longtemps une branche très importante du commerce parisien. Chose facile à comprendre. Les progrès de l'industrie, conséquence de la découverte de la vapeur, n'étaient pas encore venus révolutionner les arts de la mode, et l'on faisait des vêtements solides que l'on usait « jusqu'à la corde ». Les personnes peu fortunées recherchaient avidement les vieux vêtements qui, tout en étant plus ou moins défraîchis, n'étaient pas encore hors d'usage et qui, après un raccommodage ou un rempiéçage, étaient susceptibles d'être utilisés à nouveau.

Aussi dans le *Livre des métiers*, d'Étienne Boileau, ouvrage qui remonte au XIII° siècle, il est déjà longuement question du commerce des fripiers et le règlement de cette corporation compte trente-trois articles (1), alors que celui des orfèvres n'en a que douze. Ce nombre, au surplus, n'a rien de très surprenant parce qu'il s'agit, en somme, de réglementer une profession délicate à exercer en raison de l'origine parfois douteuse des objets sur lesquels elle exerce,

« Le métier de fripier embrassait le commerce des vêtements et des étoffes de toute espèce, disent MM. de Lespinasse et Bonnardot dans leur étude sur le *Livre des métiers* (2), c'est-à-dire des draps, des laines, des feutres, des cuirs, etc., à l'état vieux... Un métier vague, incertain, susceptible de fraude et de malversations sans nombre comme l'était celui des fripiers, exigeait plus que tout autre une grande surveillance et une grande exactitude de la part de ceux qui avaient à rendre la justice. Le Maître du métier connaissait tout ce qui avait rapport au commerce, tel que les sociétés, les partages, les dettes, les pertes et les bénéfices, les contraventions aux règlements, etc... Il était garant en quelque sorte de la conduite des maîtres...

« Quand un homme devait devenir fripier, il devait prêter serment de ne rien acheter ni à des voleurs, ni à des gens mal famés, ni à des lépreux ; il ne devait

---

(1) Voir aux *Annexes II*, n° 1, le texte de ce règlement.

(2) Histoire générale de Paris. Le *Livre des métiers* d'Étienne Boileau, par MM. de Lespinasse et Bonnardot, page 78.

acquérir aucun objet mouillé ou sanglant, dont il ignorait la provenance, ni aucun ornement d'église non réformé pour cause de vétusté. Tout fripier convaincu d'un tel délit était privé de l'exercice de son métier jusqu'à ce qu'il l'eût racheté de nouveau et fait un second serment. »

L'exercice du métier était limité à l'achat, à la vente et au raccommodage des vieux objets : le fripier ne pouvait fouler à nouveau le drap, ni le teindre ou l'apprêter. Il lui était interdit de vendre ou d'acheter des objets en feutre. S'il transgressait le règlement, l'objet du commerce illicite devait être brûlé : « l'œuvre est fause et doit estre arse en plain marchié ».

Le texte du chapitre du livre d'Étienne Boileau montre très nettement qu'il y avait dans les corporations des fripiers deux catégories : celle des fripiers établis en boutique et celle des fripiers ambulants — cil qui crient par la vile « la cote et la chape », — comme le dit le rédacteur dans son langage imagé. Ceux-ci payaient un simple droit qui leur donnait la faculté d'aller partout « par les ostieuz (hôtels), et tost ou tart, et ès bordiaux et ès tavernes », acheter leurs marchandises. Au contraire, pour être Fripier, dans toute l'acception du terme, fripier avec un F majuscule, ayant boutique sur rue, le marchand d'habits, (le « chineur » du moyen-âge) devait payer un second droit.

Se aucun qui vont criant « la cote et la chape! » dit textuellement l'art. 22, voille avoir (excercer) le mestier de freperie enterinement (entièrement), c'est-à-dire savoir que il voille partir (partager) en ce que on vendra et achetera enz eù marchié devant dit (comme il est dit plus haut), il convient que il achate le mestier devant dit tout de nouvel en la manière desus devisée, et que il lait (cesse) à crier « la cote et la chape! »

Et l'article suivant nous dit :

Quiconque est Fripier à Paris, il peut vendre et acheter en sa meson bones denrées et loiax, par paiant la droiture redevance au Roy.

Le fripier en boutique ne pouvait plus, comme l'ambulant, crier « la cote et la chape ! » ès bordiaux et tavernes. Mais en échange il tenait rang dans la corporation des fripiers : c'était un commerçant établi qui savait mesurer la distance qui le séparait d'un vulgaire marchand d'habits. Ces temps sont-ils si loin de nous?

En tout cas, les Fripiers du xiii° siècle avaient su, comme certains gros brocanteurs de l'Hôtel des ventes, s'attribuer le droit de préemption sur les marchandises à vendre. Conformément aux usages du temps, ils avaient le droit, — tout comme les syndicats actuels de brocanteurs, — de se partager la marchandise mise en vente en quelque lieu que ce soit. S'ils ne pouvaient se rendre sur place, ils se faisaient représenter par un « vallet de son lignage, son asprentiz, ou sa fame ou aucun de ses enfants ». Ceux qui criaient « la cote et la chape ! », les *chineurs* si on le préfère, prenaient ce que délaissaient les fripiers, ou ce que ces notables commerçants ne savaient ou ne [pouvaient dénicher. Exception était faite aux foires de Saint-Germain-des-Prés, « à la Saint-Ladre (Saint-Lazare), au Lendit et à la Saint-Denis ». Ces foires étaient « franches de vendre et de acheter ». Les privilèges des fripiers y étaient suspendus et les « chineurs » achetaient et vendaient au même titre que les maîtres de la corporation.

Il y a lieu de signaler encore, dans le chapitre du *Livre des métiers* concernant les fripiers, un article où les boutiquiers s'élèvent contre la concurrence que leur font les « chineurs » qui avaient organisé un marché clandestin sur la place Saint-Séverin.

Ceux qui crient « la cote et la chape ! » (1) dans la ville de Paris, et autres gens inconnus, ont établi un nouveau marché pour les objets de provenance suspecte. C'est à Saint-Séverin, sur une petite place et le soir, depuis l'heure des vêpres jusqu'à la chute du jour, qu'ils exercent leur commerce. Il faudrait supprimer ce marché, le roi n'y touche point d'impôt, et la population en souffre de plusieurs manières, car on y vend des objets suspects ou volés, que bien des gens achètent sans en savoir la provenance douteuse (2).

Qui aurait cru que les conflits du carreau du Temple ont des origines qui remontent au temps de Saint-Louis ! Est-ce pour mettre d'accord les fripiers en boutique et les fripiers ambulants que Philippe le Hardi rendit en 1278 un édit disant qu'il y aurait des halles près du cimetière des Innocents où seraient placées « de pauvres femmes et de misérables personnes pour y vendre de vieux souliers, de la friperie et de méchants cuirs » ?

Dans les siècles suivants, le commerce des fripiers ne fit que se développer. Mais les ordonnances qui les concernaient ne manquaient jamais de rappeler les précautions que l'autorité avait cru devoir prendre pour empêcher les fripiers de trafiquer des marchandises suspectes. Ainsi, dans l'arsenal des ordonnances royales, on trouve un document du 25 novembre 1396 qui défend aux fripiers, vendeurs de vieux fers, etc., d'acheter des objets soupçonnés d'avoir été volés, et qui leur

---

(1). Plus tard leur cri fut « la cote et la surcote ! »

(2). Traduction de MM. de Lespinasse et Bonnardot (Ib. page 80).

enjoint de n'acheter qu'en plein marché, lieux et places « à ce ordonnés et moyennant bonne sûreté et connaissance des vendeurs » (1).

En 1544, lors de la révision générale des règlements des corporations parisiennes, les Fripiers refirent leurs statuts, qui furent approuvés par des lettres patentes de François Ier. Mais si l'autorité royale rendait des ordonnances, et si le Parlement tranchait des différends en leur faveur (telles les lettres patentes et ordonnances de Henri II en avril 1556, de Charles IX en mai 1561), par contre, on enrayait leurs empiétements sur les privilèges d'autres corporations. On peut signaler dans cet ordre d'idées l'arrêt du Parlement du 13 avril 1548 rendu à la requête des Maîtres menuisiers, qui interdit aux fripiers de vendre des meubles neufs, et l'arrêt du Parlement du 17 avril 1503, qui ordonne la démolition ou le rhabillage, dans un délai de huit jours, des vieux meubles achetés en public.

Enfin sous Louis XIII en 1612, sous Louis XIV, en 1664 et 1665, au moment où les exigences du fisc provoquèrent la révision des privilèges de corporation, les statuts des fripiers furent modifiés et ce sont ceux-là qui ont été en vigueur jusqu'en 1776.

Des Essarts, dans son *Dictionnaire de police*, expose comme suit la situation au milieu du xviiie siècle des fripiers parisiens, de ceux qui faisaient profession d'acheter, vendre et raccommoder les vieux meubles et vieux vêtements :

Cette classe de brocanteurs, dit-il (2), est sans doute très utile dans les grandes villes où il se fait un commerce considérable d'achats et de ventes à bon marché de choses qui ont déjà servi, c'est une ressource pour une infinité de citoyens peu fortunés, qui seraient obligés autrement de se priver de ce qui leur est le plus nécessaire. Mais la Police doit veiller aux fraudes que cette espèce de négoce clandestin peut occasionner, et l'on verra qu'elle est très attentive à empêcher que ces marchands-fripiers ne favorisent les vols en achetant à vil prix de personnes inconnues les effets qui leur sont offerts.

Les statuts, basés sur les règles imposées aux corporations, stipulaient que les apprentis devaient rester trois ans en apprentissage ; ils devaient ensuite trois ans de travail d'ouvrier à leurs maîtres, et c'est seulement au bout de six années qu'ils pouvaient être reçus à la maîtrise, mais seulement après avoir fait le chef-d'œuvre et payé les droits.

---

(1) Il est fait allusion à cette ordonnance dans un résumé de la jurisprudence qui figure dans le Dossier des brocanteurs à la préfecture de Police. Mais d'après le texte de l'ordonnance portant cette date et que nous reproduisons en *Annexes II, n° 2*, d'après la collection Lamoignon des archives de la préfecture de Police, il semble qu'il ne s'agisse que d'une ordonnance sur l'embarras des rues.

(2). *Dictionnaire universel de police*, par M. des Essarts, avocat. Paris, 1787, tome IV, article Fripier, page 181.

Il est permis aux maîtres-marchands fripiers, ajoute des Essarts, de vendre et acheter, troquer et échanger toutes sortes de meubles, hardes, linges, tapisseries, étoffes, dentelles, galons, passe-mens, manchons, fourrures, ouvrages de pelleterie, chapeaux, ceintures, épées, éperons, bau-driers, cuivre, étain, fer, vieilles plumes en balle, ouvrages neufs et vieux de menuiserie et toutes autres sortes de marchandises, vieilles et neuves, et non revendiquées ; mais il leur est défendu d'acheter en temps de contagion les meubles ou hardes des malades, que la justice n'en ait ordonné.

Chaque maître doit tenir bon et fidèle registre de toutes les hardes, tant vieilles que neuves, qu'il achète, avec le nom de celui de qui il les a achetées. Il doit prendre des répondants en cer-tains cas, et même retenir les effets jusqu'à ce que son doute et son soupçon soit éclairci ; le tout afin que, pour les vieilles hardes, on puisse être sûr qu'elles n'ont été volées ; et pour les meubles, habits neufs et ouvrages de menuiserie pareillement neufs, il puisse apparaître qu'il ne les a pas faits lui-même ou fait faire par des ouvriers à lui ; mais qu'il les a achetés des marchands-tapis-siers, maîtres-tailleurs et menuisiers, à qui seuls il appartient de travailler en neuf de ces sortes d'ouvrages et marchandises.

Les fripiers peuvent toutefois faire eux-mêmes ou faire faire par leurs apprentis, compagnons ou autres, toutes sortes d'habits neufs, d'étoffe de laine, poil et soie, pour hommes, pour femmes et petits enfants, sans mesure certaine ; pourvu que ces restes achetés ou vendus n'excèdent pas cinq aunes chacun.

Il est encore expressément défendu aux fripiers et à tous autres marchands d'acheter des habits d'officiers dans les troupes, c'est-à-dire leur uniforme, ainsi que ceux des soldats, leurs fusils, épées, sabres, ceinturons et autres habillements, et armes, à peine de confiscation et de deux cents livres d'amende, applicable moitié à l'Hôpital, moitié au dénonciateur.

Il leur était interdit également de fabriquer ou de vendre des habits de couleur bleue pour les gens de livrée (le bleu était la couleur du roi). Mais ces restric-tions n'étaient pas de nature à gêner sensiblement leur commerce, puisque des Essarts évalue à 700 le nombre des marchands fripiers (1) établis à Paris ; sur ce nombre, il n'y avait que quatre fripiers privilégiés qui, d'ailleurs, n'étaient pas dis-pensés de la visite des jurés de la communauté.

Jusqu'en 1776, bien que la nature des choses ait séparé nettement le commerce du fripier en boutique de celui du brocanteur ambulant, les règlements ne faisaient pas de distinction entre eux. Mais déjà, à mesure que la police devint, à Paris, une puissance presque maîtresse de tout réglementer (2), on vit surgir des sentences,

---

(1) Ce qui indique l'importance que l'on attachait au commerce de la friperie, c'est que, pour restreindre l'expor-tation des habits et des vieux manteaux, on frappait ces marchandises d'un droit de sortie de 3 livres 10 sous par cent livres au poids.

(2) C'est dans le courant du xviii° siècle que les pouvoirs de la police se développèrent considérablement.

Jusqu'en 1667, le Prévôt de Paris — qui représentait le pouvoir central, à côté du Prévôt des Marchands, repré-sentant du pouvoir communal, — n'était assisté que de cinq hauts fonctionnaires : le lieutenant civil, le lieutenant

puis des ordonnances, que devaient sanctionner peu à peu les différentes manières de commercer dans la corporation des fripiers.

Le marquis d'Argenson, qui fut le second lieutenant de police (1) rendit nombre d'ordonnances afin de remettre en vigueur des règlements plus ou moins tombés en désuétude. Telle, celle du 18 juin 1698 (2), qui porte en partie sur l'obligation, imposée de temps immémorial aux fripiers, et qui concernait la connaisance du vendeur, afin d'éviter la vente d'objets suspects :

Sur ce qui nous a été remontré par le procureur du roi, dit M. d'Argenson, que la facilité qu'on trouve à vendre dans les boutiques de plusieurs marchands et artisans de cette ville les choses qu'on y porte sans être connu a toujours été considérée comme l'une des principales causes des vols domestiques qui se commettent tant de jour que de nuit,

Ordonnons que les statuts, ordonnances et règlements concernant le commerce et la sûreté publique seront exécutés selon leur forme et teneur, et, en conséquence, faisons expresse défense à tous marchands et artisans de cette Ville et Faubourgs, même à ceux qui demeurent dans l'étendue des lieux privilégiés ou prétendus tels, d'acheter aucune harde, meuble, linges, livres, bijoux, plombs, vaisselle et autre chose, des enfants de famille ou des domestiques, sans un consentement exprès et par écrit de leurs pères, mères ou tuteurs et de leurs maîtres et maîtresses......

Il est incontestable que la surveillance des agents du lieutenant de police s'exerçait plus facilement sur les fripiers établis en boutique que sur les fripiers ambulants, sur les brocanteurs. Dans ces conditions, il était naturel que la police demandât les moyens de contrôler les brocanteurs, et c'est pour cela que fut rendue, le 15 juillet 1701, la sentence de police suivante que nous donnons aux *annexes* (3).

---

criminel, le lieutenant criminel de robe courte et deux lieutenants particuliers chargés plus spécialement des appels judiciaires des bailliages de la vicomté de Paris.

« La police (1), écrit M. Monin dans l'*État de Paris en 1789* (page 322), fut longtemps disputée entre le criminel et le civil. Le Parlement arrêta, le 12 mars 1630, que le lieutenant civil tiendrait la police deux fois la semaine ; et, en cas de légitime empêchement, qu'il serait suppléé par le lieutenant criminel ou par un des lieutenants particuliers. L'édit de mars 1667, qui créa l'office de lieutenant général de police, ne fut autre chose, au fond, que l'application, à la capitale, de l'institution des intendants de justice, police et finances. La constitution ancienne du Châtelet fut profondément altérée par cet élément nouveau, tout arbitraire et tout administratif, qu'il ne put jamais s'assimiler.

« En effet, le lieutenant général de police, le dernier venu des lieutenants du Prévôt, ne rendit pas seulement des sentences sur les personnes, il rendit aussi des ordonnances sur les rapports des choses et des personnes ; il fut, sous le couvert du roi et du ministre de Paris, un législateur au petit pied ; les attributions spéciales, les commissions de circonstance qu'il reçut, firent disparaître presque entièrement le caractère de magistrat dont il était plutôt affublé que revêtu. »

(1) Le premier lieutenant général de police, M. de la Reynie, exerça de 1667 à 1697.

(2) Voir *Annexes II*, n° 3.

(3) Voir *Annexes II*, n° 4.

Cette sentence a été rendue à l'occasion d'une plainte d'un commissaire du Châtelet de Paris, contre des individus qui achetaient de vieilles passementeries d'or et d'argent, criant « haut à bas » et qui, contrairement à l'ordonnance de 1698 et aux statuts des fripiers, n'avaient pas de registre d'inscription. Le lieutenant de Police, toujours M. d'Argenson, décida que, contrairement aux allégations des inculpés, les règlements de police devaient être applicables à « toutes personnes dont le commerce consiste à vendre ou acheter de vieux passements d'or et d'argent, crieuses de vieux chapeaux, colporteuses de mercerie et joaillerie appelés vulgairement *haut a bas* et toutes autres généralement quelconques ».

M. d'Argenson rangeait ainsi dans la même catégorie tous les individus faisant dans les rues un commerce de friperie, et il leur imposait des règles plus sévères que celles des fripiers en boutique, élevant la pénalité à 500 livres d'amende. Et ce sans compter la qualification de vagabond comportant, dans ce cas, une punition exemplaire.

Les fripiers en boutique, eux aussi, n'étaient pas moins très surveillés par la police. Ainsi, l'ordre royal de 1740, qui créa vingt officiers, inspecteurs de police, spécifia que ces inspecteurs devaient se transporter au moins une fois par semaine chez les fripiers pour voir si les registres de vente étaient régulièrement tenus.

La police, qu'on nous permette l'expression, avait, on le voit, l'œil sur la corporation des fripiers, et le fripier ambulant, comme le fripier en boutique, était soumis à des règles administratives de plus en plus sévères. Ces règles subsistèrent, dans leurs principes généraux, après les édits de 1776 qui eurent pour effet de séparer la profession de fripier en boutique de celle de fripier ambulant, plus communément désigné, dès lors, sous le nom de brocanteur.

On sait, en effet, que, au mois de mars de cette année 1776, Turgot avait obtenu du roi et du Parlement, l'abolition des jurandes et des communautés d'arts et métiers. Mais la France n'était pas encore mûre pour cette grande réforme. Devant les protestations des intéressés, Louis XVI dut renvoyer Turgot et revenir, par son édit du 11 août, sur celui du 12 mars.

Ce second édit modifia toutefois l'ancien état de choses. Les attributions de certaines corporations furent modifiées. 21 métiers furent rendus libres, comme l'étaient déjà quelques autres, fort rares il est vrai, et parmi ces métiers libérés, à côté des bouquetières, des coiffeuses de femmes, des faiseurs de fouets, des maîtres de danse, des pains-d'épiciers et des vidangeurs, se trouvent les fripiers-brocanteurs.

Les fripiers établis en boutique ou dans des échoppes, les Maîtres-fripiers, eux, cessèrent du même coup de constituer une corporation. Ceux qui s'occupaient de l'achat et de la vente des vieux vêtements furent rattachés à la communauté des tailleurs, et ceux qui s'attachaient plus spécialement au commerce des vieux meubles furent réunis aux tapissiers-miroitiers (1).

L'édit du 11 août, enregistré par le Parlement le 23 du même mois, contient en annexe des tableaux dans lesquels sont insérés les prix des droits de réception, de réunion et de confirmation, qui sont bien moins élevés que ceux payés auparavant.

En vertu du nouvel édit, les fripiers d'habits durent acquitter, lors de la maîtrise, un droit de réception de 400 livres et une somme de 100 livres pour droit de réunion et de confirmation. Primitivement, le droit de réception des fripiers, seul, était de 718 livres. La réduction était donc sensible et elle l'était d'autant plus que les fripiers d'habits pouvaient dorénavant exercer le métier de tailleurs, qui préalablement nécessitait pour lui seul un droit de 420 livres.

De même pour les fripiers en meubles, il y eut grande réduction. Comme fripiers d'habits, ils acquittaient un droit de 718 livres. Le nouveau tarif les mit à 600 livres comme les tapissiers et miroitiers, qui furent, eux aussi, dégrevés chacun d'une centaine de livres.

Pour montrer dans quelles conditions vivaient les travailleurs de l'ancien régime, il suffira de rappeler que l'édit du 11 août accordait aux fripiers d'habits et aux tailleurs la faculté « de faire des boutons d'étoffe en concurrence avec les passementiers-boutonniers ».

Tout en étant en opposition avec l'édit si libéral de Turgot, l'édit d'août 1776 constituait, en somme, un progrès et un progrès considérable, quelle que soit l'opinion que l'on puisse se faire sur les mœurs chinoises du monde industriel et commerçant de 1776. C'était si bien un progrès que les 50 corporations parisiennes (il y avait alors 6 corps de métiers et 44 communautés) estimèrent que l'abaissement des droits de maîtrise pourrait amener un trop grand nombre de maîtres, d'où il résulterait pour eux une dépréciation de leurs charges. Ils cherchèrent à provoquer un relèvement des droits et ils y réussirent, car, six ans après, un édit du 29 août 1782, enregistré au Parlement le 3 septembre, autorisait les 6 corps de marchands et les 39 corporations (2) de Paris à offrir au roi une somme de 1,500,000 livres pour la construction d'un vaisseau de premier rang qui s'appela la *Ville de Paris* (3). On était alors au plus fort de la guerre d'Amérique.

---

(1) Bibliothèque Carnavalet. — *Recueil des édits, arrêts, lettres patentes.* Année 1776, t. II.

(2) Le nombre des corporations avait diminué par des fusions de métier.

(3) *L'État de Paris*, par H. Monin. Paris, 1889, p. 457.

Si le patriotisme était pour quelque chose dans cette offre, écrit M. Monin dans son ouvrage sur Paris en 1789 (1), il faut reconaître que l'esprit et l'intérêt de corps n'y perdirent rien. Les corps et les communautés, ne pouvant se procurer cette somme que par un emprunt, se firent autoriser à percevoir, tant pour les intérêts que pour l'amortissement du capital, une augmentation de droits sur les réceptions de maîtres, laquelle était de 200 livres pour les six corps et pour sept des communautés, de 50 livres pour cinq des communautés, et de 100 livres pour les 27 autres. C'étaient de nouvelles restrictions apportées à l'exercice des professions utiles, et de nouvelles précautions contre la concurrence. Les marchands offraient au roi un million et demi, mais c'était le public qui payait.

La part des tailleurs-fripiers d'habits dans la contribution volontaire fut de 70.000 livres ; celle des tapissiers-fripiers en meubles ne s'éleva qu'à 30,000 livres. Malgré cela, comme l'indique le tarif annexé à l'édit royal du 2 avril 1782, enregistré au Parlement le 30 du même mois, l'accroissement du prix de la maîtrise fut uniformément de 100 livres tant pour les tailleurs et les fripiers d'habits que pour les tapissiers-miroitiers-fripiers en meubles.

Depuis cette époque, les fripiers en boutique, tout en étant assimilés, au point de vue général, à tous les boutiquiers, se virent, ainsi que les brocanteurs exerçant leur métier sur la voie publique, astreints à l'exécution d'ordonnances de police qui faisaient de la friperie-brocante un des commerces parisiens les plus surveillés. Si l'on a quelque doute à ce sujet, il suffira de feuilleter la série d'ordonnances publiées aux *Annexes II.*

III.

La brocante à Paris.

—

LES BROCANTEURS PARISIENS DE 1776 A 1822

Séparés des fripiers d'habits ou de meubles au point de vue corporatif, les fripiers-brocanteurs n'avaient pas à profiter beaucoup de leur émancipation. Sans doute, ils échappaient à la réglementation économique des maîtres fripiers : mais ils restèrent assujettis à la réglementation administrative de la police qui, elle, ne fit pas beaucoup de distinction entre les deux professions.

Pour les brocanteurs proprement dits, il y avait lieu de donner à leur corporation une réglementation générale. Ce fut le but de l'édit royal du 19 décembre 1776 qui obligea les brocanteurs à se ranger, comme tous ceux qui exerçaient les métiers déclarés libres, sous l'autorité d'un syndic assisté d'un adjoint. Puis, le 29 mai 1778, parut une autre Déclaration du roi, déterminant les conditions dans lesquelles les brocanteurs pouvaient exercer leur profession. En voici les principales (1).

Pour être brocanteur, il fallait se faire inscrire sur les livres de la police et sur un registre tenu par le syndic de la corporation. Le lieutenant général de police délivrait alors une médaille qui devait être portée ostensiblement et qui donnait le droit au titulaire d'aller, comme les chineurs « du XIIIe siècle », acheter et vendre leurs marchandises dans les rues, halles et marchés.

Ces marchandises, c'étaient de la friperie, des meubles et ustensiles de hasard (démodés), à l'exception des armes et des matières d'or et d'argent. Défense leur était faite de tenir boutique ou échoppe et ils devaient porter leurs objets « sous le bras, sans qu'ils pussent les déposer ni étaler en place fixe. » Faute par eux de se conformer à ce règlement, ils étaient passibles de 10 livres d'amende.

Il faut croire que la police ne se crut pas assez armée pour surveiller effectivement le commerce de friperie, puisque, le 4 novembre de la même année (2), le lieutenant de Police rendait une ordonnance qui relevait notablement les pénalités.

---

(1) Voir le texte de cette Déclaration, *Annexes II*, n° 6.
(2) Voir *Annexes II*, n° 7.

L'achat des marchandises à des vendeurs non autorisés (enfants ou domestiques) était passible de 400 livres d'amende, et même d'une poursuite extraordinaire « si le cas y échet ».

La non-tenue du registre sur lequel devaient être inscrits tous les achats avec le nom des vendeurs valait également 400 livres d'amende et même « plus grande peine ».

Ce registre n'était pas seulement obligatoire pour les fripiers en boutique, il était imposé aussi aux « brocanteurs, crieurs de vieux chapeaux, colporteurs de merceries et joailleries, appelés vulgairement *haut-à-bas*, revendeurs et revendeuses », qui devaient le « porter journellement sur eux ». Ils devaient y inscrire, comme le dit l'art. 3 de cette ordonnance « les hardes, linges, nippes et autres choses qu'ils achèteront, et les noms et demeures des vendeurs », et « faire viser ledit registre au moins une fois la semaine par l'inspecteur de police du quartier, en tête duquel registre seront les noms, demeures et signalements desdits revendeurs et revendeuses, lesquels, en cas de changement de demeure, en feront leur déclaration, tant au commissaire ancien et à l'inspecteur du quartier qu'ils quitteront, qu'à ceux du quartier dans lequel ils vont demeurer : le tout à peine de 100 livres d'amende, même de prison ».

Le tarif des peines n'était pas maigre, on le voit, et il en coûtait 50 livres d'amende et la confiscation pour la non-présentation du registre ou des marchandises à la requête des agents de la police !

Ce règlement draconien paraît quelque peu en contradiction avec la déclaration royale du 29 mars 1778, qui ne prévoyait que des peines de 10 livres d'amende et la privation du droit de brocanter. Mais, malgré cela, il ne semble pas que le lieutenant général de Police, en rendant son ordonnance, ait commis un excès de pouvoir, puisque deux ans après, le 8 novembre 1780, il renouvelle cette ordonnance (1) en maintenant les mêmes pénalités.

Au surplus, le zèle de la police s'exerçait également pour empêcher ce que les brocanteurs appellent la « révision », c'est-à-dire l'opération qui consiste dans la réadjudication, entre associés, d'un objet que l'un des brocanteurs a acheté en vente publique à très bon compte, en raison de l'abstention convenue des autres associés. La sentence de police rendue le 23 novembre 1742 est, à cet égard, caractéristique.

Elle défend à tous les marchands de vin et autres de souffrir chez eux des assemblées de brocanteurs qui vendraient, entre eux, au plus offrant et dernier enchérisseur, des marchandises et effets achetés aux enchères.

---

(1) Voir *Annexes II*, n° 8.

4

Si précise qu'elle puisse être, l'ordonnance de M. Feydeau de Marville ne mit pas un terme aux coalitions des brocanteurs, ce que démontre une ordonnance de police du 4 mai 1787, que nous publions en annexe (1). Quarante-cinq ans après que l'on eut rendu cette sentence, le procureur du roi se plaignait de ce que les brocanteurs arrivaient, dans les ventes publiques, à entraver la liberté des enchères. Et, dans son ordonnance, le lieutenant de police, M. Thiroux de Crosne, reconnaissait que, dans les ventes publiques, certains brocanteurs « s'emparaient du devant des tables » où étaient déposées les marchandises ; qu'ils éloignaient les bourgeois en les injuriant, bref, se rendaient maîtres du marché *unguibus et rostro.*

Ce qui peut rassurer les admirateurs de M. Feydeau de Marville et de M. Thiroux de Crosne, c'est que de nos jours la « revision » règne comme par le passé. On peut lire dans une annexe du rapport (2) le compte rendu d'une audience du tribunal correctionnel de Paris, en 1852, où cinquante-sept brocanteurs furent poursuivis pour le délit de coalition. Les prévenus furent frappés d'une amende de 100 francs, sauf un qui fut taxé à 200 francs. Et, malgré cela, combien de brocanteurs pratiquent encore la revision !

Toutes ces ordonnances, et surtout l'ordonnance de 1780 sont restées en vigueur dans leur teneur même jusqu'au 4 germinal an X (25 mars 1802), date à laquelle le préfet de police, Dubois, rendit une nouvelle ordonnance qui codifiait les deux règlements.

Pour rendre cette ordonnance, le préfet de police s'appuyait sur les articles 2, 10, 22, et 32 (3) de l'arrêté des consuls du 12 messidor an 8 (1er juillet 1800), qui constitue, on le sait, la charte fondamentale de la Préfecture de police.

Ces articles donnaient tout pouvoir au préfet de police pour surveiller les fripiers et brocanteurs (article 32), pour réglementer leur profession dans la rue (articles 10 et 22), et pour leur appliquer les ordonnances antérieures (celles de 1778 et de 1780 notamment), en vertu de l'article 2.

---

(1) *Annexes II,* n° 9.

(2) *Annexes II,* n° 23.

(3) Voici le texte de ces articles :

Art. 2. — Le préfet de Police pourra publier de nouveau les lois et règlements de police et rendre les ordonnances tendant à en assurer l'exécution.

Art. 10. — Il prendra les mesures propres à prévenir ou dissiper les attroupements.......... les réunions tumultueuses ou menaçant la tranquillité publique.

Art. 22. — Le préfet de Police procurera la liberté et la sûreté de la voie publique, et se charge à cet effet :

On peut lire aux annexes (1) le texte complet de cette ordonnance. On y voit que si dans la plupart des articles on rappelle les stipulations des règlements de 1778 et de 1780, c'est à titre de simple renseignement, car, dans les considérants, le préfet de Police s'appuie uniquement sur les pouvoirs qu'il tient de l'arrêté des consuls.

On remarquera que le préfet de Police a conservé dans son ordonnance la forte pénalité (400 francs d'amende et la restitution) édictée en 1780 pour l'achat de marchandises suspectes livrées par des vendeurs non autorisés (article 8 de l'ordonnance de 1780, article 7 de l'ordonnance de l'an X) ; mais qu'il n'a pas rappelé l'aggravation de peine [*et même d'être poursuivis extraordinairement si le cas échet*]. De plus l'ordonnance de 1780 (article 2) inflige 400 livres d'amende et *même plus grande peine* aux fripiers en boutique pour la non-tenue ou la non-présentation mensuelle, aux officiers de police, des registres d'inscription des opérations commerciales, et l'article 7 de l'arrêté de l'an X ne vise en aucune façon cette pénalité.

Autre chose. L'article 3 de l'ordonnance de 1780 inflige 100 livres d'amende et *même la prison* aux brocanteurs qui ne porteraient pas sur eux leur registre d'achat. Cet article n'est pas reproduit dans l'ordonnance de l'an X, pas plus que l'article qui stipule 50 francs d'amende pour ceux qui refuseront de montrer leurs livres aux agents.

Le préfet de Police n'a donc pas repris l'ordonnance de 1780 dans son intégralité : l'article 2 de l'arrêté des consuls dit « qu'il pourra publier de nouveau les lois et règlements de police ». Il n'a pas usé de cette faculté. Son ordonnance refond les règlements antérieurs à la Révolution : il n'a pris dans l'arsenal des vieilles lois que les articles qui lui paraissaient nécessaires. On était donc en droit de penser que, dans l'esprit du préfet de Police, l'ordonnance de l'an X annule en fait les précédentes.

On a d'autant plus de raison de le supposer que, quatre ans après, le 29 avril 1806, le même préfet de Police publie une nouvelle ordonnance (2) sur les brocanteurs et

---

Qu'on n'obstrue la libre circulation, en arrêtant ou déchargeant des voitures et marchandises devant les maisons, dans les rues étroites, ou de toute autre manière.

ART. 32. — Il fera surveiller spécialement :

§ 1ᵉʳ. — Les foires, marchés, halles, places publiques, et les marchands forains, colporteurs, revendeurs, portefaix, commissionnaires.

....

§ 5. — Les encans et maisons de prêt ou monts de piété et les fripiers, brocanteurs, prêteurs sur gage.......

(1) Voir *Annexes II*, n° 10.

(2) Voir *Annexes II*, n° 11.

les ventes aux enchères, où, après avoir interdit la « revision », après les ventes publiques, il prend soin de déclarer, par l'article 16, que « l'ordonnance du 4 germinal an X continuera de recevoir son exécution en tout ce qui n'y est pas dérogé par la présente. » Mais peu importent les intentions de l'auteur des ordonnances de 1802 et de 1806. Les mesures libérales qu'un préfet de l'Empire avait cru devoir prendre ont été abrogées en 1828, sous le préfectorat de M. Debelleyme qui s'est évertué à faire revivre les traditions de l'ancien régime et à justifier l'épithète de Restauration infligée au gouvernement qu'il servait.

Le premier Empire, au surplus, fut loin de se montrer hostile au brocantage parisien : était-ce pour permettre la vente facile des bibelots rapportés par les vieux soldats de leurs campagnes lointaines ? Toujours est-il que si l'année 1776 marque dans l'histoire de la friperie parisienne par les changements provoqués dans l'organisation de la maîtrise des fripiers, l'année 1811 n'a pas moins d'importance.

C'est en effet cette année-là que les anciens marchés aux vieux linges et hardes du marché des Innocents et de la place aux Veaux furent réunis et installés dans le Temple. Ce fut pour le commerce de la friperie un grand avantage.

Il semble toutefois que la mesure fut plus avantageuse pour les fripiers en boutique ou pour les étalagistes des marchés supprimés, car les places du nouveau marché furent affectées avant tout aux titulaires du marché des Innocents et de la place aux Veaux. Les places furent tiréees au sort devant une Commission composée de douze délégués du carreau des Innocents et de six représentants du carreau « des Veaux ».

Les brocanteurs, eux, les arrière-petits-fils des *crieurs de cote et de chape* du xiiie siècle, étaient toujours comme le Juif errant. L'ordonnance de l'an X les obligeait, comme les précédentes, à parcourir les rues de Paris leurs marchandises sous le bras, sans pouvoir étaler sur la voie publique.

L'ordonnance de 1806 (art. 11) leur avait déjà donné l'autorisation de se réunir tous les jours dans l'enclos du Temple, et jusqu'à midi sur le quai de Gesvres, *entre les bornes et le trottoir*. Mais leurs stationnements dans les rues de la Ferronnerie, Saint-Honoré, des Arcis (1) et du Temple étaient rigoureusement interdits. Puis, quand le nouveau marché fut ouvert en vertu de l'ordonnance de 1811 (2), on leur interdit de se rassembler dans les rues avoisinant le Temple. Mais cette mesure fut bientôt rapportée, car l'ordonnance du 25 novembre 1812 leur reconnut le droit de se réunir entre la Rotonde et le marché. C'est cet emplace-

---

(1) Portion actuelle de la rue Saint-Martin, entre la rue de la Verrerie et l'avenue Victoria.

(2) Voir *Annexes II*, n° 12.

ment qui est devenu le « carreau du Temple », sur lequel il fut interdit d'étaler comme sur tout autre point de la voie publique.

Cette ordonnance de 1812 (1), signée de M. Pasquier, conseiller d'État, chargé du IV° arrondissement de la Police générale et préfet de Police du département de la Seine, ne vise, pas plus que celles de l'an X et de 1806, les règlements de 1778 et de 1780. On y rappelle cependant l'obligation pour les brocanteurs de présenter tous les mois leurs registres d'inscription, sans parler toutefois des 400 francs d'amende prévus par l'ordonnance de 1780. La seule mention, intercalée dans le texte, d'un texte des anciens règlements est celle qui, dans l'art. 14, interdit le commerce des armes « sous les peines prononcées par la déclaration du 23 mars 1728 » sur les achats et ventes de poignards, fusils, etc.

En 1818, le 25 juillet, nouvelle ordonnance (2) signée du comte Anglès, ministre d'État et préfet de Police.

En voici l'en-tête :

Informé que l'ordonnance de police en date du 25 novembre 1812, relative aux brocanteurs-marchands d'habits de la ville de Paris, ne reçoit pas sa pleine et entière exécution, et que quelques-unes des dispositions qu'elle renferme sont oubliées ou méconnues ;

Considérant qu'il importe au maintien du bon ordre et à la régularité de ce genre de commerce de rappeler les dispositions de l'ordonnance précitée pour qu'elles soient désormais ponctuellement observées ;

Vu les art. 2, 10, 22 et 32 de l'arrêté du Gouvernement du 12 messidor an VIII,

Ordonnons ce qui suit. . . .

Et l'ordonnance suit, avec cette addition que, pour faciliter la perception de la patente imposée depuis 1814 aux brocanteurs, leur permis ne sera valable que pour un an. Les permissions doivent, dorénavant, être visées chaque année par le commissaire de police sur la présentation de la patente.

Trois ans après, encore une ordonnance (3) sur les brocanteurs. Elle est signée du comte Anglès et vise exclusivement le racolage que les marchands d'habits exerçaient aux environs du marché du Temple, sur les quais de la Mégisserie, de Gesvres et Lepelletier (4) et autour du marché de Saint-Jacques-la-Boucherie. Le raco-

---

(1) Voir *Annexes II*, n° 14.
(2) Voir *Annexes II*, n° 15.
(3) Voir *Annexes II*, n° 16.
(4) Partie du quai de Gesvres, entre la rue Saint-Martin et la façade de l'Hôtel de Ville.

lage était effectué tant par les brocanteurs que par les employés de fripiers en boutiques, qui troublaient l'ordre et embarrassaient les passages en harcelant les passants, afin de les entraîner dans les boutiques pour leur vendre des chapeaux, souliers et hardes. De là, disputes avec les passants grincheux et rixes que le préfet de Police s'efforçait de prévenir en interdisant le racolage.

L'année suivante, M. Delavau, conseiller d'État, succédait au comte Anglès comme préfet de Police. Il est à croire que la friperie exerçait beaucoup la verve des fonctionnaires de la préfecture de Police, car le 15 novembre 1822 le nouveau préfet signait une nouvelle ordonnance (1) sur les brocanteurs. Rien de particulier à en signaler, sauf l'art. 17 relatif aux rapports des marchands fripiers du Temple avec les brocanteurs du Carreau.

Il est expressément défendu, y est-il dit, aux détaillants et détaillantes placés au marché du Temple de quitter leur place pour aller au devant des brocanteurs et propriétaires d'effets à vendre; d'en acheter dans les rues, dans les allées, dans les cabarets et ailleurs qu'au marché et aux ventes publiques.

Cette fois, la Préfecture gourmande les fripiers et semble plutôt protéger les brocanteurs contre la concurrence que peuvent leur faire les fripiers en envoyant leurs employés « chiner » dans les rues et cabarets de Paris. C'était là un privilège que les brocanteurs possédaient déjà, on l'a vu, du temps de saint Louis, quand ils allaient crier *la cote et la chape* ès ostiaux, bordiaux et tavernes.

LE « CORPS » DES BROCANTEURS (1811-1828)

D'ailleurs, la police entretenait d'excellents rapports avec les brocanteurs qui, le cas échéant, pouvaient lui donner d'utiles indications sur les vols commis à Paris. On a la preuve de cette bienveillance de la Préfecture dans des documents très curieux que le préfet de Police, M. Lozé, a bien voulu nous communiquer et qui sont renfermés dans le dossier administratif du 4me Bureau de la 1re Division.

A la fin de l'année 1811, peu après l'ouverture du marché du Temple, un grand nombre de brocanteurs adressèrent une pétition au préfet de Police à l'effet d'obtenir l'autorisation de se réunir en corps (22 ans auparavant on eût dit en corporation), et de nommer des *électeurs* et des *délégués*. Ces représentants réguliers du corps devaient être chargés de surveiller tous les individus se livrant à la profession de brocanteur, de faire connaître les mauvais sujets qui se glisseraient parmi eux, de signaler les recéleurs et de faire retrouver les objets volés.

______

(1) Voi *Annexes II*, n° 17.

Les commissaires de police et les officiers de paix appuyèrent cette pétition, de sorte que le préfet de Police, le baron Pasquier, autorisa la formation de cette sorte de syndicat, qui présente une certaine analogie avec le syndicat des forts de la Halle.

Les électeurs devaient être au nombre de 48, à raison de 1 par quartier. Mais dans 16 quartiers, les commissaires de police ne purent lancer de convocations, par suite de manque de brocanteurs dans leur circonscription, de sorte que la première assemblée des électeurs, qui eut lieu en décembre 1811, ne compta que 32 membres. Cinq d'entre eux furent nommés *Délégués*, et ils s'empressèrent de remettre au préfet de Police un projet de règlement les autorisant : 1° à retirer les anciennes plaques de brocanteurs pour en délivrer de nouvelles ; 2° à porter eux-mêmes une marque distinctive ; 3° à faire imprimer tous les ans une liste des brocanteurs ; 4° à prélever sur chaque brocanteur une somme de 5 francs par an « pour subvenir aux frais d'un bureau et d'un commis aux écritures, et pour être remboursés des autres dépenses qu'ils seront obligés de faire (1). » Ils demandaient, en outre, une nouvelle ordonnance de police codifiant les précédentes.

D'un rapport adressé au préfet de Police en avril 1812, il résulte qu'on écarta leur première demande ; qu'on les autorisa à porter une médaille d'argent, mais qu'on ne trouva pas utile de faire imprimer une liste que la préfecture possédait d'ailleurs. On accepta l'idée d'une nouvelle ordonnance (ce fut celle du 25 novembre 1812), et enfin on les autorisa à percevoir les 3 francs par brocanteur pour la première année d'inscription et 2 francs les autres.

Le rapport destiné au préfet évalue, sur la base d'une cotisation de 5 francs, une recette éventuelle de 6,200 francs. Ce qui laisse supposer l'existence, à cette époque, de 1,240 brocanteurs. Leur budget devait être ainsi établi :

Location du bureau	500 »
Chauffage et éclairage	200 »
Employé aux écritures	1.200 »
Frais de bureau	200 »
	2.100 »

Il devait y avoir un boni de 4.100 francs que les délégués auraient « à se partager entre cinq. Pour que cette contribution soit plus facile à payer, disait le rapport, il

---

(1) Extrait d'un rapport administratif du dossier de la Préfecture de police.

convient d'en faire payer la moitié par semestre, à commencer au 1er septembre prochain. » Toutefois, le préfet n'ayant pas accepté le tarif demandé par les « délégués », le boni fut moins élevé, la cotisation ayant été fixée à 3 francs et à 2 francs.

Un bureau fut créé à la préfecture. Les délégués y installèrent un employé, du nom de Gaillard, ancien inspecteur des maisons garnies.

Ces délégués devaient rester en fonctions pendant un an, et devaient ensuite être renouvelés par cinquième.

Or, en 1818, aucun délégué n'avait été remplacé, comme le dit une pétition adressée au préfet de Police par un certain nombre de brocanteurs. Il fut reconnu que les délégués ne remplissaient pas très bien le mandat qui leur avait été accordé. Ils s'occupaient plus de recueillir les cotisations en vue du boni qu'ils pouvaient se partager. Il paraît même que dans le désir de se rémunérer de leurs peines (?), il leur arrivait de ne pas laisser assez d'argent pour payer leur commis !

Le préfet d'alors, le comte Anglès, accueillit ces doléances ; il ramena la cotisation de 3 francs à 2 francs pour la première année de brocantage et de 2 francs à 1 fr. 50 c. pour les suivantes, en raison de l'obligation où se trouvaient les brocanteurs, en vertu de la loi de 1814, de payer patente. Il fut décidé, de plus, qu'il y aurait 2 électeurs par arrondissement municipal, ce qui faisait 24 électeurs pour nommer les délégués.

Pendant 4 ans, de 1819 à 1823, cette assemblée procède chaque année à l'élection d'un nouveau délégué. Mais le « syndicat » n'en marche pas mieux.

En 1826, M. Delavau, dont on verra l'ordonnance plus loin, permit, mais sans grand enthousiasme, que le « corps » continuât à exister. Son successeur, M. Debelleyme, lui, fut beaucoup moins tolérant et supprima le syndicat.

En lisant le rapport suivant, on comprendra les raisons qui le firent agir.

L'expérience de quinze années a prouvé que les Délégués n'étaient que de peu d'utilité pour l'Administration, car depuis longtemps ils n'ont fourni aucun renseignement utile, n'ont fait retrouver aucun objet volé, ni désigné aucun recéleur ; ils cherchent plutôt à couvrir tous les brocanteurs de leur égide et à se créer une espèce de protectorat, qu'à exercer sur eux une stricte surveillance ; ce qui ne les empêche pas de s'élever beaucoup contre les abus sans faciliter en rien leur redressement. Mais le motif s'explique par leur position : étant brocanteurs eux-mêmes, n'étant nommés que pour un temps et rentrant après dans la classe commune, ils préfèrent se faire des amis que des ennemis, ce qui ne pourrait manquer d'arriver s'ils faisaient leur service dans l'intérêt de l'Administration et de la chose publique.

Dans le principe, c'était aux Délégués que l'autorité s'adressait pour obtenir des renseignements sur les individus qui exerçaient ou désiraient exercer la profession de brocanteur, mais leurs rapports, toujours uniformément avantageux, même pour des gens tarés, ont fait connaître que ce n'était pas la marche à suivre, et c'est depuis ce temps que les informations sont réclamées de MM. les commissaires de police.

Enfin, tâchant toujours de se mettre hors de la surveillance de l'autorité, les Délégués ne cherchent qu'à faire rentrer la cotisation, et, sous ce point de vue même, ils ne sont encore que de peu d'utilité pour l'Administration, attendu qu'au lieu de forcer les brocanteurs à se munir de leur patente et permission, ils se contentent de percevoir leur droit et ne s'occupent pas du surplus, entravant ainsi la plupart du temps la marche de l'Administration au lieu de la seconder.

Le seul point d'utilité que nous trouvons donc dans les Délégués est leur disponibilité pour effectuer des rondes en cas d'empêchement de l'officier de paix, encore faut-il donner aux Inspecteurs qui leur sont adjoints des instructions très précises pour empêcher les premiers de borner leurs rondes au cabaret ou de s'y laisser conduire par ceux qu'ils auraient pris en contravention, etc.

M. le Préfet, votre prédécesseur, ayant par arrêté du 18 juillet 1826 ordonné la recomposition du corps des brocanteurs, nous croyons devoir prier M. le Préfet de vouloir bien faire connaître s'il juge convenable de faire procéder à une nouvelle nomination d'Électeurs et de Délégués, la durée des fonctions de ceux actuellement en exercice étant écoulée, ou s'il veut les supprimer.

M. Debelleyme adopta naturellement la solution négative. Les électeurs ne furent plus convoqués. La corporation des brocanteurs disparut d'elle-même. Il ne resta plus que son secrétaire, l'ancien inspecteur Gaillard, que la Préfecture avait protégé quand le traitement que lui donnaient les délégués avait été progressivement réduit de 1,200 à 1,000 francs, puis à 600 francs. Il fut affecté au service municipal des brocanteurs avec des appointements de 1,200 francs, qui, cette fois, lui furent régulièrement payés.

LES BROCANTEURS DE 1822 À 1831.

L'ordonnance réglementaire que les brocanteurs avaient réclamée et obtenue en 1812 n'avait pas, aux yeux de l'Administration, suffisamment pourvu aux nécessités du contrôle qu'elle voulait exercer, puisqu'en 1818 et en 1822 il y eut deux autres ordonnances pour surveiller le paiement de la patente annuelle. Cette succession de documents ne paraît pas avoir produit grand effet; à la date du 18 juillet 1826 on trouve, sinon une ordonnance, tout au moins un arrêté du préfet de Police sur le brocantage et les brocanteurs (1).

____

(1) Voir *Annexes* n° 18.

Comme on peut s'en rendre compte, en lisant cet arrêté que nous reproduisons aux annexes, le préfet de Police, M. Delavau, n'innove rien. Il se borne à annuler les permissions en cours, afin de procéder à une révision des autorisations accordées précédemment. C'est ce but qui est exposé dans cette circulaire adressée le 3 août 1826 aux commissaires de police :

L'ordonnance de 1822 a forcé les brocanteurs à se munir, chaque année, de permissions et de patentes pour exercer ce genre de commerce, mais il est avéré qu'un grand nombre de ces marchands ambulants ne se conforment pas aux dispositions qu'elle contient ; et, en effet, depuis trois ans, le nombre de ceux qui les renouvellent diminue chaque année.

Cette diminution doit être attribuée au refus qui a été fait aux marchands fripiers ayant boutique de renouveler les permissions de brocanteurs ambulants qu'ils avaient obtenues anciennement et abusivement. Ceux-ci n'en continuent pas moins leur commerce au moyen de la médaille que, sous divers prétextes, ils sont parvenus à conserver.

Cette diminution provient encore de ce que ceux qui ont quitté Paris, ou changé de profession, ont cédé leur médaille à d'autres qui exercent sans permission, à l'abri de la médaille seulement ; que d'autres, enfin, s'en trouvent munis parce qu'ils les tiennent de leurs parents décédés ou qu'ils les ont trouvées ; à ces divers motifs, il faut encore ajouter le relâchement dans la surveillance qui doit être exercée sur ces individus.

Dans cet état de choses, il est impossible de connaître le nombre actuel des personnes exerçant la profession de brocanteurs. J'ai donc cru, Messieurs, pour réprimer les abus qui m'étaient signalés, devoir prendre un arrêté (dont je vous transmets copie) portant annulation de toutes les médailles accordées jusqu'à ce jour, et distribution d'autres médailles d'une forme nouvelle, dont il présente le modèle (1).

Je vous invite, Messieurs, à vous pénétrer de mon ordonnance de 1822 et à y porter toute votre attention, attendu que c'est par sa stricte exécution qu'on pourra parvenir à diminuer la quantité de vols, car, si les brocanteurs étaient plus surveillés, la vente des objets deviendrait plus difficile et les vols plus rares.

Par la connaissance des brocanteurs établis dans votre quartier, il vous serait facile d'obtenir de plusieurs d'entre eux des renseignements sur les objets qui pourraient leur être proposés et qu'ils supposeraient provenir de vols ainsi que sur les individus qui auraient cherché à se défaire desdits objets.

Il suffit, Messieurs, de vous mettre sur la voie pour que vous saisissiez, sous le rapport de la sûreté publique, tout le parti que vous pourriez tirer des renseignements que vous êtes à même de vous procurer par ce moyen.

Le préfet de Police rappelait à ses commissaires qu'ils avaient à exercer une surveillance spéciale sur les brocanteurs. Il ne fait allusion ni aux délégués ni aux électeurs de la corporation, car il y avait déjà longtemps que les fonctionnaires de la préfecture avaient constaté les abus résultant du système imaginé en 1811.

---

(1) C'est le modèle en vigueur et que nous reproduisons à côté du *fac-simile* de la première page du carnet de visa. (Voir *Annexes II*, n° 30).

L'arrêté de M. Delavau fut suivi, quelques mois après, le 25 septembre 1828, d'une ordonnance de M. Debelleyme.

Elle est intéressante à signaler : d'une part, en ce qu'elle étend aux communes ressortissant du préfet de Police les règlements appliqués exclusivement à Paris depuis la création de la préfecture de Police en 1800, et, d'autre part, en ce qu'elle rappelle dans ses considérants les anciennes ordonnances de 1778 et de 1780, afin d'en rendre les pénalités applicables aux contrevenants.

Considérant, dit l'ordonnance de M. Debelleyme, que les règlements relatifs aux brocanteurs sont susceptibles de plusieurs modifications essentielles et exigent quelques développements propres à en assurer la stricte et entière exécution ;

Vu la déclaration du 29 mars 1778, l'ordonnance de police de 1780, les art. 2, 10, 22, 30 et 32 de l'arrêté du Gouvernement du 12 messidor an VIII (1er juillet 1800), l'arrêté du 3 brumaire an IX (25 octobre suivant) et la décision du ministre de la Police générale du 25 fructidor an IX (12 septembre 1801).....

Il y a là un point important dont on verra plus loin l'application, et que M. Debelleyme expose ainsi, dans sa circulaire adressée, le jour de la signature de l'ordonnance, aux commissaires de police et aux maires des communes :

L'espèce de commerce connu sous le nom de *brocantage*, de sa nature favorable aux abus et au vol, a toujours été, de la part de l'autorité, l'objet d'une sollicitude particulière.

Les premières ordonnances rendues sur cette matière remontent à des époques fort reculées. Elles ont été reproduites à des intervalles plus ou moins rapprochés, et modifiées selon que des circonstances nouvelles, les leçons de l'expérience ou des changements dans la législation ont rendu ces modifications nécessaires.

Tel est aujourd'hui le sort de la dernière de ces ordonnances, celle du 15 novembre 1822. Soumise à l'épreuve du temps, revue, discutée avec soin, elle a paru susceptible de plusieurs amendements, dont le plus important consistait à rendre exécutoires, dans toute la juridiction du préfet de Police, les dispositions qu'elle renferme, et qui, rigoureusement interprétées, paraissent exclusivement applicables à la ville de Paris. Les intérêts du bon ordre et de la sûreté publique exigeaient impérieusement qu'il ne restât aucune incertitude à ce sujet.

Dans le nombre des dispositions des anciens règlements, les unes, d'une utilité réelle, n'ont pas trouvé place dans les ordonnances modernes; d'autres, peu en harmonie avec nos institutions, y ont, au contraire, été conservées. Telles sont, parmi ces dernières, celles qui prononcent la confiscation des marchandises, et, parmi les autres :

Celle qui prescrit aux brocanteurs de faire connaître à l'autorité leurs changements successifs de demeure;

Celle qui leur interdit la faculté d'acheter aux enfants sans une autorisation de leurs parents;

Celle qui leur défend de tenir boutique ou échoppe;

Celle, enfin, qui leur enjoint de ne faire aucun trafic dans les cabarets, estaminets et autres lieux publics.

Il importait, vous le sentez, Messieurs, de rappeler celles-ci et d'abroger les autres.

M. Debelleyme se proposait ainsi d'étendre aux communes rurales les règlements de la police parisienne sur le brocantage. Il voulait, en outre, faire revivre les dispositions les plus sévères des anciens textes qui, depuis un quart de siècle au moins, étaient tombées en désuétude.

Il importe, pour comprendre toute la portée des modifications apportées par l'ordonnance de 1828, de rappeler le texte de l'arrêté des consuls du 3 brumaire an IX (25 octobre 1800), qui étendait au département de la Seine et à trois communes de Seine-et-Oise les pouvoirs du préfet de Police *de Paris* :

ARTICLE PREMIER. — Le préfet de Police de Paris exercera son autorité dans toute l'étendue du département de la Seine, et dans les communes de Saint-Cloud, Meudon et Sèvres, du département de Seine-et-Oise, en ce qui concerne les fonctions qui lui sont attribuées par l'arrêté des consuls du 12 messidor an VIII : .....

ART. 10. — Sur les attroupements.

. . . .

ART. 32, § 1, 2 et 3. — Sur la surveillance des places, lieux publics.

Or, il est à remarquer que le paragraphe de l'article 32 de l'arrêté de messidor concernant les fripiers et brocanteurs porte le numéro 5, ce qui paraît en contradiction avec l'extension des règles de l'ordonnance de 1828 aux communes de la banlieue. C'est un point spécial que nous étudierons plus loin avec la jurisprudence.

L'ordonnance de 1828 fit disparaître les atténuations de peine que nous avons signalées à propos des ordonnances de germinal an X, d'avril 1806, etc., pour diverses infractions, notamment pour l'exercice de la brocante sans autorisation. En 1827, ces infractions à l'ordonnance du préfet de Police étaient passibles de peines légères, appliquées par le tribunal de simple police. Avec M. Debelleyme, il n'en est plus de même. Les fripiers pris en contravention deviennent passibles d'amendes de 50, de 100 ou de 400 francs : les tribunaux de simple police ne sont plus compétents, les délinquants doivent être traînés devant le tribunal correctionnel !

Et dans une situation telle qu'il est impossible d'appliquer l'article 463 du code pénal relatif aux atténuations de peines en cas de circonstances atténuantes (1).

Le parquet s'émut de cette interprétation des textes et il s'émut d'autant plus que déjà, en 1819, une correspondance très curieuse avait été échangée entre le Parquet et la Préfecture de Police. La magistrature trouvait déjà trop élevées les peines dont les brocanteurs étaient passibles. Aussi profita-t-elle de la publication d'un arrêt de la Cour de cassation rendu le 10 avril 1819 (2), pour rappeler au préfet de Police que, si les municipalités avaient la faculté de remettre en vigueur d'anciens règlements de police, elles n'avaient pas le droit d'édicter des pénalités abrogées par des lois récentes.

L'arrêt de 1819 avait été rendu au sujet de débitants de vins, qui devaient, doré-navant, être justiciables de la simple police et non de la correctionnelle, pour des infractions à des règlements de police. Or, ce qu'il est intéressant à signaler, c'est que, le 14 juillet suivant, le procureur écrivait au préfet de Police la lettre suivante :

Paris, 14 juillet 1819.

Monsieur le Comte,

En vous priant, par ma lettre du 17 du mois dernier, de renvoyer au Tribunal de police muni-cipale les contraventions aux règlements de police qui ordonnent la fermeture des lieux publics à certaines heures le soir, j'ai omis de vous prier d'y renvoyer également les procès-verbaux relatifs aux contraventions commises par les individus qui exercent le brocantage sans autori-sation.

Aussi, le 30 décembre 1830, le procureur du roi, M. Ch. Comte, renouvelant des déclarations contenues dans cette correspondance, écrivait-t-il au préfet de Police, alors M. Baude, pour lui dire que son administration lui avait transmis

---

(1) L'article 463 ne vise effectivement que les peines prévues par le code pénal.

« ART. 463. — Dans tous les cas où la peine d'emprisonnement est portée *par le présent code*, si le préjudice causé n'excède pas 25 francs, et si les circonstances paraissent atténuantes, les tribunaux sont autorisés à réduire l'emprisonnement, même au-dessous de six jours, et l'amende, même au-dessous de 16 francs. »

Or, l'ordonnance de police de 1789 édictant des peines non prévues par le Code pénal, l'application stricte du Code pénal empêche les délinquants de profiter *légalement* des circonstances atténuantes.

(2) Voici dans quelles circonstances l'arrêt avait été rendu :

« Des cabaretiers de Manosque (Basses-Alpes) avaient gardé des consommateurs chez eux passé dix heures du soir, heure déterminée par des règlements de police. Procès-verbal fut dressé et les contrevenants furent traduits devant le Tribunal de simple police de Manosque, comme passibles d'une simple contravention à un règlement. Le

dès procès-verbaux, rédigés contre les brocanteurs exerçant sans autorisation préalable, et contre lesquels des peines correctionnelles étaient réclamées.

Ce fait ne *peut entraîner des peines correctionnelles*, écrit le procureur. Les anciens règlements, qui ne permettaient pas de faire sans autorisation le métier de brocanteur, ont été abrogés par la loi des 2-17 mars 1791, qui a permis de faire librement tout espèce de commerce.

Si on considérait l'article premier de l'ordonnance du 5 septembre 1828 comme régulièrement rendu, en vertu des art. 2, 3 et 5 du titre premier de la loi du 24 avril 1790 et de l'art. 46 du titre premier de la loi du 19 juillet 1791 (1), il faudrait au moins reconnaître qu'il n'a pas pu faire revivre une pénalité abrogée par la loi du 17 mars 1791 et que les infractions à cet article ne pourraient entraîner que des peines de simple police, aux termes des articles précités combinés avec les art. 600 et 606 du code du 3 brumaire an IV.....

Le procureur du Roi déclare très nettement que la théorie du préfet de Police ne peut être admise et il ajoute :

Ne serait-il pas naturel et suffisant de demander à ceux qui exercent la profession de brocanteur de simples déclarations telles que celles que la loi du 10 décembre 1830 exige des crieurs et afficheurs ?

En rendant aux professions le plus à la portée de la classe indigente la liberté que la loi de

---

Tribunal de police se déclara incompétent, sous prétexte que les règlements de police prévoyaient une amende de 100 francs, laquelle doit entraîner, par son chiffre, le comparuteur devant le Tribunal correctionnel. »

La Cour de cassation n'admit pas la thèse du juge de paix, et cassa le jugement qui lui était déféré, par ces motifs :

« Que là peine pour des contraventions de cette nature (1) ayant été fixée par l'art. 5 du titre II de la loi du 24 août 1790, combiné avec les art. 606 et 607 du Code du 3 brumaire, an IV, il en résulte l'abrogation de toutes les dispositions des lois ou règlements antérieurs sur ces contraventions ;

« Que les arrêtés des préfets, en rappelant les dispositions pénales abrogées, n'avaient pas pu les faire revivre ;

« Que la compétence des tribunaux ne peut, en effet, être réglée que par des lois, et que ce n'est que d'après leurs dispositions qu'ils peuvent avoir le droit de prononcer des peines.

(1) La loi de 1790 est une loi d'organisation municipale et la loi de 1791 est une loi sur la police municipale. Voici ce que dit l'art. 46 du titre Ier de cette dernière :

« ART. 46. — Aucun tribunal de police municipale ni aucun corps municipal ne pourra faire de règlements : le corps municipal néanmoins pourra, sous le nom de l'intitulé de délibération, et sauf la réformation, s'il y a lieu, par l'Administration du Département, sur l'avis de celle du District, faire des arrêtés sur les objets qui suivent :

« 1° .

« 2° Lorsqu'il s'agira de publier de nouveau les lois et règlements de police ou de rappeler les citoyens à leur observation. »

---

(1) *Bulletin des arrêts de la Cour de cassation.* (Criminel, année 1819, page 151).

1791 a voulu et devait leur assurer, le Gouvernement rentrerait dans la légalité et donnerait au peuple de nouveaux motifs d'aimer la Révolution à laquelle il a si puissamment contribué et qui cependant lui a peu profité.

Le parquet de décembre 1830 montrait ainsi qu'il comprenait qu'après les journées de Juillet on devait effacer les dernières traces de la contre-révolution bourbonnienne. Mais la préfecture de Police ne se laissa pas toucher par les arguments juridiques et par les déclarations libérales du procureur du Roi. On continua à transmettre au parquet du tribunal correctionnel les procès-verbaux dressés contre les brocanteurs qui vendaient sans permission. Si bien que le 18 avril 1831 le successeur de M. Comte dut rappeler au préfet de Police qu'une lettre avait été adressée à sa préfecture quatre mois auparavant :

Je vous invite, disait-il, à vous faire représenter une lettre que mon prédécesseur a eu l'honneur d'adresser au vôtre... Je partage l'avis émis dans cette lettre... En conséquence, je crois ne devoir donner aucune suite aux procès-verbaux constatant seulement l'exercice du métier de brocanteur sans autorisation. Je traduis seulement devant le tribunal de police correctionnelle ceux qui, en contravention à l'ordonnance du 8 novembre 1780, qui n'a cessé d'être en vigueur, ont fait le métier de brocanteur sans tenir des livres de police et y inscrire exactement leurs achats et ventes.

Pendant que le Parquet refusait de poursuivre correctionnellement, le tribunal de simple police, conformément à l'avis du commissaire de police faisant fonctions de ministère public, se déclarait incompétent pour juger les infractions à l'ordonnance de 1828 relatives à l'autorisation préalable, infractions qui, à son avis, devaient être jugées par le tribunal correctionnel.

Il fallait mettre fin à ce conflit. C'est alors que le préfet de Police, M. Vivien, après avoir pris l'avis d'une commission administrative, rendit l'ordonnance du 15 juin 1831, qui est encore en vigueur.

IV

Règlements et jurisprudence en vigueur.

L'ORDONNANCE DE 1831.

La préfecture de Police n'avait pu que s'incliner devant les injonctions du parquet. L'ordonnance de M. Vivien ne reproduit donc pas les stipulations illégales du règlement de M. de Belleyme, mais elle ne s'inspire pas outre mesure des principes libéraux invoqués par M. Comte :

« Considérant que plusieurs dispositions des règlements concernant les brocanteurs... ne sont pas en harmonie avec le principe de la liberté de l'industrie consacré par la loi du 17 mars 1791 », le préfet de Police modifie, comme l'indique le texte de l'ordonnance publiée plus loin (1), tout ce qui est relatif au droit de chacun d'exercer la profession de brocanteur.

Ainsi il ne sera plus accordé de *permission spéciale*. L'Administration délivrera simplement un bulletin d'inscription à toute personne qui justifiera de son domicile, de son individualité, et qui présentera sa patente de l'année ou un certificat d'exemption pour cause d'indigence.

Les bulletins d'inscription, dit la circulaire du 15 juin 1831, ne seront plus visés chaque année comme l'étaient les anciennes permissions : ils seront seulement assujettis annuellement au visa de ma préfecture.

La condition de savoir lire et écrire n'a pas été reproduite dans la nouvelle ordonnance, attendu qu'on ne peut pas interdire à un brocanteur la faculté de faire tenir son livre de police par ses enfants, sa femme ou par toute autre personne dont il serait accompagné.

La défense de vendre, d'acheter ou d'échanger des marchandises neuves, etc., et celle de tenir boutique ou échoppe, ont été également supprimées comme contraires à la liberté de l'industrie.

Enfin la défense faite de trafiquer dans les cabarets, etc., n'a pas été maintenue à cause de la difficulté de constater ce genre de contravention qui n'intéresse l'ordre public que d'une manière indirecte et de l'inconvénient qu'il y a toujours à interdire par des règlements ce qu'on ne peut réellement empêcher.

---

(1) Voir *Annexes II*, n° 20.

Quelle aimable philosophie dans cette dernière phrase ! Mais ce n'est là qu'une boutade, car, si la préfecture de Police mettait en vigueur ce principe, combien d'articles de ses ordonnances, modernes ou antiques, devraient être abrogés !

Le parquet néanmoins eut ainsi gain de cause. Les brocanteurs de 1831 pouvaient courir dans les cabarets acheter ou vendre leur friperie sans plus d'entraves que les crieurs de coté du temps de Saint-Louis, allant ès ostieux, et tôst et tard, ès bordiaux et tavernes. Et dire que M. Vivien se trouvait être moins libéral, en matière de brocante, que les administrateurs du xiiie siècle !

La préfecture de Police, tout en réformant l'ordonnance de 1828, n'avait toutefois entendu abandonner que ce qu'elle ne pouvait garder : dans sa circulaire, M. Vivien insiste vivement auprès des commissaires de police pour que leur zèle ne se démente pas.

La profession de brocanteur, dit-il, offre tant de facilités pour l'écoulement des objets volés et tant de chances d'impunité à ceux qui s'en rendent coupables que je ne saurais trop vous recommander la plus active surveillance sur les individus qui exercent cet état.

J'appelle particulièrement votre attention sur la nécessité d'examiner avec soin leurs registres lorsqu'ils sont présentés à votre visa, à l'effet de vous assurer s'ils sont tenus régulièrement, et de constater les infractions que vous serez à même de remarquer.

Ces infractions se partageaient en trois catégories : celles qui ressortissaient de la préfecture de la Seine (c'étaient les contraventions à la loi des patentes), celles qui concernaient le tribunal de simple police (c'étaient les contraventions à la partie de l'ordonnance relative au bulletin d'inscription) et enfin les contraventions qui rendaient toujours les brocanteurs justiciables du tribunal correctionnel : c'étaient les infractions que punissait de peines sévères, et sans circonstances atténuantes, l'ordonnance de 1780, pour la non-tenue et la non-présentation du registre, les achats irréguliers et le changement de domicile sans avertissement préalable, toutes visées par les art. 1, 7, 8, 9, 10 et 11 de l'ordonnance du 15 juin 1831.

La persistance de la préfecture de Police à maintenir en vigueur les pénalités de l'ordonnance de 1780 ne manqua pas de frapper le parquet du Tribunal, et un substitut de procureur du Roi, M. Didelot, écrit au garde des Sceaux, ministre de la Justice, une lettre datée du 28 juin 1831 :

Monsieur le Ministre,

Ayant tenu l'audience de police correctionnelle pendant quinze jours, j'ai été appelé plusieurs fois à requérir l'application de l'ordonnance du 8 novembre 1780 contre les brocanteurs qui ne tenaient pas de registre pour inscrire leurs achats et ventes. Cette ordonnance, qui prononce une amende de 400 francs au minimum contre les contrevenants, ne me paraît plus en harmonie avec le système pénal qui veut la graduation des peines. L'amende de 400 francs est évidemment hors de porportion avec une contravention presque toujours sans gravité. Aussi, par suite d'une longue jurisprudence, le Tribunal modère-t-il toujours la peine à 25, 15, 10, 5 francs et même quelquefois à 3 francs.

Je n'ai pas cru devoir provoquer, par appel, la réformation de ces décisions qui me paraissent équitables quoique contraires à la loi. Quoi qu'il en soit, en modérant la peine sans y être autorisé, le Tribunal se livre évidemment à l'arbitraire. Or, de tous les arbitraires qui peuvent avoir lieu sous toute espèce de gouvernement, le pire est, sans contredit, celui qui est commis par les magistrats sous un gouvernement constitutionnel...

M. Didelot continue en demandant que l'on substitue à l'ordonnance une loi modifiant les pénalités contre les brocanteurs.

La lettre du substitut fut transmise par le garde des Sceaux au ministre de l'Intérieur et, par ce dernier, au préfet de Police, M. Vivien :

« Je vous serai obligé, disait le ministre, M. Casimir-Perier, dans sa lettre d'envoi du 28 juillet 1831, de me renvoyer cette pièce (la lettre de M. Didelot) et de me faire part des mesures que vous aurez cru devoir prendre pour obvier aux inconvénients qu'elle signale. »

Si la préfecture de Police, ainsi saisie de l'affaire, étudia la question, il ne semble pas que cette étude ait donné des résultats, puisque les brocanteurs sont, en l'année 1892, dans la même situation qu'il y a 61 ans. C'est ainsi que l'on comprend les réformes à la préfecture de Police.

LA JURISPRUDENCE DU BROCANTAGE A PARIS.

S'il est, en France, une jurisprudence bizarre, pour ne pas dire plus en raison du respect que l'on doit avoir pour les Décisions de la Justice, c'est bien celle qui concerne le brocantage !

Nous avons rappelé plus haut les conflits du Parquet et de la préfecture de Police au sujet de l'exercice du métier de brocanteur sans autorisation, et nous avons montré que ce conflit avait été réglé suivant les vues du Parquet, qui s'appuyait, au surplus, sur l'arrêt de la Cour de cassation du 10 avril 1819.

Mais cet arrêt, qu'on ne s'y trompe pas, a renvoyé les contrevenants devant le tribunal de simple police simplement par ce motif que les dispositions pénales visées dans les règlements pour l'absence d'autorisation avaient été *abrogées* par des lois récentes, et qu'il n'appartenait pas au juge de *faire revivre* des pénalités abrogées. Mais, dans le cas où les pénalités anciennes n'avaient pas été nommément et légalement abrogées par des décrets, des ordonnances ou des arrêtés, elles restaient toujours en vigueur. Telle, par exemple, la peine de 400 francs fixée par l'ordonnance de 1780 pour la non-tenue des registres sur lesquels les transactions doivent être inscrites.

L'arrêt qui fait jurisprudence à cet égard est tout récent puisqu'il ne remonte qu'à l'année 1878.

En 1877, un brocanteur de Paris établi en boutique fut, en application de l'ordonnance de 1780, condamné par le tribunal correctionnel à 100 francs d'amende pour ne pas avoir inscrit sur son livre une petite voiture provenant d'un vol. Le brocanteur réclama : il déclara qu'il n'avait commis qu'une infraction à une ordonnance de police, ce qui, disait-il, aurait dû motiver son renvoi devant le tribunal de simple police. Or, la Cour de cassation rejeta son pourvoi (1). Elle commença par déclarer la validité de l'ordonnance de 1780 :

Attendu :

Qu'en publiant un ancien règlement du lieutenant de Police, le préfet n'a fait qu'user du droit qui lui est conféré par l'art. 46 de la loi des 19-22 juillet 1791, titre Ier, et par l'art. 2 de l'arrêté des consuls du 12 messidor an VIII ;

Que l'ordonnance par laquelle il a fait cette publication ne peut être substituée à l'ancien règlement, dont elle se borne à rappeler les prescriptions et qui subsiste dans toutes ses dispositions non contredites par le code pénal ou par une loi postérieure ;

Que c'est donc avec raison que le demandeur a été poursuivi pour avoir contrevenu à l'ordonnance du 8 novembre 1780 en n'inscrivant pas sur son registre l'achat fait par lui au sieur L...

La Cour ayant rappelé l'existence de l'ordonnance de l'ancien régime se demande s'il faut appliquer au contrevenant les peines de police visées par le paragraphe 15 de l'art. 47 du code pénal ou les amendes prévues en 1780. Elle se prononce en faveur de la vieille ordonnance :

Attendu :

Que, s'il est de principe que des anciens édits et règlements de police locale sur des matières attribuées par la législation actuelle au pouvoir réglementaire de l'Administration n'ont, aujourd'hui, pour sanction que les peines de simple police portées par les art. 471, § 15, et 474 du code pénal, il n'en est pas de même quand lesdits édits et règlements *traitent une matière qui ne rentre pas dans les attributions soit de l'autorité municipale, soit de toute autre autorité administrative ;*

(1) *Bulletin de la Cour de cassation — Criminel —*, année 1878, page 87. (Voir *Annexes* II, n° 27).

— 44 —

Qu'aux termes de l'art. 484 du code pénal, ces règlements particuliers doivent continuer à être observés tant qu'ils n'ont pas été remplacés par une loi ;

Qu'il en est ainsi des art. 2 et 3 de l'ordonnance de police du 8 novembre 1780, *dont les dispositions n'ont été abrogées ni expressément, ni tacitement et qui sont, dès lors, toujours en vigueur.*

Attendu, en effet, que le droit d'imposer aux revendeurs et brocanteurs l'obligation de tenir un registre destiné à l'inscription de leurs achats ne rentre pas dans le cercle réglementaire qui appartient à l'autorité administrative ;

Que ce n'est pas là une matière de sûreté générale ou de police locale, et qu'elle ne pourrait être prise actuellement qu'en vertu d'une disposition de loi spéciale. ...

Ainsi, bien que la préfecture de Police n'ait jamais rappelé, dans les considérants et dans le texte des ordonnances de l'an X, 1806, 1812, 1818 et 1822, l'existence de l'ordonnance de 1780 avec les pénalités stipulées par elle, la Cour de cassation ne considère pas ce fait comme une abrogation *tacite.* De telle sorte que, pendant dix, vingt, trente ans, une vieille ordonnance de police restera inappliquée : puis, un jour, un préfet l'exhumera de ses archives, comme M. Debelleyme en 1828 et M. Vivien en 1831, pour l'agiter sur la tête des membres d'une importante corporation, tout comme dans la *Belle Hélène* Calchas agitait le « tonnerre » de Jupiter !

C'est *légal,* les textes le disent et la Cour de cassation le déclare ; force est donc aux justiciables de s'incliner. Et qui sait ! les brocanteurs doivent peut-être savoir encore gré à l'arrêt de 1878 d'interpréter avec modération le texte de l'ordonnance de 1780.

Ce brocanteur en boutique, en effet, n'avait été condamné qu'à 100 francs d'amende par application de l'art. 3 de l'ordonnance de 1780.

« Pourquoi 100 francs ? demande-t-il à la Cour suprême. Si les peines portées sur l'ordonnance doivent m'être appliquées, je ne suis pas passible de l'amende de 100 francs que vise l'art. 3 lequel applicable aux brocanteurs ambulants, mais bien de l'amende de *« 400 francs et même de plus grande peine »* comme le dit l'art. 2, qui s'applique aux fripiers brocanteurs en boutique. »

Or la Cour lui répond qu'il n'a pas à se plaindre, attendu « ..... que le demandeur ne peut se faire un grief de l'application d'une peine inférieure à celle qu'il avait encourue et qui est d'ailleurs justifiée par l'art. 44 du Code d'instruction criminelle... » (1).

Nous ne comprenons pas, nous l'avouons, la décision de la Cour de cassation.

---

(1) *Bulletin de la Cour de cassation (Criminel),* année 1878, page 58.

Puisqu'elle use d'une dialectique si serrée pour exhumer la vieille ordonnance de 1780, pourquoi ce corps chargé de la sauvegarde du droit et de la justice n'exige-t-il pas la stricte application de cette ordonnance à laquelle il donne force de loi ? Il lui faut accorder une excuse légale au tribunal qui a rendu l'arrêt correctionnel et faire intervenir, non le seul article 411 du code d'instruction criminelle, comme le rédacteur de l'arrêt l'a écrit par *lapsus calami*, mais l'art. 411 *combiné avec l'art. 414*, qui empêche le demandeur d'obtenir l'annulation d'un arrêt ou d'un jugement « sous le prétexte qu'il y aurait erreur dans la citation du texte de la loi ».

Donc, les brocanteurs boutiquiers sont dûment avertis : 400 francs d'amende à ceux qui ne tiendront pas leur livre en ordre. . . à moins que le tribunal ne leur fasse l'amabilité de prendre l'art. 3 de l'ordonnance de 1790 pour l'art. 2. Quant aux brocanteurs-ambulants, ce qui les attend c'est l'amende de 100 francs, tarif *ne varietur*, puisque c'est le tarif minimum.

Comme cet excellent substitut du procureur du roi auprès du tribunal de la Seine serait heureux de voir de quelle manière on a réformé cette jurisprudence que déjà, en 1832, il ne trouvait plus « en harmonie avec le système pénal qui veut la gradation des peines » !

Mais il y a mieux, cette jurisprudence ne change pas seulement les sentiments d'équité, elle viole manifestement le bon sens : et il est facile de s'en rendre compte.

L'arrêt de 1878, on l'a vu, déclare très nettement que « le droit d'imposer. . . un registre. . . ne rentre pas dans le cercle du pouvoir réglementaire, qui appartient à l'autorité administrative ». Cette disposition est absolument conforme à un arrêt de la Cour de cassation, du 28 avril 1832, rendu dans les circonstances suivantes.

Le maire de Nantes avait, le 30 avril 1817, pris un arrêté approuvé par le préfet de Loire-Inférieure le 28 mars suivant (1), qui imposait à divers (brocanteurs, commerçants, fripiers, horlogers, bijoutiers, etc.) l'obligation de tenir un registre d'inscription à peine d'être déféré au tribunal de simple police. Appelée à intervenir, à la suite de conflits judiciaires, la Cour de cassation déclara l'arrêté du maire illégal par ce fait que le maire n'avait pu présenter un ancien règlement de police sur les fripiers antérieur à celui de 1817 et à la loi de 1790. « Quelque sages et prévoyantes que soient les mesures de police prescrites par le règlement de police du 30 avril, dit l'arrêt, les *tribunaux ne peuvent*, dans la mesure de leurs attributions, du moins en ce qui concerne les fripiers de la ville de Nantes, *appliquer des peines aux contraventions contre ledit règlement.*

---

(1) *Bulletin de la Cour de cassation*, année 1832, page 228. (Voir *Annexes* II, n° 21.)

Cet arrêt de 1832 se trouve confirmé par un autre arrêt en date du 27 septembre 1851 (1).

Un marchand de ferrailles de Colmar avait acheté deux pièges à taupes et ne les avait pas inscrits sur son registre comme le voulait un arrêté du maire de Colmar du 17 novembre 1817, approuvé régulièrement par le préfet du Haut-Rhin.

Le tribunal de simple police devant lequel comparut le ferrailleur, le 27 mai 1851, acquitta le contrevenant. Le commissaire de police faisant fonctions de ministère public se pourvut en cassation. La Cour lui donna tort, attendu que l'arrêté municipal « ne se rattache à aucune des attributions conférées aux corps municipaux par l'art. 3, titre XI, de la loi du 24 août 1790 ».

Voilà qui est net et précise bien la question.

Les municipalités ne peuvent innover en matière de règlements de police sur le brocantage en boutique (le brocanteur ambulant est, rappelons-le, passible des règlements relatifs aux commerces ou industries exercés sur la voie publique). Leur seul pouvoir consiste dans la publication, à nouveau, d'arrêtés antérieurs à la loi municipale de 1790 et à la loi de 1791 sur la police municipale, loi qui a précisément autorisé la publication des règlements de police de l'ancien régime.

La Ville de Nantes, on l'a vu, n'avait pas ou n'a pas pu produire un règlement antique : elle ne peut donc réglementer les fripiers en boutique. Il en est de même pour Colmar et la plupart des communes françaises. Mais Paris a la bonne fortune de posséder une belle collection d'ordonnances sur la friperie et qui remontent jusqu'à Saint Louis ; aussi la police parisienne a-t-elle la faculté de réglementer les fripiers à la mode de 1780. Et les maires des villes qui, comme Bordeaux, ont, elles aussi, des collections d'ordonnances de police du « bon vieux temps » ont, à cet égard, les mêmes droits que le préfet de Police à Paris.

LA JURISPRUDENCE DU BROCANTAGE DANS LA BANLIEUE.

Quels sont maintenant les droits du préfet de Police, non pour Paris, cela n'a jamais fait de doute, mais pour les communes suburbaines du département de la Seine?

---

(1) *Bull. des arrêts de la Cour de cassation (Criminel)*, 1851, page 685. (Voir *Annexes* II, n° 22.)

L'arrêt du 28 avril 1832 nous le rappelle d'une manière catégorique quand il dit :

Que les ordonnances du lieutenant général de police de la ville de Paris, des 4 novembre 1778 et 8 novembre 1789, ne s'étendaient pas, pour leur exécution, hors le ressort du Châtelet de Paris, et que le préfet de Police de la même Ville, en renouvelant ces ordonnances en 1806 et 1818, a usé du droit qui lui était conféré par l'art. 46 de la loi du 21 juillet 1791, mais n'a pu ni entendu en étendre l'exécution au delà du territoire dont la police est confiée à sa surveillance (1).

La Cour va même plus loin quand, parlant de la déclaration royale du 29 mars 1778, elle dit :

Attendu que la plupart de ses dispositions ne paraissent, pour leur exécution, applicables qu'à la ville de Paris.

A cet égard, nous ne sommes pas de l'avis, d'ailleurs dubitatif, de la Cour suprême, car la déclaration royale a un caractère national, puisqu'elle est la conséquence logique des édits royaux de 1776. Mais son avis prouve que les ordonnances de police de 1778 et de 1780 n'étaient, en fait, applicables qu'à la « bonne » ville de Paris et à ses faubourgs.

Certes, le lieutenant général de Police du prévôt de Paris pouvait, à la rigueur, avoir juridiction sur toute la prévôté de Paris (2), prévôté-vicomté qui s'étendait sur le département de la Seine et la presque totalité du département de Seine-et-Oise. Mais son action quotidienne était restreinte à Paris et à ses faubourgs. Qu'on lise les préambules des ordonnances et des sentences de police, on verra que c'est la réglementation d'un commerce urbain que l'on a en vue. L'extension des règlements au reste du vicomté pouvait être légalement effectuée, il n'y a pas à le contester, mais, en somme, elle n'a pas été faite.

Dans ces conditions, tout ce que l'on peut admettre c'est l'application des ordonnances et sentences aux faubourgs de Paris et aux villages situés dans la banlieue ressortissant du Châtelet de Paris.

Or rien n'est plus facile que de connaître ces villages. Les almanachs royaux, celui de 1789 entre autre, donne le tableau suivant :

---

(1) Un arrêt de la Cour de cassation du 5 juillet 1860 dit en substance que l'autorité municipale n'a pas le droit d'imposer aux marchands brocanteurs un registre destiné à l'inscription de leurs achats, mais elle peut, en vertu de l'art. 46 de la loi du 28 juillet 1791, rappeler les citoyens à l'observation des règlements anciens qui existent dans la localité. (Voir aux *Annexes II*, n° 24.)

(2) L'ordonnance royale de mars 1667, faite à Saint-Germain et enregistrée par le Parlement le 15 mars 1667, dit textuellement : « ...Et quant au lieutenant de Police, il connaîtra de la sûreté de la ville, prévôté et vicomté de Paris... Il aura la visite des halles, foires, marchés, auberges, maisons garnies... il aura connaissance des assemblées... des maîtres et gardes des six corps des marchands... et de l'exécution de leurs statuts et règlements... »

BANLIEUE DE PARIS D'APRÈS L'ALMANACH ROYAL DE 1789.

Extrait des registres du Châtelet de Paris (1).

Vaugirard.
Issy.
Le moulin des Chartreux et la première maison de Clamard.
Vanves (Venvres).
Mont-Rouge.
Châtillon.
Baigneux (Bagneux), jusqu'au ruisseau du Bourg-la-Reine.
Gentilly.
L'Hôtel de Saint-Martin.
La Villette.
La Chapelle (de Saint-Denis).
Aubervilliers, jusqu'au ruisseau de la Cour neuve.
Saint-Ouen.
Patrouville (Peterville), dit Belleville.
Les Ostes de Saint-Merry.
L'Hôtel de Savy, dit Auteuil.
Passy.

Saint-Denis, jusqu'au Gris.
La Maison de Seine.
Montmartre.
Clichy-la-Garenne.
Arcueil et Cachant, jusqu'à la rue de Lay, dont il y a quatre ou cinq maisons audit village de Lay qui en sont.
Villeneuve (Villejuive), la Saussaye, jusqu'au chemin du moulin à vent.
Ivry.
Le Pont de Charenton.
Saint-Mandé.
Villiers-la-Garenne.
Le port de Nully (Neuilly).
Challeau (Chaillot).
La Ville-l'Évêque.
Vitry, jusqu'à la fontaine.
La Pissotte, jusqu'à la planche du ruisseau.

Le Roule.
Menus (Menns-lès-Saint-Cloud).
Boulogne, jusqu'au pont de Saint-Cloud, et jusqu'à la Croix dudit pont.
(Il faut observer que Menus et Boulogne, c'est le même endroit).
Conflans.
Charonne.
Baignollet (Bagnollet).
Romainville, jusqu'au grand chemin de Noisy-le-Sec.
Pantin et le Pré Saint-Gervais.
Montreuil, jusqu'à la première rue, venant à Paris du côté du bois de Vincennes.

Par suite, les communes du département de la Seine comprises en dehors de cette banlieue se trouvaient dans la zone où les ordonnances du lieutenant général de Police n'étaient pas appliquées. Elles échappent, si on interprète les textes dans leur sens étroit, à l'autorité légale du préfet de Police en ce qui concerne le brocantage.

Jusqu'à ce que la Cour de cassation ait statué sur ce point, que l'on qualifiera peut-être de casuistique administrative, on est en droit de prétendre que les ordonnances de 1780 et de 1831 ne peuvent être légalement appliquées dans les communes situées au delà de la ligne constituée par Suresnes, Courbevoie, Asnières, Épinay, Stains, Bobigny, Noisy-le-Sec, Rosny, Fontenay-sous-Bois, Maisons-Alfort, Choisy-le-Roi, l'Hay, Bourg-la-Reine, Fontenay-aux-Roses et Clamart; ce qui représente environ la moitié de la superficie du département.

Restent maintenant les communes de l'ancienne banlieue parisienne.

Pour elles, il y a lieu de distinguer deux périodes : l'une antérieure, l'autre postérieure à la loi du 10 juin 1853.

---

(1) Collationné de l'Almanach royal et extrait du registre appelé le Grand Livre Jaune, folio 24, verso et recto, et de celui appelé le treizième Volume des Bannières, folio 81, recto et verso.

Dans la première, les droits que le préfet de Police de Paris peut exercer dans la banlieue parisienne sont réglés par l'arrêté des consuls en date du 3 brumaire an IX (25 octobre 1800) qui lui accorde, dans les communes surburbaines, une partie des droits qu'il possède à Paris, *mais une partie seulement*. Or, cet arrêté de brumaire, nous l'avons déjà dit plus haut (page 36), a complètement laissé en dehors des attributions du préfet de Police la réglementation des fripiers. Il ne vise, en effet, que les trois premiers paragraphes de l'art. 32 de l'arrêté consulaire de l'an VIII, et néglige de parler du paragraphe 5 qui, lui, est relatif aux monts-de-piété, aux brocanteurs et aux fripiers. La distinction n'est pas arbitraire : le Gouvernement n'a entendu accorder au préfet de Police de Paris, devenu le préfet de police du département de la Seine, que les attributions qu'il était nécessaire de ne pas laisser aux municipalités dans l'intérêt de la sûreté publique. On conçoit que la réglementation des monts-de-piété, qui n'intéresse pas cette sûreté publique, ait été maintenue dans les pouvoirs des maires de banlieue.

On est donc porté à conclure, du rapprochement de ces textes, que les préfets de Police ont commis un excès de pouvoir en étendant à cette époque les règlements de police sur les brocanteurs et fripiers parisiens, même aux communes suburbaines comprises dans l'ancien péimètre de la banlieue de Paris.

Peut-être s'étonnera-t-on que le Parquet ait permis une telle violation du droit au moment même où il signalait l'illégalité de certaines clauses de l'ordonnance de 1828, illégalité dont il obtint l'abrogation en 1831. Cela tient à une interprétation erronée des pouvoirs du préfet de Police, interprétation qui, on ne sait pourquoi, n'a pas fait alors l'objet de protestations.

Le préfet de Police a pu dire, en s'appuyant sur l'arrêté de brumaire an IX qu'il vise dans les considérants de son ordonnance de 1828 : « Mes pouvoirs de préfet de police de Paris sont, par cet arrêté, étendus aux communes du département de la Seine et à trois communes du département de Seine-et-Oise. Donc je puis leur rendre applicables les ordonnances du lieutenant général de Police de la prévôté de Paris que je remets en vigueur comme m'y autorise l'arrêté de messidor an VIII. »

Certes, nous ne méconnaissons pas au préfet de Police le droit de faire exécuter, dans les communes suburbaines, certaines ordonnances de l'ancien lieutenant général de Police, mais c'est à une condition, c'est que ce pouvoir rentre dans ses attributions légales, et les textes montrent qu'en 1828 et 1831, sous l'empire de l'arrêté consulaire de l'an IX, il ne possédait pas ce droit.

Nous nous empressons de dire que ces objections, en ce qui concernent les communes comprises dans l'ancienne banlieue, n'auraient pas leur raison d'être aujourd'hui, depuis le vote de la loi du 10 juin 1853 dont les termes sont beaucoup plus généraux que ceux de l'arrêté de brumaire. Cette loi dit, en effet :

ARTICLE PREMIER. — Le préfet de Police de Paris exercera, dans toutes les communes du département de la Seine, les fonctions qui lui sont déférées par l'arrêté des consuls du 12 messidor an VIII.

ART. 2. — Toutefois, les maires des communes du département de la Seine resteront chargés, sous la surveillance du préfet de la Seine et sans préjudice des attributions, tant générales que spéciales qui leur sont conférées par les lois, de tout ce qui concerne la petite voirie, la liberté et la sûreté de la voie publique......

Il n'y a place à aucune ambiguïté ; le préfet de Police possède aujourd'hui le droit de réglementer les brocanteurs, cela ressort incontestablement de l'art. 1er de cette loi, surtout par ce motif que l'art 2 ne vient pas, sur ce point spécial, créer une exception en faveur de leur industrie et que les lois municipales, la loi de 1884 entre autres, ne parlent nullement du brocantage.

Donc, actuellement, pour les communes du département de la Seine comprises dans l'ancienne banlieue, il n'y a pas d'objection à faire pour l'application stricte des ordonnances de 1831 et de 1780 sur les brocanteurs.

Mais, en tout état de cause, le droit du préfet de Police s'arrête là. Il ne s'étend ni aux communes de la Seine situées au-delà de l'ancien périmètre, ni aux trois communes du département de Seine-et-Oise, Sèvres, Saint-Cloud et Meudon, visées par l'arrêté de brumaire an IX, ni à la commune d'Enghien qui est comprise dans le ressort du préfet de Police en vertu de la loi du 7 août 1850 (1).

Par suite, le commissaire de police de Pantin déférera au tribunal correctionnel un brocanteur de Pantin qui n'aura pas tenu son registre et il pourra lui faire appliquer une amende de 400 francs. Mais si le brocanteur habite Dugny, commune qui fait partie de la circonscription du commissariat, mais qui ne dépendait pas de l'ancienne banlieue, le commissaire de police devra le laisser indemne, les ordonnances du lieutenant de Police n'étant pas appliquées à Dugny, et la municipalité de Dugny ne pouvant promulguer un vieil arrêté de police antérieur à la Révolution !

C'est assez dire le non-sens de la jurisprudence et de la législation d'aujourd'hui. Le préfet de Police, pour excercer ses pouvoirs, doit s'appuyer sur des arrêts de la

---

(1) Cette loi consacre complètement pour ces communes la non-application de la loi de 1853, pour cette double raison qu'elle rappelle expressément l'arrêté de brumaire an IX, arrêté que la loi de 1853 n'a pas abrogé, et qu'elle concerne exclusivement le département de la Seine. — Voir la partie de la loi du 7 avril 1850 relative à la police.

« ART. 4. — Le décret du 3 brumaire an IX, qui a placé les communes de Sèvres, Meudon et Saint-Cloud sous l'autorité du préfet de Police, pour les mesures de haute police, sera appliqué à la commune d'Enghien »

Cour de cassation, qui, par une dialectique juridique très serrée et très judicieuse, mais en tout cas bien contraire à nos idées de ce jour, est contrainte de déclarer légal à Pantin ce qui est illégal à Nantes et de laisser déférer certaines contraventions à des ordonnances de police : devant le tribunal de simple police, si on se trouve à Bordeaux, et devant le tribunal correctionnel, si on est à Paris.

Le principe de l'unité de notre droit pénal reçoit là une rude atteinte et nous espérons que le Gouvernement accueillera le vœu que nous lui proposons, et qui demande qu'une loi vienne unifier — si cela est nécessaire — les vieux règlements de police sur le brocantage.

LES BROCANTEURS PARISIENS DE 1831 A 1892.

Après l'ordonnance de 1831, il n'y a plus à signaler que l'ordonnance du 29 décembre 1865 (1), ouvrant aux brocanteurs le premier étage du nouveau marché du Temple, où, à la place des boutiques affectées aux fripiers, on a installé le « carreau », qui se tenait préalablement entre la Rotonde et le vieux marché.

Les brocanteurs ayant un paquet acquittent un droit d'entrée de 20 centimes ; les acheteurs ou les brocanteurs sans paquet ne paient que 5 centimes.

Telle est pourtant l'importance croissante de ce marché que la recette, qui ne dépassait pas 40,340 francs en 1873, est montée à près de 59,000 francs en 1884, pour descendre aux environs de 47,000 francs depuis l'application du règlement de 1887.

Ce règlement, voté par le Conseil municipal et rendu exécutoire par deux ordonnances de police du 29 mars et du 5 août 1887 (2), interdit la vente de marchandises neuves ainsi que l'accès des brocanteurs établis en boutique. Cette mesure a provoqué des réclamations que nous étudierons plus loin.

Actuellement, voici les règles générales imposées aux brocanteurs.

Toute personne qui veut brocanter dans les rues de Paris s'adresse à la préfecture de Police (1re Division, 4e Bureau), où elle se fait inscrire sur un registre. Elle doit être munie de sa patente ou, si elle est indigente, d'un certificat de décharge de la taxe de patente. Elle doit produire, en outre, afin de faire constater son domicile et son identité, un certificat délivré par le maire de sa commune ou par le commissaire de police de son quartier.

---

(1) Voir *Annexes II*, n° 25.

(2) Voir *Annexes II*, n°² 28 et 29.

Cela fait, la préfecture de Police délivre immédiatement un carnet individuel et une médaille qui permettent au brocanteur (homme ou femme) d'exercer son commerce dans tout le département de la Seine.

Le brocanteur doit porter, d'une manière apparente, sa médaille qui porte son nom, les initiales de ses prénoms et le numéro de son inscription.

Il est astreint à certaines formalités dont il est fait mention sur le carnet à lui délivré et que nous reproduisons plus loin (1). Ce carnet timbré coûte 1 fr. 20 c. : le prix de la médaille est de 0 fr. 80 c.

Par conséquent, il n'en coûte que 2 francs — sauf la patente annuelle — pour être brocanteur. Chaque année, ou à chaque changement de domicile, le brocanteur doit faire viser son carnet à la préfecture de Police.

Voici à ce sujet une statistique que nous a donnée la préfecture de Police sur les opérations qu'elle a effectuées de 1878 à 1888 pour les brocanteurs :

ANNÉES	MÉDAILLES DÉLIVRÉES chaque année	MÉDAILLES		LIVRETS D'INSCRIPTION	
		RENDUES par les brocanteurs	REPRISES par les brocanteurs	RENOUVELÉS ou visés	VISÉS pour changement de domicile
1878	271	669	312	2,400	606
1879	234	651	312	2,233	570
1880	317	588	330	2,309	448
1881	287	597	337	2,287	534
1882	354	582	367	2,268	592
1883	335	620	359	2,372	588
1884	327	559	352	2,342	580
1885	333	669	371	2,522	625
1886	311	658	348	2,534	599
1887	319	746	331	2,594	610
1888	327	961	379	2,273	665
1889	278	515	329	2,928	532
1890	383	466	252	2,283	462
1891	375	449	189	2,305	447

Cette statistique n'indique pas de grands changements dans la corporation des brocanteurs ambulants, et l'augmentation, en 1887-1888, du chiffre des médailles rendues à la Préfecture par les brocanteurs est la conséquence des décisions prises par le Conseil municipal et la préfecture de Police en ce qui concerne le carreau du Temple.

Il est difficile de tirer de ces chiffres une conclusion quant au chiffre réel du nombre

(1) Voir *Annexes II*, n° 30.

des brocanteurs en exercice. La préfecture de Police n'a pu nous donner un renseignement précis : il faudrait qu'elle eût un registre où les opérations relatives aux brocanteurs : visas annuels, changements de domicile, etc., seraient tenues à jour, et où
chaque titulaire de médaille aurait son folio. Ce registre n'existe pas. De telle sorte
que rien ne permet de donner un nombre même approximatif pour les brocanteurs
en exercice.

Toutefois, du nombre des médailles délivrées chaque année, il appert que la profession ne périclite pas, comme le supposent ceux qui prétendent que la confection
à bon marché et le développement des magasins de nouveautés ont tué à Paris le
commerce du vieux.

Rien enfin à signaler, en dehors des ordonnances de 1887, pour ce qui concerne
la partie réglementaire du métier de brocanteur. Il n'y a seulement à mentionner
que la circulaire du préfet de Police, M. Léon Renault, en date du 18 juin 1875.

L'Administration rappelait aux commissaires de police, comme le montre cette
circulaire reproduite aux Annexes (1), qu'ils devaient viser eux-mêmes les registres
de commerce des brocanteurs au lieu de déléguer à cet effet leurs secrétaires,
leurs inspecteurs ou... leurs garçons de bureau.

Irons-nous à l'encontre de la vérité en disant qu'il en est de cette circulaire
comme de tant d'autres, et que la préfecture de Police, si active pour revendiquer
ses droits, quelque peu antiques qu'ils puissent être, met, pour les exercer, un
empressement mitigé... par les circonstances où nous vivons.

Elle nous rappelle, à cet égard, ce haut fonctionnaire du premier Empire qui,
après avoir stylé un de ses familiers et lui avoir longuement remémoré ses titres
officiels, lui disait avec un air de protection bienveillante : « Dans l'intimité, mon
ami, appelez-moi Excellence tout court. »

---

(1) Voir *Annexes II*, n° 26.

III.

Le vieux marché du Temple.

La municipalité de Paris profita de la tendance des fripiers et des brocanteurs à se grouper autour de la Rotonde du Temple pour transférer dans une partie des terrains vagues de l'enclos, les deux marchés à la friperie établis au marché des Innocents et à la place aux Veaux (1). Le premier de ces marchés, on l'a vu, remontait à 1278.

Ce transfert fut autorisé par un arrêté des consuls en date du 21 vendémiaire an XI (12 octobre 1802). Des recherches ont été faites pour retrouver le texte complet de cet arrêté qui constitue, en quelque sorte, l'acte de naissance du marché du Temple. Mais les archives de la ville de Paris ont été détruites par les incendies de 1871, l'état des archives du ministère de l'Intérieur ne se prête pas beaucoup à des investigations sérieuses et les recherches effectuées aux Archives nationales, pour les documents manuscrits, et à l'Imprimerie nationale, pour les expéditions imprimées, sont restées infructueuses.

Fort heureusement il existe, dans un ouvrage (2) de Lazare, l'extrait suivant de l'arrêté des Consuls :

Saint-Cloud, le 29 vendémiaire an XI de la République une et indivisible.

Les consuls de la république,

Sur le rapport du ministre de l'Intérieur, arrêtent :

Article premier. — L'emplacement situé dans l'enclos du Temple, à gauche de la chaussée, et compris entre la barraque 6, la maison n° 66, et celles n°˚ 20 et 22, ainsi qu'il est désigné dans le rapport du citoyen Aubert, et dont le plan sera dressé et le bornage fait incessamment à la diligence de l'administration du domaine et aux frais de la ville de Paris, sera concédé pour 99 ans, par le préfet à la dite ville de Paris, moyennant une redevance annuelle. L'emplacement ne pourra être consacré à aucun autre usage, etc.

---

(1) Cette place, d'après la *Nomenclature des voies publiques et privées* de la ville de Paris (Paris, 4ᵐᵉ édition, 1891, page 773), était située entre les rues de Poissy et de Pontoise et a été supprimée par un décret du 11 août 1855.

(2) *Dictionnaire des rues de Paris et de ses monuments*, par M. Lazare. Édition de 1844, p. 376.

Art. 3. — L'étalage des vieux linges, hardes et chiffons, provisoirement placé sur le marché des Innocents et sur la place aux Veaux, sera transféré, à compter du 1er frimaire prochain, dans l'emplacement indiqué par l'article premier, etc...

Le premier Consul,

Signé : BONAPARTE.

(Extrait du registre des délibérations des consuls).

D'autre part, dans le dossier de la direction des Archives municipales, reconstitué comme on l'a pu en 1871, figure une copie authentique de la lettre adressée au préfet de la Seine, M. Frochot, par le ministre de l'Intérieur, en même temps que le texte de l'arrêté des consuls. En voici la teneur :

Paris, le 24 frimaire an XI.

LE MINISTRE DE L'INTÉRIEUR AU PRÉFET DU DÉPARTEMENT DE LA SEINE.

Je vous fais passer, citoyen Préfet, une ampliation de l'arrêté des consuls du 29 vendémiaire dernier qui concède pour 99 ans, à la ville de Paris, un emplacement fesant partie du terrain du ci-devant prieuré du Temple, pour y transférer les revendeuses de hardes et chiffons maintenant établies au marché des Innocents et sur la place aux Veaux.

Je vous invite, citoyen Préfet, à faire les dispositions nécessaires pour l'exécution de cet arrêté, dont j'ai différé l'envoi pour prendre quelques renseignements particuliers dont j'avais besoin.

Signé : CHAPTAL.

Pour copie conforme :

Le maître des requêtes, secrétaire général,

B...... (ILLISIBLE.)

C'est l'État qui faisait cette concession à la ville de Paris par cette raison que l'enclos du Temple avait été déclaré bien national en 1790, lors de la suppression des biens du clergé. Le terrain concédé pour 99 ans, par bail emphytéotique, n'avait pas grande surface puisqu'il ne mesurait que 450 mètres superficiels (1).

---

(1) Ce renseignement est extrait du rapport fait par M. Oufroy, membre du Conseil municipal de Paris, et lu dans la séance du 5 juillet 1861, lors de la discussion du projet de reconstruction du vieux marché du Temple. L'ensemble des *Documents administratifs* concernant cette reconstruction a été imprimé dans un fascicule de 72 pages, chez l'imprimeur de la Préfecture, Charles de Mourgues, Paris, 1861.

La Ville devait à l'État une redevance annuelle et était tenue d'affecter le marché à la vente exclusive du vieux linge, des hardes et des chiffons.

Le marché, en vertu de l'arrêté des consuls, devait être ouvert le 1er frimaire : la date de la lettre du ministre semble indiquer qu'il n'en fut pas ainsi. Mais, comme il ne s'agissait alors que d'un marché découvert, les marchands ne furent pas longs à s'installer. Ils s'installèrent si bien et en si grand nombre que la place devint bientôt insuffisante, non seulement en raison du déplacement des fripiers-revendeurs des deux marchés des Innocents et de la place aux Veaux, mais parce que l'ordonnance de police du 29 avril 1806 permettait aux brocanteurs ambulants « de se réunir tous les jours » dans l'enclos du Temple. Le marché à la Friperie devint par suite si encombré qu'il fallut songer à l'agrandir.

Au commencement de l'année 1807, c'est-à-dire quatre ans à peine après l'ouverture du marché du Temple, la Ville proposa de vingtupler la superficie du terrain, dont elle pouvait disposer. L'État, à ce moment-là, songeait à aliéner l'enclos, des plans de lotissement avaient été dressés (1), et une certaine partie des terrains domaniaux avaient déjà été vendue, entre autres la Rotonde qui était propriété privée (2) depuis l'an VI (1798). La fameuse tour des Templiers, la prison de Louis XVI, fut démolie en 1811.

L'État se montra disposé à entrer dans les vues de la ville de Paris et il consentit à augmenter considérablement la superficie de l'enclos du Temple affectée à la vente du vieux linge. Cette convention fut autorisée par le décret impérial du 16 mai 1807, dont voici le passage principal tel que le donne Lazare dans son *Dictionnaire des rues de Paris* :

Au camp impérial d'Osterode, le 16 mars 1807.

Napoléon, etc..., Nous avons décrété et décrétons :

Article premier. — La portion de l'enclos du Temple à Paris, destinée à recevoir les mar-

---

(1) Un de ces plans existe dans les collections d'estampes de la bibliothèque Carnavalet. Il indique l'ouverture des quatre rues aboutissant toutes à la Rotonde, laquelle devait être au milieu d'une place et dégagée ainsi des maisons qui se trouvaient à proximité. Deux de ces rues nouvelles, orientées de l'est à l'ouest, devaient aboutir rue du Temple. Elles existent actuellement et longent le marché actuel ; ce sont les rues Dupetit-Thouars et Perrée. Une troisième aboutissait au nord à la rue de Vendôme (depuis rue Béranger) : c'est la rue Dupuis, la quatrième, allant au sud, débouchait de la rue de la Corderie, depuis rue de Bretagne : c'est la rue Caffarelli.

(2) Cette année-là, la ville de Paris mit fin à un différend qui pendait depuis quelques années avec le général Santerre. L'ancien brasseur du Faubourg Saint-Antoine avait certaines créances sur l'État et sur la municipalité de Paris. En échange de ces créances, Santerre obtint la Rotonde du Temple. Mais il ne la garda pas longtemps. En 1803 elle fut saisie immobilièrement par ses propres créanciers et elle fut vendue à M. Pichat, le père du sénateur républicain mort en 1880, dont la fille unique est Mme Risler, la femme du maire actuel du VIIe arrondissement de Paris.

chés aux vieux linges et hardes, etc..., aura une étendue superficielle de 9,036 mètres au lieu de celle de 450 mètres qui lui a été seulement donnée par le plan qui a servi de base à l'arrêté du gouvernement du 29 vendémiaire an XI, etc.

Signé : NAPOLÉON.

La ville de Paris voulut profiter des bonnes dispositions du Gouvernement et elle demanda à l'État de lui concéder en toute propriété le sol du marché. C'est ainsi qu'intervint la loi du 8-18 septembre 1807 donnant à la ville de Paris, en vue de former le marché du Temple, les 9,036 mètres précédemment loués, mais lui imposant « en même temps l'obligation de racheter à ses frais la portion des bâtiments et terrains domaniaux qui, devant entrer dans le plan du marché projeté, avait été précédemment aliénée par le Domaine » (1).

Comme le *Bulletin des lois*, le *Moniteur* et le *Duvergier* ne donnent pas le texte de cette loi de 1807, nous n'en connaissons que l'esprit et non le texte intégral. Il semble toutefois que ce texte n'était pas d'une clarté extrême, puisque des difficultés s'élevèrent entre la ville de Paris et le Domaine, — fait qui montre que les administrations de l'État ne traitaient pas beaucoup mieux la ville de Paris que peuvent le faire aujourd'hui l'administration des Téléphones et le service des Ponts et chaussées. — La Ville disait que la loi de 1807 lui donnait les terrains gratuitement : le Domaine contestait ce dire et en exigeait la valeur. L'affaire alla devant le Conseil d'État qui donna raison à la Ville, comme l'indiquent les deux pièces suivantes, retrouvées après 1871 et annexées, comme celle que nous avons reproduite plus haut, au dossier du marché du Temple que possède la direction des Affaires municipales.

La première de ces pièces est une lettre du ministre des Finances au préfet de la Seine :

Paris, le 18 mars 1809.

A Monsieur le Préfet de la Seine.

Je vous adresse, Monsieur le comte, une copie signée de moi, de l'avis du Conseil d'État du 20 janvier dernier, approuvé par Sa Majesté l'empereur le 26 du même mois, portant que la ville de Paris n'a rien à payer pour raison des terrains domaniaux non aliénés et destinés à faire partie du nouveau marché de l'enclos du Temple.

Je vous invite à veiller à l'exécution de cet avis.

Le comte de l'Empire ministre des Finances,
Signé : GAUDIN.

---

(1) Rapport de M. Onfroy. Id. page 49.

La seconde pièce est la copie de l'*avis* du Conseil d'État sur le litige et que signale la lettre du ministre Gaudin.

AVIS.

Le Conseil d'Etat qui, d'après le renvoi ordonné par Sa Majesté, a entendu le rapport de la section de l'Intérieur, sur celui du ministre de ce département, relatif à la difficulté élevée par l'administration du Domaine sur la question de savoir si des terrains domaniaux destinés à faire le marché du Temple doivent être payés par la ville de Paris,

Est d'avis que les termes de la loi du 8 septembre 1807 lèvent cette dificulté puisque :

1° Ils disent que les terrains domaniaux *non aliénés* qui entreront dans la formation du marché du Temple seront cédés en toute propriété, à la ville de Paris ;

2° Qu'elle rachètera les *terrains aliénés ;*

3° Que la même loi pourvoit à l'acquit de ce rachat en autorisant la ville de Paris à payer 106,078 fr. 40 c. à quoi il s'élève et qu'elle n'alloue aucune somme pour les terrains domaniaux *non aliénés* parce qu'ils étaient gratuitement concédés ; que conséquemment la ville de Paris n'a rien à payer pour cet objet.

Le Secrétaire général du Conseil d'État,
Signé : LOCNÉ.

Approuvé en notre palais des Tuileries, le 26 janvier 1800.
Signé : NAPOLÉON.

Par l'Empereur :

Le ministre secrétaire d'État,
Signé : H.-B. MARET.

Pour copie conforme :

Le ministre des Finances,
Signé : GAUDIN.

La Ville, une fois propriétaire des terrains, songea alors à transformer le marché découvert en un marché couvert. Elle fit construire par l'architecte Molinos le célèbre *marché du Temple,* qui est resté pendant un demi-siècle un des coins les plus curieux de Paris. Le bâtiment fut édifié au cours des années 1809, 1810 et 1811 (1), et occupa une superficie totale de 10,831 mètres. Il était constitué par quatre pavillons couvrant 9,462 mètres environ, séparés par deux passages se coupant en croix, d'une faible largeur, puisqu'ils ne mesuraient que 1,369 mètres superficiels.

L'ensemble n'avait rien de bien artistique. « La construction du marché, dit le rapporteur du Conseil municipal en 1861 (2), faite en charpente avec couverture en tuiles, n'est, à proprement parler, qu'une suite de hangars placés les uns à côté des autres. Les boutiques, réunies par groupes de quatre, sont construites en planches brutes et en grillage de fils de fer. Indépendamment des deux voies principales qui divisent le marché en quatre corps de bâtiments principaux, il est sillonné par un grand nombre de ruelles de 60 à 65 centimètres de largeur, courant du Nord au Sud et de l'Est à l'Ouest, et débouchant toutes directement sur la voie publique. »

Les boutiques étaient au nombre de 1,888 et avaient chacune une superficie de 2 m. 62 c. carrés. Elles n'étaient pas très grandes, puisque leur surface représente à peu près un carré de 1 m. 60 de côté; il est vrai que certains marchands occupaient deux, trois, quatre et même six boutiques, ce qui formait un local relativement grand. Mais cet arrangement n'élargissait pas les passages, et on avouera que les sentes de 0 m. 60 c., qui séparaient les groupes de boutiques, ne présentaient pas beaucoup de facilités pour la circulation.

On serait tenté de croire, néanmoins, que c'est à cette promiscuité du client, du marchand et de la marchandise, qu'est dû le succès de l'ancien marché du Temple, car l'œuvre extra-utilitaire de Molinos n'a cessé d'être fort achalandée pendant toute son existence, tandis que le marché actuel ressemble plus à un désert qu'à une ruche bourdonnante. Et puis, la construction économique du bâtiment avait permis de mettre la location des boutiques à très bas prix, et c'est là une considé-

---

(1) On ne connait pas ce que coûta l'aménagement du marché. On sait seulement, par la loi du 8 septembre 1807, qu'une dépense de 106,078 francs a été prévue pour acheter les terrains non aliénés. Quant aux bâtiments, il est presque impossible de savoir quelle dépense ils nécessitèrent par suite de la destruction des archives de la Ville. Il faudrait compulser les archives du ministère de l'Intérieur où sont les décrets relatifs aux budgets de la Ville. Mais comment s'y retrouver dans l'état où se trouvent ces archives ?

Nous avons seulement sous les yeux un décret du 24 février 1811 qui évalue à 65,000 francs le produit du marché du Temple à cette époque. Ce produit avait été affecté, avec ceux des autres marchés construits ou à construire, au service d'un emprunt, porté successivement de 9 millions à 15 millions 1/2, que la ville de Paris avait fait à l'administration des Hospices. Celle-ci vendit des immeubles, prêta le produit de la vente à la ville de Paris, qui l'employa à des travaux publics tels que marchés, halle aux vins, abattoirs, canal Saint-Martin, rue d'Ulm, déplacement du pont Saint-Michel, etc. Dans les comptes figurant au décret du 22 mars 1812, il est mentionné une somme de 2,130,000 francs, affectée non pas seulement au Temple, mais à l'aménagement d'autres marchés tels que ceux des Innocents, du Légat, ce qui, on le voit, n'éclaircit pas beaucoup le mystère.

(2) *Documents administratifs* sur le marché du Temple. Paris, 1861.

ration fort importante, on l'avouera, pour la prospérité d'un commerce concernant des marchandises en général de très peu de valeur.

Le prix de location a été déterminé par un arrêté du préfet approuvé par le ministre de l'Intérieur, et qui porte la date du 20 octobre 1810. Il fut fixé à 0 fr. 20 c. par boutique et par jour, ce qui mettait le mètre superficiel à 7 centimes 63.

C'est seulement en 1855 que le tarif fut porté à 0 fr. 30 c., ce qui ne portait encore le mètre superficiel qu'à 11 centimes 45. Les fripiers et les marchands d'habits, dont l'admission au marché fut réglée par les ordonnances de police du 18 février 1811 (1), y vinrent en foule. Le marché du Temple était créé, et il fut pendant cinquante ans le centre presque exclusif à Paris du commerce des vieux vêtements.

C'était une curiosité de la Ville, que l'étranger devait visiter, comme Notre-Dame, le Louvre ou les Champs-Élysées. Et malgré cela, on ne trouve que des renseignements sommaires sur le marché dans tous les ouvrages qui ont été écrits sur le Temple. Les souvenirs de la Révolution ont écrasé ceux du siècle. L'étude de ce grand marché parisien n'a tenté que de rares écrivains : sans les journaux, nous n'aurions rien ou presque rien à l'heure actuelle sur le vieux marché, car les récits de Paul Féval dans le *Fils du diable*, d'Eugène Sué dans les *Mystères de Paris* et de Marc Fournier dans la *Grande Ville* (2) constituent surtout des descriptions pittoresques.

La description la plus complète et la plus exacte que nous ayons trouvée est celle qui parut dans l'*Illustration*, dans son numéro du 14 août 1847. L'article est signé F. M., par conséquent presque sans nom d'auteur. Ce n'est pas le seul journaliste qui aura produit quelque chose et dont l'anonyme ne sera jamais dévoilé !

Voici ce que dit, à propos du Temple tel qu'il était dans les dernières années du règne de Louis-Philippe, le rédacteur de l'*Illustration* :

« Le Temple a, comme toute association humaine, son aristocratie et sa démocratie. C'est ce dont font foi les noms seuls assignés par la langue et la voix populaires aux quatre carrés du marché.

« Le premier se nomme emphatiquement le carré du *Palais-Royal*. Là, siègent le haut commerce du bazar, les marchands d'étoffes de soie, de Valenciennes et de

---

(1) Voir *Annexes II*, n° 12 et 13.

(2) *La grande ville*, réunion d'articles par Paul de Kock. Tome II, pages 39-56. *La rotonde du Temple*, par M. Fournier.

Malines, de tapis, de frivolités, de gants, d'essences, de corsets, etc., etc., lesquels, par parenthèse, trouvent, à 50 % de rabais, d'élégantes, jolies et furtives acheteuses, promptes à fuir après le marché comme un essaim d'oiseaux mignons qui seraient venus becqueter leur déjeuner dans un cloaque. Les dentelles du Temple notamment jouissent d'une haute réputation parmi les princesses parisiennes nécessiteuses, ou même auprès des honnêtes femmes économes.

« Le second carré se nomme le *Pavillon de Flore*, ou compartiment du Drapeau. Là ne sont déjà plus que les objets utiles : la matelasserie, la literie, les boutiques de blanc commun, les robes d'indienne, les rideaux, les layettes., etc. Le pavillon de Flore est le carré bourgeois, comme le Palais-Royal est le carré mondain et fashionable du Temple.

« Vient ensuite le troisième carré, dont le nom est moins euphonique. Il s'appelle, j'en demande pardon à mes lectrices, le *Pou-Volant*. Ce qui y domine, ce sont les chiffons, la vieille ferraille, la friperie surtout. Au reste, cette dernière branche d'industrie englobe tout le marché du Temple. Elle cotoie même et envahit les carrés aristocratiques.

« Le quatrième carré se nomme la *Forêt-Noire*. Je veux croire que l'aspect enfumé des ruelles, les odeurs plus que nauséabondes qu'y dégagent le vieux cuir rance et la graisse dont on l'enduit sont pour beaucoup dans cette appellation maussade et légèrement injurieuse. Les habitants du lieu ne s'en formalisent pas et ne font nulle difficulté de s'en servir eux-mêmes dans le langage courant. Ils sont presque tous savetiers, c'est-à-dire marchands de savates, ou débitants de choses encore plus innommées, encore plus bas classifiées dans l'échelle commerciale. La voix publique les accuse de mastiquer la marchandise qu'ils sont censés raccommoder, c'est-à-dire d'en dissimuler ingénieusement les avaries et les voies d'eau au moyen d'un enduit spécial de graisse noire ou autre drogue équivalente. D'où le sobriquet de mastiqueurs, sous lequel on les désigne, et d'où peut-être aussi la qualification de Forêt-Noire décernée à leurs effroyables taudis.

« Tels sont les quatre carrés du Temple, et l'on voit qu'en eux se résume toute la hiérarchie sociale : richesse — médiocrité — pauvreté — misère, sinon vol.

« Chaque boutique porte un numéro d'ordre, et la plupart sont décorées, en outre, d'enseignes. Ce genre de prospectus ou d'annonces, qui se compose d'une grossière enluminure accompagnée d'une devise ou d'une dédicace quelconque, me fait surtout l'effet de fleurir chez les mastiqueurs, chiffonniers et les bas fripiers de la Forêt-Noire. Quelques-unes sont excentriques, comme : *au Polichinelle vampire.* D'autres sont empruntées au souvenir de l'art dramatique, dont le Temple s'est toujours montré très friand : *au Sonneur de Saint-Paul*, à *la Grâce de Dieu* (le mélodrame) ; à *Debureau*. Il y en a de religieuses, comme celle-ci (toujours dans la

Forêt-Noire) : *à la Providence !* la pancarte représente le Christ issant d'un champ de blé splendide et tel que malheureusement la récolte de 1846 n'en a point assez produit. Enfin, au-dessus d'une rangée de souliers à peine mastiqués, j'ai constaté les invocations et les dédicaces suivantes : *à la Violette ;* — *Fleur des champs ;* — *au Grand-Homme* (la redingote grise) ; et enfin *à Voltaire !* On s'explique mal le rapport qui existe entre l'industrie d'un mastiqueur et le génie du prisonnier de Sainte-Hélène ou du châtelain de Ferney, si ce n'est peut-être que savetier debout vaut mieux qu'empereur ou même philosophe enterré.

« En général, j'ai remarqué au Temple que plus le commerce est infime, plus l'enseigne est ambitieuse. C'est peut-être rationnel, le pavillon devant non seulement couvrir, mais rehausser la marchandise.....

« Le Temple a son argot. Qui n'a le sien ici-bas, depuis la haute et basse pègre jusqu'à la haute politique ? L'explication de quelques-uns des vocables particuliers à celui du Temple aura l'avantage de jeter un grand jour sur des mœurs généralement fort ignorées.

« On a vu plus haut ce que sont le *mastiqueur,* la *rapioteuse* ou raccommodeur de frusques. Il est bon d'observer que si le *mastiqueur* est nommé tel, c'est parce qu'il ne *rapiote pas.*

« Les savetiers prennent aussi le titre de *fafioteurs,* mais ceci dans l'intimité. Officiellement et en public, ils se décorent du nom de marchands de *bottins.* Ce mâle du féminin bottine me plaît particulièrement.

« Les *roulants* ou *chineurs* sont les marchands ambulants qui, après leur ronde, viennent dégorger leur marchandise portative dans le grand réservoir du Temple.

« Les *niolleurs* sont des marchands de vieux chapeaux.

« Une *niolle* est un chapeau d'homme retapé.

« Un *décrochez-moi çà* est un chapeau de femme d'occasion. Que dites-vous du mot, madame ? N'est-il pas neuf et expressif ? Au reste, qu'il ne vous fasse pas peur. Je vous assure que j'ai vu au carré du *Palais-Royal* des *décrochez-moi çà* qu'on pourrait facilement *accrocher* passage du Saumon et qui valent au moins 10 francs.

« Les *bausses* et les *bausseresses* sont les patrons et les patronnes huppés de la communauté. C'est l'aristocratie du lieu.

« Les *galifards* sont des façons de commissionnaires saute-ruisseaux, qui portent au client les marchandises vendues. Il y a aussi des *galifardes.*

« Les places ou boutiques se nomment *ayons.* Je remarque en passant que le mot se prononce, à peu de chose près, comme *haillon.*

« Les *râleuses* méritent une mention spéciale. Ce sont ces femmes que l'une de nos gravures vous représentent circonvenant un malheureux bourgeois, c'est-à-dire le tirant par l'habit, par les bras, menaçant de le déchirer, comme jadis les femmes de Thrace, l'époux désolé d'Eurydice. On devine sans peine que les *râleuses* sont des *racoleuses* ou courtières lâchées par les marchands sur le *gonce* (passant) pour le forcer à acheter. On peut juger de la conscience avec laquelle elles s'acquittent de cet office diplomatique.

« L'argent, au Temple, est de la *braise*, ou de la *thune*, ou de la *bille*. On y parle par pistoles, croix, point, demi-point et rond ; la pistole vaut 10 francs ; la croix 6 francs ; la demi-croix 3 francs ; le point 1 franc ; le demi-point 50 centimes et le rond 1 sou.

« Les vêtements, en terme générique, sont des *frusques* : le pantalon est un *montant*, l'habit une *pelure*, la chemise une *limace*, un chapeau d'homme une *niolle*, un chapeau de femme un *décrochez-moi ça*. Venir vendre ses vêtements est appelé *bibeloter ses frusques* ; s'habiller, *se renfrusquiner*. N'avoir pas le sou s'arti cule *nib de braise*, ou sa variante, *nisco braisicoto*, et tromper un client se dit, *monter un gandin*. »

L'auteur de l'article dit que pour « la formation » de cet « aimable glossaire », il doit beaucoup au romancier Paul Féval qui, ajoute-t-il, « s'est fait le bénédictin du Temple et possède sur la matière une érudition formidable. » Puis il passe à la façon dont les marchandes du Temple — dignes collègues des marchandes de la Halle — amadouent leurs clients.

« Le passant ou le promeneur qui n'a pour but que d'observer peut se risquer sans trop d'inconvénients dans le *Palais-Royal* ou au *Pavillon de Flore*, les marchands de ces deux carrés aristocratiques ayant trop le sentiment de leur haute position commerciale pour interpeller le chaland. Ils se bornent donc, en général, à l'attendre dans leur boutique, et ils lui adressent tout au plus quelques invitations polies à vouloir bien examiner les splendeurs de leur étalage. Mais, pour se hasarder sous les sordides ruelles du *Pou-Volant* et de la *Forêt-Noire*, il faut une sorte de courage. Si vous avez le bonheur d'échapper aux *râleuses* qui vous guettent dans ces repaires, vous n'échapperez pas, du moins, aux provocations que mille voix vous lancent d'un ton moitié câlin et moitié menaçant, aux apostrophes directes, et, si vous ne mordez pas à l'hameçon, aux quolibets, voire à un feu roulant d'injures.

« Un ou deux spécimens du genre :

« *Au promeneur montrant sa face.* — Achetez quelque chose, Monsieur ! — Achetez-vous, Monsieur ? — Vous n'achetez pas ? — Que faut-il à Monsieur, un tapis? — un habit pour aller à la cour? — un joli manteau (au mois d'août)? — une belle *niolle?* un *décrochez-moi ça* pour *m'ame* vot' épouse? — des bottes vernies? — un parapluie?—un clyso-pompe? — Eh! dites donc, monsieur, arrêtéz-vous!

« *Au promeneur montrant le dos.* — De quoi, de quoi! — voilà tout ce que monsieur achète! — Eh bien, excusez! — Qué qu'y vient faire ici, ce méchant fashionable? —Monsieur, faites donc *rapioter* au moins les trous de votre habit! — Ça marche sur ses tiges, ben sûr! — Pas *pus* de *braise* que dans mon œil! — Ohé, pané! — pané! — pané! — Laisse donc passer monsieur; c'est un ambassadenr qui s'en va à la cour de Perse!

« *A la râleuse après une affaire conclue.* — *La grolle*, va-t'en vite essayer cet amour d'habit à *Mossieu!* mène-le chez le marchand de vins. *Mossieu* va être reluisant : il sera mis comme un saint Georges (lisez : comme un petit saint Jean). »

Cet article de l'*Illustration* est, on le voit, essentiellement descriptif; mais il ne pénètre pas à fond dans la vie commerciale du marché. Fort heureusement, M. Emile de la Bédollière, dans son *Nouveau Paris,* a reproduit un extrait d'un travail très documenté qu'il dit être de M. Albert Monnier. Cet extrait complète l'article de l'*Illustration.* On serait tenté de croire que les deux ouvrages sont du même auteur. Mais malgré toutes nos recherches, rendues très faciles, d'ailleurs, par la bonne grâce de MM. Cousin et Lucien Faucou, nos érudits conservateurs de Carnavalet, il nous a été impossible de savoir qui était M. Albert Monnier.

L'auteur du *Nouveau Paris*, après avoir résumé ce qui, dans l'ouvrage de M. Albert Monnier, concerne la description du marché et le vocabulaire des marchands, cité alors textuellement :

« Il y a, ajoute M. Albert Monnier (1), diverses façons de cacher aux profanes le prix minimum que doit accepter la fille de boutique ou le commis. Une des combinaisons assez généralement employées est celle-ci :

« Le mot Compagnie, avec ses neuf lettres, sert de clef Fichet à ce système d'arithmétique : C représente le chiffre 1, et ainsi de suite.

« C o m p a g n i e — w

« 1 2 3 4 5 6 7 8 9 — o

---

(1) Le *Nouveau Paris,* par la Bédollière, pages 37 et 38.

« Lorsqu'il y a sur les objets les lettres c, o, a, w, cela veut dire que son dernier prix est 12 fr. 50 c. — Avis aux acheteurs.

« Il y a une dizaine de mots de ce genre usités au Temple.

« Certaines boutiquières ne marquent qu'en chiffres, et, ordinairement, le milieu de la somme inscrite désigne le chiffre net.

« Exemple : 8,132 francs signifie 13 francs.

« Il y est facile de varier à l'infini avec un tel système de marque.

« L'art d'acheter au Temple exige un certain tact, une sorte d'initiation qu'on n'acquière qu'en le fréquentant.

« Si ce bazar a ses inconvénients pour le néophyte, il est d'un grand secours pour l'initié indigent.

« Le pauvre peut s'y vêtir, des pieds à la tête, moyennant 2 francs :

« Pantalon d'été . . . . » 50
« Saute-en-barque (veston) . . . . » 55
« Escarpins d'occasion . . . . » 25
« Casquette . . . . » 20
« Chemise échangée . . . . » 50
                                        « Total   2   »

« Qu'est-ce qu'une chemise échangée ? allez-vous me demander.

« Apprenez qu'il y a au Temple des échoppes où l'on échange séance tenante sa chemise sale contre une propre. On passe derrière un paravent ; la marchande jette une chemise blanche et prend en échange la chemise portée ; cela coûte 50 centimes : c'est un prix fait comme les petits pâtés.

« Si l'acheteur a quelque affection pour les chaussettes, il peut s'en procurer le luxe à raison de 10 centimes.

« Quiconque est possédé de la coquetterie du faux-col va faire un tour chez Mᵐᵉ Lachambre ; il en voit des pointus, des ronds, des carrés, des prétentieux, des modestes qu'il peut acquérir à bon compte.

« Voici le tarif : échange d'un faux-col sale contre un propre, 5 centimes ; achat de trois faux-cols sans abandon, 10 centimes.

« Nous ne faisons pas de fantaisie ; tous les prix que nous désignons sont de la plus stricte vérité. Cependant, ne croyez pas que pour les obtenir il suffise de se

présenter au Temple comme dans une boutique à prix fixe ; on y surfait énormé-
ment et nous ne saurions trop le répéter.

« L'art d'acheter au Temple exige un apprentissage.

« Tel revendeur demande 40 francs d'un objet qu'il finit par laisser pour
5 francs.

« Règle générale : le marchand ne base pas sa demande sur la valeur de la
marchandise, mais sur le besoin que le client semble en avoir.

« N'entrez jamais dans une boutique du Temple sans en avoir été prié par le
vendeur ou son commis. Si vous y pénétrez tout d'abord sans invitation, le marchand se dit : « Ou ma camelotte a plu à ce monsieur, ou sa vanité lui fait craindre
« d'être reconnu par ses connaissances ; il paiera bon. Quiconque entre ici crâne-
« ment a le gousset garni. »

« Et le négociant tient la dragée haute.

« Si, au contraire, c'est à force d'importunités qu'un passant met le pied chez
lui, le commerçant se dit : — « Il faut séduire le client par la belle occasion. » —
Et, comme il n'opère guère de racolement forcé qu'aux jours de ventes faibles, aux
veilles d'échéances, il diminue volontiers ses prétentions.

« Tout bon acheteur doit pratiquer le système de l'indifférence.

« Je ne puis me lasser d'examiner la sûreté de coup d'œil avec laquelle la fille
de boutique devine, en une seconde, le côté malade de la toilette du passant.

« Notez ceci : les hommes qui racolent ne sont jamais aussi habiles que les
femmes.

« Quand l'une de ces fines mouches crie au passant : « Monsieur, nous avons de
« beaux pantalons à la mode... à la mode », soyez persuadé que l'homme qui passe
a un pantalon qui n'est plus de mode.

« Si elle ajoute : « Tout neuf, Monsieur », c'est que son pantalon est vieux.

« Si elle dit : « Bien chaud ! » c'est qu'elle a vu grelotter le pauvre hère.

« Un passant mal vêtu lui a-t-il lancé un regard moqueur, elle lui criera : « Ça
« rend les hommes beaux, Monsieur ; voyez donc mes pantalons...; ils ont des
« fonds..., eux ».

« Ce eux est prononcé d'une façon outrageante.

« O bossus, cagneux, bancals, borgnes, manchots ! si vous n'avez point l'intention d'acheter, ne passez pas trop près des friperies. A votre premier refus, on
vous proposera les modes les plus saugrenues. Au bossu, ce sera une redingote à la
Mayeux. Au bancal, on dira : « Examinez donc nos manches de veste, vous devez
« vous y connaître : profitez de ce que les affaires vont cahin-caha ».

« On félicitera avec aplomb le louche, de pouvoir regarder en même temps la Bastille et la Madeleine.

« Gare au patient qui se fâche! Il voit fondre sur sa personne une nuée de quolibets, un déluge de mots risqués, une avalanche de sarcasmes qui l'étourdissent.

« Au Temple, certains objets de toilette n'ont aucune valeur : un habit noir, par exemple, parce qu'il est trop peu demandé dans la classe ouvrière. On trouve facilement, pour 4 francs, un bel habit noir.

« La vieille mère Coupry — une bonne femme qui se tient toujours au carreau sur son tabouret — a la spécialité des gilets blancs ; leur cours moyen se maintient toujours à 50 centimes.

« Les acteurs connaissent l'échoppe de Lelièvre, où les perruques sont entassées, à la façon des sardines, dans un tonnelet. La perruque varie de 1 fr. 50 c. à 100 francs.

« Les fleuristes vendent des tours de tête tout frais pour 50 centimes.

« Un corset neuf va de 1 fr. 50 c. à 2 francs.

« Les bas de femme (occasion) ne valent guère plus de 60, 50 et même 30 centimes la paire.

« Ces prix, jetés au hasard, prouvent le bon marché de divers articles dans ce grotesque bazar parisien. Mais, à côté de la robe de toile qu'on vend 0 fr. 75 c., on rencontre la robe de soie qu'on vend 280 francs, les dentelles de 30 louis et le vrai cachemire de l'Inde qui représente plusieurs billets de 1,000 francs.

« Car le Temple a sa clientèle riche comme il a sa clientèle pauvre.

« Entrez dans l'échoppe de Waill pour y acheter une modeste paire de rideaux de 5 francs, il vous conduira dans ses vastes magasins de la rue Dupetit-Thouars, où vous pourrez dépenser 50,000 francs si vos moyens vous le permettent. Je vous le souhaite.

« Là vous verrez tout ce que le luxe a enfanté : les tapis somptueux, les pendules les plus splendides, les glaces énormes, les ameublements grandioses. C'est Waill qui a acheté la majeure partie des mobiliers provenant de la vente des châteaux de la famille d'Orléans.

« Le Temple a ses matadors, parmi lesquels on cite d'abord Waill le tapissier, puis Servière, le tailleur, *à la Pomme d'Or*. Celui-ci donne du travail à cent ouvriers, occupe six places au marché, fournit d'effets de confection presque tous ses collègues fripiers.

« Il y a encore Beaumont, *à la Grâce de Dieu*, un assez curieux type de revendeur d'articles de voyage; Mme Gillet, *à la Coupe d'or*; Domard, *à la Redingote grise*; Lebel, dans l'article matelas; Mme Laserne, dans la lingerie et les layettes; et Béguin, le marchand de rubans, de châles et de nouveautés, qui occupe à lui seul dix-sept places; c'est le dernier grand cumulard.

« Il y a encore Desmazures, parmi les marchands d'ustensiles de ménage, Aderet, *au Sapeur-Pompier*, parmi les cordonniers; Nady qui vend des ustensiles d'horlogerie et de menuiserie; et Mme Letellier, une fleuriste à laquelle les femmes de théâtre accordent l'élégance et le bon goût. »

Le marché ouvrait alors à six heures en été, et à huit heures moins vingt en hiver. Il fermait à huit heures en été et à cinq heures en hiver. Les loyers étaient payés tous les lundis au receveur municipal. On y ajoutait les frais de garde et de balayage du marché, ce qui augmentait le loyer de 0 fr. 25 c. par semaine et par place ou 13 fr. par an (1). Au total, une boutique coûtait 122 francs par an.

Pendant une quarantaine d'années, le marché ne cessa de se développer. La destruction des archives municipales ne nous permet pas de suivre, année par année, le développement du marché, mais nous possédons l'état des recettes effectuées chaque année depuis 1835, et cet état indique que l'ancien Temple était en pleine prospérité.

Produits des droits de place du marché du Temple.

1835	122.679 40		1850	136.913 20
1836	125.448 40		1851	137.118 60
1837	125.781 80		1852	137.190 60
1838	125.924 »		1853	136.440 »
1839	126.029 40		1854	136.595 60
1840	122.025 40		1855	147.561 80
1841	124.753 40		1856	205.887 90
1842	128.633 »		1857	205.296 90
1843	126.901 »		1858	204.676 20
1844	128.971 20		1859	204.927 60
1845	131.340 80		1860	204.237 90
1846	133.326 40		1861	202.947 90
1847	133.979 80		1862	204.056 40
1848	134.938 80		1863	205.077 90
1849	136.234 40			

(1) *Documents administratifs*, page 6 (Rapport de la Commission administrative).

Les recettes, on le voit, qui n'étaient que de 122,000 francs en 1835 sont montées peu à peu pour atteindre une moyenne de 136,500 francs pour la période 1849—1854. Brusquement elles dépassent 200,000 francs, en vertu du nouveau tarif (1) qui porte de 0.fr. 20 c. à 0 fr. 30 c. le prix journalier des boutiques.

Le marché du Temple supporte facilement cette augmentation de charges, et pendant huit ans, de 1856 à 1863, il est toujours aussi achalandé. Au plein tarif, c'est-à-dire si toutes les places étaient louées pendant tous les jours de l'année, son produit brut total aurait dû être de 206,756 francs. L'écart entre ce chiffre et les recettes constatées, montre que toutes les places étaient occupées, sauf bien entendu celles qui sont vacantes momentanément par suite de mutation. C'est cette circonstance qui justifie la perte moyenne de 1,500 à 2,000 francs par an sur laquelle il est inutile d'insister en raison de sa minime importance.

La dépense moyenne, pour frais de perception, contributions et entretien, était d'environ 24,000 francs (2), ce qui donne un produit net, pour la ville de Paris, de 119,000 francs par an pour la période antérieure à 1855 et de 184,000 francs pour les années postérieures.

Ce vieux marché, on l'a vu par les descriptions que nous avons reproduites, était un marché essentiellement démocratique, démocratique par sa clientèle et par la composition de son personnel. Ce qui le prouve encore, c'est la répartition des places que nous reproduisons d'après le rapport que la Commission administrative a adressé le 15 février 1861 au préfet de la Seine. A cette époque, il y avait :

197 marchands occupant 1 place............	197 places	
543 — 2 places............	1086 —	
24 — 3 —	72 —	
80 — 4 —	220 —	
26 — 6 —	156 —	
870 marchands occupant	1831 places	
Vacances.........................	57 places	

Tous ces chiffres, on l'avouera, se passent de commentaires. Personne, au surplus, ne doute de la prospérité de l'ancien marché.

---

(1) Délibération du Conseil municipal du 5 septembre 1855; approbation du ministre de l'Intérieur du 9 octobre arrêté du préfet de la Seine du 24 octobre. Mise en vigueur à partir du 5 novembre 1855.

(2) Rapport de M. Onfroy, *Documents administratifs* (page 49).

IV.

Le « Carreau » des brocanteurs et la Rotonde.

Le marché du Temple était affecté aux fripiers-revendeurs qui vendaient à leur clientèle de vieux vêtements, du vieux linge et de vieux objets de literie. Les fripiers achetaient parfois directement aux personnes nécessiteuses qui préféraient « laver » leurs affaires au Temple que de les engager au Mont-de-Piété. D'autres objets provenaient de l'Hôtel des ventes et des liquidations du Mont-de-piété. Mais aussi la plus grande partie de leur marchandise était achetée aux brocanteurs ambulants ou marchands d'habits, et réparée par leur soin, *rapiotée* si l'on veut, avant d'être exposée en boutique.

Les brocanteurs ambulants, plus communément appelés « chineurs », avaient, depuis le commencement du siècle, pris l'habitude de se réunir sur la place qui se trouvait entre le marché municipal du Temple et la Rotonde qui, elle, était restée une propriété privée, affectée, à peu de chose près, au même commerce que le marché. La Bourse des marchands de vieux habits — dite le *Carreau* — tolérée, tout d'abord par application traditionnelle de l'ordonnance de 1806, fut autorisée par une ordonnance de police en date du 15 juin 1831. Voici comment la décrit l'auteur de l'article de l'*Illustration* (1) :

« Entre les quatre carrés et la rotonde du Temple s'étend en plein sur le pavé un espace nommé *Carreau*. C'est là que les *chineurs*, marchands d'habits *roulants*, viennent apporter chaque jour la cargaison de vieilles nippes qu'ils ont recueillie le matin dans les chambrettes d'étudiants ou chez les gentilshommes gênés. C'est là que s'établissent les cours de la *pelure* et du *montant* hors de service ; c'est là que régulièrement il se tient, de onze heures à deux, une véritable Bourse dont l'animation rappelle la physionomie du temple dit de Plutus au temps des promesses d'actions.

« Et qu'on ne s'y trompe pas ! l'agiotage est là tout aussi meurtrier et tout aussi féroce qu'au passage de l'Opéra ou sur la place de la Bourse. Il se fait des marchés à terme et à livrer sur les fonds de culottes et les habits trop mûrs, exactement comme

---

(1) *Illustration*, 1847, tome II, page 378.

sur la rente, le Nord, les gaz ou les esprits. La Bourse du Temple a ses Fould et ses Rothschild tout comme l'autre. Aujourd'hui le bleu est en faveur et les porteurs sont triomphants ; demain ils seront *dégraissés* par des livraisons écrasantes. Il y a la demande fallacieuse pour mieux vendre qui produit la hausse factice, bientôt suivie de la débâcle ; il y a les accapareurs. Quand ceux-ci veulent de la baisse, ils jettent sur le marché tout leur fonds de boutique, et Dieu sait quel fonds ! Si c'est le contraire, ils raréfient sur la place la vieille *frusque ;* ils font la soupape aspirante, et, de temps en temps, expédient le trop-plein de leurs garde-robes pour le Congo, le Sénégal ou les Indes occidentales, où elles vont faire les délices des rois nègres et des petits-maîtres de Saint-Domingue ou des *Barbades* (1).

Avaient-elles besoin d'aller si loin ? Nous ne le pensons pas.

Certes, bien des rois de la côte d'Afrique ont trouvé, dans les fonds de magasins des marchands du Temple, force chapeaux hauts de forme et nombre de livrées royales, impériales et aristocratiques qui sont devenus pour eux des attributs ostensibles de souveraineté.

Mais dans bien des bourgades de province il a existé et il existe encore un important commerce de friperie qui vient s'approvisionner au marché du Temple. Ce commerce a quelque peu perdu de son activité, mais il est encore très actif, bien que ce ne soit plus à notre époque que puisse se produire l'histoire du maire Phulpin.

C'est une anecdote typique que nous devons à l'érudit M. Truche, le chef du bureau central de la direction des Affaires municipales.

C'était vers 1840... La commune de Hautepierre, que l'on trouve perchée sur une

---

(1) Pour en finir avec cette description, voici quelques données sur les commerces accessoires qui se trouvaient autour du Temple et qui sont extraites du même travail :

« Tout le quartier du Temple participe plus ou moins des agréables professions qui viennent d'être passées en revue. Le marché déborde sur les rues du Temple, Dupetit-Thouars, Phélipeaux, Perrée, du Forez, et plusieurs autres dont les boutiques sont autant de succursales vouées au culte de la friperie et de la matelasserie.

« Puis de nombreux cabarets où les marchands du Temple trouvent en tout temps le litre à huit, le ragoût à trois sous la part et le moka sucré à cinq centimes la tasse, émaillent et égayent les abords du marché. Les plus célèbres et les mieux hantés sont l'*Éléphant* et les *Deux Lions*, où se rassemble, à l'entresol, l'aristocratie du Temple. C'est là que les *beausses* préméditent le coup de bourse du lendemain.

« Viennent ensuite, dans un ordre plus secondaire, la *Girafe*, le *Lion-d'Or*, les *Deux-Boules* et quelques autres, où se réunissent les petits spéculateurs en vieilles nippes, les courtiers, les *coulissiers*, par opposition au parquet que ne représentent pas trop mal les *beausses*, les échoppes de la rotonde du Temple et la guinguette des Deux-Lions.

« Enfin, il y a, au coin de la rue du Forez, le *Camp de la Loupe*, fréquenté par les bas courtiers en tout genre et par les *fafloteurs* de la *Forêt-Noire*, qui sont les *forts* et la terreur du marché, et dont les brutales rixes ensanglantent souvent la nappe du marchand de vins, déjà toute souillée des maculatures d'un vin bleu et des stigmates d'un festin, nécessairement d'*occasion*, comme tout ce qui se vend au Temple.

« La plupart de ces guinguettiers joignent à leur profession celle de prêteurs d'argent. On assure qu'ils en pourraient remontrer au juif Shylok, et qu'il est peu de leurs clients que l'une de leurs industries n'affame à la longue, tandis que l'autre est censée les alimenter. »

des hauteurs qui constituent les contreforts du Jura et qui dominent le cours de la Loue, avait pour maire un certain M. Phulpin.

En administrateur paternel, M. Phulpin, un vieux grognard de la grande armée, convia trois ou quatre notables de la commune à venir avec lui à Paris en voiture. Ainsi fut fait. On parcourut la capitale, on en visita les curiosités, et le Temple provoqua un si vif intérêt que, sur l'heure, le maire et ses amis achetèrent tout un solde de vieux vêtements : habits de ville, habits de cour, habits de toutes couleurs, bleus, verts, lilas, marrons ; pantalons ordinaires, pantalons à pont, pantalons à charivari ; chapeaux tromblons, chapeaux Bolivar ; bref, une collection complète qui comprenait des spécimens des modes de deux ou trois générations.

Au retour à Hautepierre, les acquisitions furent exposées, et, par l'attrait du bon marché des vêtements et aussi, il faut bien le dire, sous l'influence du désir d'être agréable à la municipalité, tout le stock s'écoula rapidement. Mais on est économe de son bien dans les villages du Jura. Les vêtements de M. Phulpin n'étaient pas des vêtements ordinaires. On les réservait pour les jours de fêtes. Si bien qu'après 1850, à la sortie de la grand'messe. — sortie célèbre dans toute la région, — on pouvait encore admirer, sur des solides gaillards jurassiens, des pantalons nankin, des habits bleu barbot, et des chapeaux à corne remontant au Directoire !

Quant à la Rotonde, elle a appartenu depuis 1803 jusqu'à sa démolition à la famille Laurent Pichat. En 1864, l'immeuble fut exproprié pour permettre l'agrandissement et la reconstruction du vieux marché.

A ce moment, toutes les 44 boutiques du rez-de-chaussée étaient louées principalement à des fripiers.

Si on n'y a pas pénétré, dit à cet égard un article de la *Gazette des Tribunaux*, on ne peut se faire une idée de l'importance du commerce que faisaient tous ces brocanteurs (1)....

Il y avait notamment un marchand de vieilles chaussures qui réunissait dans sa boutique toutes celles qu'il pouvait acheter et qui les expédiait ensuite en province par centaines et milliers de paires.

C'était chez le marchand de vins de la Rotonde que se faisaient les affaires les plus considérables. A certaines heures, le matin surtout, sa boutique ressemblait à une véritable Bourse où s'établissait le cours de toutes les vieilleries.

La Rotonde (2) fut acquise par la Compagnie du marché du Temple à la suite d'une décision du jury d'expropriation en date du 30 avril 1863.

Les propriétaires demandaient 3,194,655 francs. La Compagnie offrit 1 million

---

(1) *Gazette des Tribunaux*, numéro du 6 mars 1863 (audiences des 28, 29 et 30 avril 1863).

(2) Lock, dans son Histoire de l'ancien Paris, dit que le général Santerre mourut dans la Rotonde en 1808.

LE TEMPLE VERS 1840

par Jacoubet

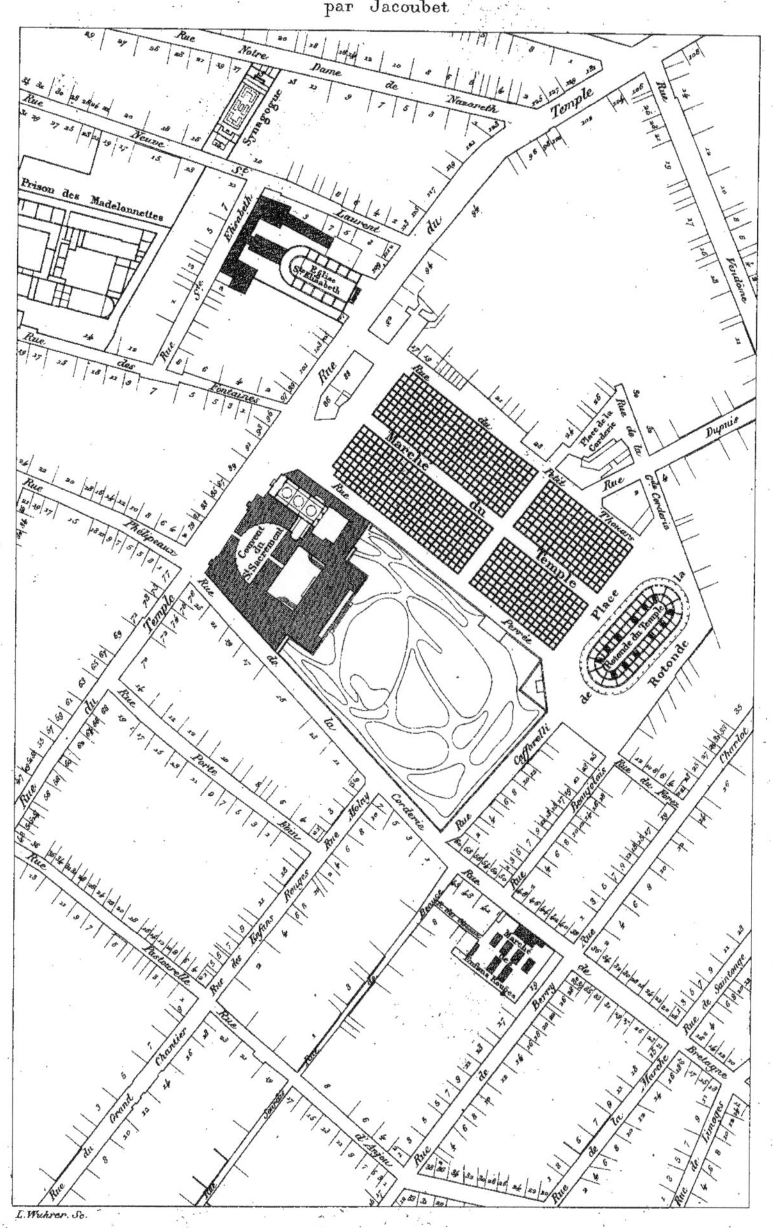

L. Wuhrer. Sc.

et le jury leur alloua 1,760,000 francs. Pour les indemnités locatives, la Compagnie régla à l'amiable avec la plupart des localaires. Toutefois neuf boutiquiers, dont 8 fripiers et 1 marchand de vins, qui avaient des baux, réclamèrent 561,000 francs alors que la Compagnie proposait seulement 94,000 francs. Le jury accorda 239,000 francs. Le marchand de vins, le grand restaurateur du Temple, eut 40,000 francs.

Il est bien difficile d'apprécier l'importance des transactions qui s'effectuaient dans le vieux Temple. En tout cas, le chiffre d'affaires était considérable et le mouvement commercial intéressait non seulement les 870 marchands titulaires du marché municipal, les boutiques de la Rotonde et des maisons voisines, mais aussi tous les « rapioteurs » et « rapioteuses » qui raccommodaient les vêtements apportés en grand nombre sur le « carreau » par les « chineurs » et les « chineuses ».

V.

La transformation du marché du Temple

Si Eugène Sue et Paul Féval ont décrit le Temple en des termes plutôt sympa-
thiques, leur manière de voir n'était pas celle de Théophile Gautier, qui s'exprime
ainsi dans sa pièce intitulée : *Les Vendeurs du Temple* :

Il est par les faubourgs (1) un amas de maisons
Dont les murs verts ont l'air de suer des poisons
Et dont les pieds baignés d'eau croupie et de boue
Passent en puanteur l'odeur de la gadoue.
Rien n'est plus triste à voir, dans ce vilain Paris,
Entre le ciel tout jaune et le pavé tout gris,
Que ne sont ces maisons laides et rechignées.
Les carreaux y sont faits de toiles d'araignées ;
Le toit pleure toujours comme un œil chassieux ;
Les murs, bâtis d'hier, semblent déjà tout vieux ;
Pas un seul pan d'aplomb, pas une pierre égale ;
Ils sont tous bourgeonnés, pleins de lèpre et de gale,
Pareils à des vieillards de débauche pourris,
Ruines sans grandeur et dignes de mépris.
Un bâton, comme un bras que la maigreur décharne,
Un lange sale au poing, sort de chaque lucarne ;
Ce ne sont, sur le bord des fenêtres, que pots,
Matelas à sécher, guenilles et drapeaux,
Si, que chaque maison, dépassant ses murailles,
A l'air d'un ventre ouvert dont coulent les entrailles.

. . . .

Et la poésie continue, traçant un portrait peu flatteur du Temple, de ses marchands et de ses clients.

Peut-être le poète d'*Émaux et camées* préférait-il placer les héros de ses œuvres
dans un milieu moins populaire que celui que recherchait l'auteur des *Mystères de*

---

(1) Théophile Gautier, *Poésies complètes*, Paris, Charpentier, 1845, in-12, pages 209-216.

Paris ou celui du *Fils du Diable*. Peut-être, aussi, Théophile Gautier écrivait-il quelques années après les romanciers, à une époque où les bâtisses de Molinos tombaient déjà de vétusté.

« L'ensemble, il faut le dire, est misérable, écrivait M. Onfroy dans son rapport (1), et contraste désagréablement avec les embellissements qui ont été ou sont opérés dans cette partie de la ville de Paris. »

Effectivement, le quartier subissait de grandes transformations. On venait de démolir l'ancien palais du Grand-Prieur, situé au coin de la rue du Temple et de la rue de Bretagne (autrefois de la Corderie), qui, en 1812, avait été le ministère des Cultes et, qui, deux ans après, à la demande de Mlle de Condé, religieuse bénédictine, était devenu un couvent des Bénédictines de l'adoration perpétuelle du Saint-Sacrement. Un décret du 24 mars 1848 avait révoqué l'autorisation donnée par Louis XVIII. L'ancien prieuré était rentré dans le domaine national, et la loi du 23 mai 1854 en avait autorisé la concession gracieuse à la ville de Paris (2), pour qu'on y établisse un square.

D'autre part, le pâté de maison édifié sur les jardins du prieuré, sur le bord desquels était la fameuse tour démolie en 1811, ce pâté de maisons où se trouvaient des bains et des lavoirs publics installés en 1786, allait, lui aussi, être livré à la pioche des démolisseurs, pour permettre la construction de la nouvelle mairie du IIIe arrondissement.

Était-il possible de laisser coexister, à côté de ce beau monument et d'un square

---

(1) *Documents administratifs*, déjà cités, page 50.

(2) Voici le texte de cette loi :

« NAPOLÉON, etc...

« Le Corps législatif a adopté le projet de loi dont la teneur suit :

« ARTICLE UNIQUE. — Le ministre des Finances est autorisé à concéder gratuitement, en toute propriété et sans aucune réserve, à la ville de Paris, les provenances de l'ancien domaine du Temple, aux conditions suivantes :

« 1° D'exproprier et de faire démolir la maison contiguë, dont le sol sera réuni à ces terrains ;

« 2° De faire, sur le tout, des travaux d'amélioration et d'embellissement dont le plan devra être approuvé par le gouvernement ;

« 3° De ne pouvoir aliéner aucune partie des terrains concédés.

« La Ville est seulement autorisée à convertir, pour l'établissement d'un lavoir et de bains en faveur des populations ouvrières, la concession à long terme de la jouissance de tout ou partie du terrain situé à l'est, et formant un quadrilatère entre les rues de Bretagne, Molay, Perrée et Caffarelli.

« Délibéré en séance publique, à Paris, le 23 mai 1854.

« Fait au palais de Saint-Cloud, le 14 juin 1854.

Signé : NAPOLÉON.

superbe, le vieux marché déjà tout décrépit et si peu solide, qu'il exigeait des travaux de réparation considérables. L'Administration municipale ne le pensa pas.

Déjà, en 1853, M. Berncastel présentait un projet de reconstruction qui fut abandonné, le soumissionnaire ne pouvant fournir un cautionnement. Mais, six ans après, surgirent deux propositions sérieuses : l'une de M. Joubert, propriétaire, datée du 22 octobre 1859, l'autre de MM. P. Ferrére et Cⁱᵉ, banquiers, en date du 30 novembre suivant.

Le premier soumettait un projet dressé par M. Henry Labrouste, architecte, et qui consistait à acheter trois immeubles situés sur la rue du Temple, nᵒˢ 164, 166 et 168, et à construire sur le terrain de l'ancien marché, accru du terrain provenant des immeubles démolis, un nouveau marché à deux étages, comprenant au total 2,182 places ou boutiques de 4 mètres superficiels, loués 50, 60 et 70 centimes par mètre et par jour. Il devait y avoir, en outre, une « Bourse », où les marchands d'habits auraient été reçus, moyennant 10 centimes par personne et par jour.

Le projet de MM. Ferrère et Cⁱᵉ, établi par M. Merindol, architecte, utilisait, comme le précédent, l'emplacement du vieux marché et le terrain des trois immeubles de la rue du Temple, mais il proposait d'y adjoindre la superficie de la Rotonde, qui devait être démolie. Le nouveau marché devait avoir également deux étages, comprenant 2968 places de 4 mètres superficiels, loués au maximum 50 centimes par mètre et par jour.

Les demandeurs offraient d'exproprier à leurs frais la Rotonde et les immeubles de la rue du Temple. Ils sollicitaient une concession de soixante ans, comme M. Joubert, et offraient de payer à la ville de Paris une redevance annuelle de 180,000 francs, inférieure de 20,000 francs à celle de leur concurrent.

Le 27 avril 1860, le préfet de la Seine, M. Haussmann, prit un arrêté nommant une commission de six membres (1), pris dans le Conseil municipal, qui devaient, après avoir examiné les projets, faire des propositions à l'administration préfectorale.

La Commission estima tout d'abord qu'il fallait démolir la Rotonde afin de créer un vaste marché. Pour ces motifs, le second projet lui semblait préférable. M. Joubert, incité à soumettre un nouveau projet comportant cette extension du périmètre du marché, refusa, à ce moment, de modifier son projet primitif et se retira.

MM. Ferrère restaient seuls. A la demande de la Commission, ils modifièrent leurs premiers plans. La superficie du second étage fut réduite. Au lieu de 2,958 bou-

---

(1) MM. Pécourt, Périer, Victor Foucher, Ernest Moreau, Caristie et Lenoir.

tiques de 4 mètres, il n'y en eut plus que 2,400, ayant une superficie variable de 3 m. 06 c. à 4 m. 90 c., et qui devaient être ainsi réparties :

$$
\begin{array}{ll}
1.300 & \text{à } 35 \text{ centimes par mètre et par jour.} \\
344 & \text{à } 30 \\
190 & \text{à } 25 \\
184 & \text{à } 20 \\
182 & \text{à } 15 \\
\hline
2.400 &
\end{array}
$$

Le tarif maximum était, on le voit, ramené de 50 à 35 centimes.

Au cours des négociations, les demandeurs consentirent à porter de 180,000 à 200,000 francs la redevance annuelle ; à réduire de 60 à 50 années la durée de la concession ; à accepter le principe de rachat par la Ville après 15 ans d'exploitation ; à partager les bénéfices par moitié, à titre de supplément de redevance, dès que ces bénéfices atteindraient 8 °/₀ (préalablement, ils demandaient 10 °/₀) ; enfin, à laisser la Ville établir d'autres marchés analogues dans Paris, mais hors d'un rayon de 2 kilomètres.

Les modifications apportées dans le premier projet firent que la dépense totale (expropriation de la Rotonde et des immeubles de la rue du Temple, aménagement d'un marché provisoire, reconstruction du nouveau marché) devait se trouver ramenée, en prévision, de 6,698,334 fr. 24 c. à un chiffre maximum de 5,991,556 francs, et qui pouvait éventuellement être baissé à 5,462,070 francs. Les demandeurs déclaraient qu'un capital de 6 millions était à leur disposition.

Pendant que la Commission étudiait ces divers projets, la municipalité du III⁰ arrondissement, représentée par son maire, M. Arnaud-Jeanti, écrivit au préfet de la Seine (1) pour demander la translation du marché du Temple dans un arrondissement voisin, de manière à pouvoir lotir l'emplacement du vieux marché, à la place duquel on aurait élevé des maisons de rapport. Les demandeurs de concession n'acceptèrent pas cette combinaison, qui fut écartée.

C'est le 15 février 1862 que M. Périer, président et rapporteur de la Commission, remit son travail au Préfet. La Commission, disait M. Périer, est *unanimement* d'avis qu'il y avait convenance, utilité et intérêt, pour la ville de Paris, à agréer les

---

(1) Lettres des 18 et 30 mai 1860. *Documents administratifs.*

plans, devis et cahier des charges du deuxième projet présenté par MM. Férrère et Cie. « En y donnant votre assentiment, disait-il, vous doterez la Ville d'un marché digne de figurer à côté des grandes Halles de Paris que tout le monde admire, et vous accroîtrez la prospérité du quartier qui doit le posséder. »

Moins de deux mois après le dépôt de ce rapport, le premier demandeur fit de nouvelles propositions sur les bases admises par la Commission. Mais M. Joubert reconnut que son plan n'était pas pratique, et il se retira définitivement.

Le préfet de la Seine transmit alors au préfet de Police le projet de la reconstruction du marché avec les plans, devis et cahier des charges en sollicitant les observations de la seconde des deux administrations préfectorales. Le 6 avril, M. Boitelle répondait. Il approuvait les dispositions du plan; il émettait un regret sur ce fait que la façade sur la rue du Temple n'était pas en retrait, de façon à réserver une place devant un marché aussi important; puis, avant de revendiquer certaines de ses attributions en ce qui regarde le placement des marchands, il faisait cette remarque dont on appréciera plus loin la justesse.

L'art. 9 du cahier des charges dispose que le prix maximum de la location des places du nouveau marché sera de 35 centimes par jour et par mètre superficiel d'occupation.

Tout en reconnaissant que la question de tarif n'est pas du ressort de mon administration, je ne peux m'empêcher de faire remarquer ici que ce prix de 35 centimes est trois fois plus élevé que le prix de location actuel, qui n'est que de 11 centimes par jour et par mètre, et qu'il peut être fâcheux, sous bien des rapports, de placer les occupants du marché sous le coup d'une augmentation de loyer aussi considérable.

Cinq jours après, le préfet de la Seine, qui avait consulté la Commission administrative, répondait à son collègue, en ce qui concerne le tarif des places, que le prix maximum de 35 centimes, à l'adoption duquel l'entrepreneur avait subordonné ses offres, *n'avait rien d'exagéré.* « Après le nouvel examen que la Commission a fait de cette question de tarif, que vous reconnaissez formellement n'être pas du ressort de votre administration, ajoutait-il, je suppose que vous n'insisterez pas sur les observations qu'elle avait motivées de votre part. »

Le préfet de Police n'accepta pas, sans mot dire, cette invitation, polie mais catégorique, d'avoir à ne plus s'occuper de cette question du prix des places. M. Boitelle estimait — et la suite prouvera qu'il n'avait pas tort — que le marché du Temple, marché de hardes et de vieilleries, ne pouvait peut-être pas supporter une augmentation de loyer aussi considérable que le laissait supposer le projet approuvé par le préfet de la Seine. Aussi, dans sa réponse, en date du 21 mai, glissait-il les réflexions suivantes :

On a considéré, avec raison (1), que les propriétaires de marchés privés n'apporteraient pas, dans la gestion de leurs établissements, la même réserve qu'une administration préoccupée du soin des intérêts généraux.

En effet, le particulier ne prendra soin que du produit de ses locations : les droits de place seront fixés à des taux trop élevés pour permettre aux occupants de maintenir leurs marchandises à bas prix.

Les communes, au contraire, adoptant des tarifs modérés, rendent les marchés accessibles à des individus qui peuvent s'établir avec des accessoires d'une importance relative, et font aux marchands en boutique une concurrence profitable au public.

Le préfet de la Seine ne se rendit pas à ses considérations pourtant bien sensées et passa outre. Au surplus la situation financière était basée sur la plus-value des locations : toucher au tarif, c'était faire écarter l'affaire. Ce n'est pas ainsi qu'elle devait crouler.

Le préfet de la Seine et le préfet de Police discutaient également sur le choix des étalagistes et l'attribution des places. Le second prétendait que cela rentrait dans les attributions de la police, chargée de tout ce qui concerne les marchés publics. Le premier déclarait qu'il s'agissait d'un marché privé et que le choix des titulaires était un « acte économique et administratif » qui regardait la préfecture de la Seine et non un acte « de surveillance et de police ».

A titre de transaction, M. Haussmann proposait de laisser au préfet de Police le droit d'approuver le choix des marchands et de renvoyer temporairement et définitivement ceux dont la conduite motiverait cette mesure. M. Boitelle n'accepta pas, mais le Conseil municipal se rangea à l'avis du préfet de la Seine, comme l'indique le libellé de l'art. 16 du traité.

L'assemblée municipale fut saisie d'un mémoire préfectoral le 30 mai 1861, mémoire qui fut renvoyé au Comité n° 4. Le rapporteur, M. Onfroy, déposa son travail dans la séance du Conseil qui eut lieu le 5 juillet, et ses conclusions, favorables au projet de convention, furent adoptées dans cette même séance à l'unanimité des 49 membres présents (2)

---

(1) *Documents administratifs* déjà cités, page 33.

(2) MM. Artaud, Auger, Avril, F. Barrot, Bayvet, A. Billaud, Choix d'Est-Ange, A. Decaux, Denière, Devinck, V. Dillais, Dubarle, baron Dubois, Dumas, Erck, Fère, Firmin-Didot, Fouché Le Pelletier, V. Foucher, G. de Charnacé, Gouin, Hébert, Kœnigswarter, E. Lamy, J. Langlais, G. Lebaudy, Le Frotter de Garenne, Legendre, A. Lemoine, Lenoir, Lozouet, Ch. Merruau, Monnin-Japy, E. Moreau, Onfroy, Oudot, Paillard de Villeneuve, Péconrt, Pelouze, Périer, Picard, Possoz, Poumet, Rattier, Ravaut, Ségalas, Teissonnière, Thiboumery et Varin.

Après ce vote, il fallut avoir les autorisations des pouvoirs publics. Un décret approbatif fut rendu le 14 août 1862. Les concessionnaires constituèrent leur société, dite *Compagnie du marché du Temple* (1), dans le courant du mois de décembre de cette année, de sorte que, le 20 janvier 1863, le préfet de la Seine était à même de signer le traité définitif (2) avec le représentant de la Compagnie, M. J.-M. Ferrère.

(1) Nous n'avons pas cru devoir joindre aux déjà volumineuses annexes de ce rapport le texte des statuts de la *Compagnie du marché du Temple*.

Ces statuts sont du 8 décembre 1862 et ont été rédigés dans l'étude de M⁰ Corrard. La Société était alors une société en commandite par actions ayant pour seul gérant M. Jean-Marie-Phocion (dit Prosper) Ferrère. Le capital est de 6 millions de francs divisés en 12,000 actions de 500 francs remboursables par tirage au sort en 50 années. Voici quels furent les premiers membres fondateurs :

F. Bartholony, président du conseil d'administration de la Compagnie d'Orléans. — F. Bartholony, pour sa famille, Paris. — La Banque commerciale genevoise, Genève. — G. de Blonay et Cⁱᵉ, banquiers, Paris. — Bossi (marquis), propriétaire, Genève. — Brolemann (G.) et sa famille, propriétaires, Paris. — Brun (docteur), propriétaire, Paris. — Delarue (David-Julien), propriétaire, Genève. — Dufour (Louis), administrateur de la Compagnie du chemin de fer d'Orléans, Paris. — Desportes, banquier, Paris. — Escher et Pestalozzi, banquiers, Zurich. — Ferrère (Prosper), banquier, Paris. — Ferreira (José Alvez), banquiers, Paris. — Ferrère (P.) et Cⁱᵉ, banquiers, Paris. — Ferrier et fils, banquiers, Genève. — Galopin frères (A. et P.), banquiers, Genève. — Gallay (J.), propriétaire, Paris. — Gorgeu (J.), propriétaire, Paris. — Joubert (Edmond), propriétaire, Paris. — Lapanouze (comte A. de), propriétaire, Paris. — Laurent (Abel), maire du VIIIᵉ arrondissement de Paris, Paris. — Lombard, Odier et Cⁱᵉ, banquiers, Genève. — Mirabaud, Paccard et Cⁱᵉ, banquiers, Paris. — Paccard (Barthélemy), propriétaire, Paris. — Piachaud (docteur), propriétaire, Genève. — Pérodeaud, propriétaire, Paris. — Prévost, agent de change, Genève. — Raballet, avocat, Paris. — Roget (Ph.) et fils, banquiers, Genève. — Saunac (Jules), juge au tribunal de la Seine, Paris.

Plus tard cette société fusionna avec la Compagnie du marché Saint-Honoré et, après la faillite de son fondateur, M. Ferrère, elle se transforma en société anonyme.

(2) Le texte de ce traité figure à l'*Annexe III*, n⁰ 1.

VI.

Le nouveau marché de 1865 à 1870.

La Compagnie employa l'année 1863 à établir un marché provisoire pour les marchands. Ce marché fut installé dans des baraques en bois élevées le long du square du Temple et sous des abris en fer établis dans la rue Molay prolongée (aujourd'hui rue des Archives). La Rotonde et les maisons situées rue du Temple furent expropriées successivement. Les ouvriers, après avoir commencé à démolir les vieux bâtiments, commencèrent l'édification du nouveau marché en 1864.

Le 1er août 1865, le nouveau marché était inauguré. Mais à peine était-il ouvert que des difficultés surgirent : difficultés entre la Compagnie et la Ville, difficultés entre la Compagnie et les marchands.

Examinons tout d'abord les premières.

RÉGLEMENTS DE COMPTES AVEC LA VILLE.

Du rapport de la Commission administrative de 1861, il résulte que la dépense totale de reconstruction (expropriation et constructions neuves) devait varier entre 5,462,070 et 5,991,556 francs.

En se basant sur le prix maximum, la dépense devait ainsi se répartir :

Constructions neuves	3.481.838 »
Expropriations et dépenses diverses	2.509.718 »
Total	5.991.556 »

Le chiffre de 3,481,838 francs prévu pour les constructions neuves est celui qui figure précisément au paragraphe additionnel du traité (1). Or ces prévisions furent dépassées.

---

(1) Voir *Annexe* III, n° 1.

D'après les comptes de la Compagnie rectifiés par les inspecteurs des caisses, les expropriations seules montèrent, pour les immeubles et pour les indemnités locatives (1) à 2.880.346 54

Les constructions, y compris les honoraires des architectes de la Ville furent de 3.643.280 79

Enfin la perte d'intérêt depuis le commencement des travaux jusqu'à la mise en exploitation fut de 326.372 67

Total général . . . . 6.850.000 »

La Compagnie proposait tout d'abord un chiffre capital de 7,393,631 fr. 57 c. Elle déclara vouloir prélever sur les bénéfices des premières années une somme de 333,631 fr. 57 c. qu'elle destinait à atténuer ce compte qui aurait ainsi été fixé à 7,060,000 francs. C'est sur cette base qu'elle demandait que fussent réglés tous les comptes financiers dressés en vue du partage des bénéfices prévus par l'art. 10 du traité.

La ville de Paris n'admit pas cette fixation du capital, bien qu'elle ne méconnût pas que des changements étaient survenus dans les plans primitifs. Il est fait mention de ces changements dans une lettre adressée le 26 avril 1866, au préfet de la Seine (2), où il est dit que la Ville a exigé de la Compagnie la substitution du fer au bois pour la construction des boutiques du grand pavillon situé entre la rue du Temple et la rue Molay (depuis rue des Archives).

En raison de cette divergence de vues une enquête était nécessaire. Des inspecteurs des comptabilités et caisses municipales vinrent contrôler les comptes de la Compagnie, dans le courant de mai 1867, et sur leur rapport la Commission spéciale des marchés proposa de fixer à 6,850,000 francs le compte capital engagé dans l'affaire du Temple.

La Compagnie résista quelque peu, mais elle finit par accepter ce chiffre, qui fut arrêté définitivement par un arrêté préfectoral en date du 25 octobre 1869.

Par contre, si la Ville reconnut juste une certaine majoration du capital, elle ne consentit nullement à entrer dans les vues de la Compagnie qui, concessionnaire du marché Saint-Honoré par un traité en date du 4 février 1864, prétendait n'établir qu'un seul compte pour les deux exploitations. La résistance de la Ville était

---

(1) Voici le détail de ces dépenses : il y eut 2,111,273 fr. 80 c. pour la Rotonde, soit 1,766,273 fr. 80 c. pour l'immeuble et 345,000 francs pour les locataires. Les deux maisons de la rue du Temple furent payées 523,072 fr. 74 c. et leurs locataires reçurent 246,000 francs d'indemnités.

(2) Dossier de la direction des Affaires municipales.

motivée par ce fait que MM. Ferrère avaient été déclarés concessionnaires de 12 marchés en divers quartiers de Paris et qu'ils s'étaient subtitué, pour cette concession, une société dite *Compagnie générale des marchés* au capital de 10 millions. Le marché du Temple restait et est resté une entreprise sans aucun lien avec les autres. C'est un point qu'il est nécessaire de ne pas perdre de vue.

LA QUESTION DES CATÉGORIES DE TARIFS.

Au cours de la reconstruction du marché, la Ville imposa à la Compagnie quelques modifications dans ses plans. Ainsi, il résulta d'un nouvel alignement de la rue du Temple une réduction de terrain qui occasionna une perte de 20 places, acceptée d'ailleurs par la Compagnie par une lettre du 22 juin 1863.

D'autre part, pour donner satisfaction aux marchands qui protestaient contre la trop grande longueur des files de boutiques, groupées en longues séries, au lieu d'être accolées par quatre comme dans l'ancien marché, la Compagnie accepta la suppression de 48 boutiques (1).

Ainsi, avant l'ouverture du marché, le nombre des boutiques avait déjà été réduit de 2.400 à 2.332. Cette première réduction fut suivie d'une autre plus importante par la suppression des places établies au premier étage du pavillon central.

On se souvient que l'ancien marché avait 1.888 places toutes occupées et que la Rotonde comprenait également une quarantaine de boutiques de fripiers. Malgré cela, le nombre des boutiques occupées dans le nouveau marché ne dépassa pas beaucoup 1.800. Les 354 boutiques du premier étage restaient vides. Dans ces conditions la Compagnie proposa de les démolir et d'affecter la place restée libre au « carreau » des brocanteurs. La demande de la Compagnie, formulée par une lettre du 19 décembre 1865, fut acceptée le 27 par le préfet de la Seine; de sorte que le Préfet de police put prendre, deux jours après, son ordonnance qui transférait dans le premier étage du marché du Temple la « Bourse » que les chineurs tenaient auparavant dans la rue, auprès de la Rotonde. Par suite de ces modifications, au 1er janvier 1866, le nouveau marché ne contenait plus que 2.018 boutiques.

Alors, une question se posa. Comment, au point de vue des prix, fallait-il répartir ces 2.018 boutiques?

Dans son second projet de traité, en 1861, la Compagnie avait proposé une certaine répartition des 2.400 places projetées, soit 1.300 à 0 fr. 35 c., 344 à 0 fr. 30 c., etc. Fallait-il maintenir la même proportion avec le nouveau total? Ou bien, fal-

---

(1) Lettre de la Compagnie en date du 14 avril 1864 et réponse du préfet de la Seine du 28 mai suivant.

lait-il laisser à la Compagnie la faculté de se maintenir, par chaque catégorie, dans les limites maxima prévues primitivement?

La Ville penchait pour le premier système et la Compagnie, naturellement, s'en tenait au second.

Voici un tableau qui indique les points sur lesquels portait le différend :

DÉSIGNATION	RÉPARTITION des 2,400 PLACES	RÉPARTITION DES 2048 PLACES		
		d'après L'ANCIENNE proportion	d'après LA COMPAGNIE en 1866	d'après LA COMPAGNIE en 1871
Boutiques à 0 fr. 35 c............................	1,300	1,093	1,117	1,148
Boutiques à 0 fr. 30 c............................	344	289	215	184
Boutiques à 0 fr. 25 c............................	190	160	161	161
Boutiques à 0 fr. 20 c............................	384	323	311	311
Boutiques à 0 fr. 15 c............................	182	153	214	214

Bien que l'article 9 du traité ait expressivement fixé la répartition des boutiques, et que cet article contienne la clause :

Aucun changement dans cette répartition ne pourra être opéré par la Compagnie qu'après l'avis du Conseil municipal et avec l'autorisation du préfet de la Seine,

les vues de la Compagnie triomphèrent. Et l'on voit par le tableau ci-dessus que le nombre des places de première catégorie était, en 1871, supérieur au nombre correspondant de 1866.

Pourquoi la Ville ne maintint-elle pas ses réclamations? Pourquoi laissait-elle accroître le nombre des places à 35 centimes? C'est qu'elle admettait, comme la Compagnie, que le prix des places ne pouvait avoir aucune influence sur la prospérité du marché.

Et l'on concluait de la statistique suivante que les places chères à 0 fr. 35 c. étaient recherchées — peut-être en raison de leur prix — tandis que les places à bon marché n'étaient pas demandées.

Voici quelle était la situation au 15 avril 1866 :

DÉSIGNATION	RÉPARTITION PROPORTIONNELLE	RÉPARTITION de LA COMPAGNIE	DIFFÉRENCE		BOUTIQUES LOUÉES	BOUTIQUES VACANTES
			EN PLUS	EN MOINS		
Boutiques :						
0 fr. 35 c..........	1,093	1,117	24	»	1,101	16
0 fr. 30 c..........	289	215	»	74	211	4
0 fr. 25 c..........	160	161	1	»	86	75
0 fr. 20 c..........	323	311	»	12	244	67
0 fr. 15 c..........	153	214	61	»	174	40
Totaux.....	2,018	2,018	86	86	1,816	202

« Pourquoi voulez-vous me contraindre à changer ma répartition, disait la Compagnie ? J'offre 214 places à 0 fr. 15 c. sur lesquelles il y en a 174 d'occupées : si je suivais votre avis, il faudrait, pour me conformer à votre classement, que je relève les prix des 21 places de la dernière catégorie ? Est-ce là une mesure démocratique prise en faveur des petits marchands ? Et pourquoi, en somme, puisque les marchands préfèrent les places à 0 fr. 35 c. aux places à 0 fr. 15 c. ! »

Il aurait été facile de répondre, que si les boutiques chères étaient plus recherchées que les autres, c'est qu'elles bordaient les avenues principales où le public se portait de préférence. Et que les places à bon marché situées, comme l'indique le plan du marché en 1866 reproduit ci-après, dans des coins impraticables, devaient naturellement se trouver délaissées. Mais l'argument de la Compagnie parut concluant à l'administration préfectorale : toutes les notes administratives sont rédigées dans cette manière de voir. S'étonnera-t-on que la Compagnie raisonne encore de cette façon quand on agite la question de la réduction du prix des places ?

LA QUESTION DU PRIX DES PLACES.

Cette question, on l'a vu, est le point principal que visent les marchands et marchandes du Temple dans les pétitions qu'ils ont remises au Conseil dans ces dernières années. L'examen du dossier administratif nous montre que, depuis 25 ans, c'est le motif allégué par le commerce du Temple pour expliquer la ruine progressive du marché.

Déjà, il y est fait allusion dans une lettre de la Compagnie du 23 avril 1866 (1) adressée au préfet de la Seine.

S'il s'est produit quelque trouble dans le commerce du Temple, dit-il, il ne faut réellement pas en chercher les causes dans le tarif des places, ces causes sont absolument indépendantes des faits et actes de la Compagnie.

Trois jours après dans une autre lettre de la Compagnie nous lisons :

Le commerce du marché du Temple paraît se plaindre du prix des places et des contributions qui ont été augmentées. Mais ce prix des places, c'est la conséquence des charges onéreuses qui pèsent sur les concessionnaires.

Une diminution de ces charges contribuerait à dégrever les marchands d'une partie proportionnelle à leur loyer.

Cette observation est à retenir, on verra plus loin pour quelle raison. Mais les marchands du Temple ne protestaient pas seulement contre le relèvement du prix des places, qui, on s'en souvient, dans l'ancien marché était uniformément de 11 centimes par mètre superficiel, alors que dans le nouveau marché il était d'au moins 15 centimes et en moyenne de 29 centimes. Ils se plaignaient aussi de la disposition défectueuse des allées et des boutiques. Ils demandaient qu'on facilitât davantage la circulation dans le marché.

Voilà ce que proposait à cet égard la Compagnie (2) :

Nous nous permettons, Monsieur le Préfet, de vous faire part d'une idée qui pourrait donner de la vie à la partie du marché du Temple où les industries paraissent être en souffrance ? Nous pensons que les marchands qui se plaignent doivent être surtout ceux qui occupent des places situées dans la partie qui avoisine la rue Dupetit-Thouars et la place Beaujolais (3). C'est de ce côté que la circulation est moins grande et que les affaires sont moins actives. Il y aurait à coup sûr un moyen efficace d'y porter remède, et nous vous le soumettrions comme le résultat des réflexions que nous suggèrent la situation et l'avenir du marché.

La rue Dupetit-Thouars n'a pas d'issue du côté de la place Beaujolais, et tous les marchands qui sont au bout de cette rue vers la place se trouvent devant une impasse. Deux maisons, sans constructions importantes et sans boutiques, séparent la rue Dupetit-Thouars de la rue Charlot, qui aboutit à la rue Saint-Louis et tout près du boulevard.

Une percée pratiquée à cet endroit et l'ouverture d'une courte rue donnerait la vie à toute cette partie du marché en y appelant un grand mouvement.

----

(1) Dossier administratif de la Direction des affaires municipales.

(2) Lettre du 26 avril 1866. Dossier administratif.

(3) Aujourd'hui rue de Picardie.

Il nous semble qu'indépendamment du dégrèvement d'impôts et de loyer dans les conditions indiquées ci-dessus, il y aurait dans le percement dont nous parlons un dernier moyen d'apporter au marché du Temple un grand élément de prospérité.

Ainsi, à la demande des marchands réclamant des améliorations dans l'intérieur du marché, la Compagnie répondait en sollicitant une opération de voirie destinée à créer une communication entre le pourtour du marché et le carrefour de la rue Charlot. Sans méconnaître l'utilité de ce percement qui a été effectué d'ailleurs en 1882, il est permis de se demander si, en attendant l'opération de voirie, la Compagnie ne pouvait pas s'occuper de multiplier les portes de façon à faciliter le passage dans son marché?

Que l'on examine le plan du marché en 1865, reproduit ci-contre, et l'on verra quelles objections son aménagement intérieur peut soulever.

Etait-il rationnel de grouper les boutiques 10 par 10, parfois 16 par 16, ne laissant aux boutiques médiales qu'une étroite façade d'exposition? N'aurait-il pas été préférable de laisser au nouveau marché la disposition ancienne permettant à l'acheteur de tourner autour d'un groupe de 4 boutiques ayant chacune double façade, double étalage, double action par conséquent, sur le désir d'acheter que peut avoir le passant?

Mais la Compagnie ne daignait pas descendre tout d'abord à ces « misères ». Elle possédait un marché qui, ainsi que le disait, en 1861, M. le rapporteur de la Commission administrative, était « digne de figurer à côté des grandes Halles de Paris que tout le monde admire! »

Certes les Halles non seulement sont très bien organisées pour leur destination; elles ont servi de modèle et d'excellent modèle aux marchés alimentaires établis depuis à Paris, en province et à l'étranger. Mais est-ce une raison parce que les marchés alimentaires sont très bien avec leur ceinture de murs en briques et en fer pour que ce système de construction puisse convenir à un marché de vieux habits?

Il est bien évident que non.

Il fallait faire au Temple des boutiques et non des éventaires : il fallait que les fripiers pussent étendre leurs marchandises, pendre habits, vestes et culottes, et non entasser leurs hardes dans les coins obscurs d'un cabanon de jardin zoologique. Il aurait fallu que l'architecte ait en vue le *Temple* et non les Halles centrales.

La Compagnie s'est laissée séduire par les belles proportions que présente l'extérieur du monument : elle n'a pas fait attention à l'affectation de l'immeuble. Elle paie aujourd'hui très chèrement son snobisme architectural.

Et pourtant elle eût pu enrayer le mal si elle avait voulu se mettre à la hauteur de la situation, non en contemplant les beautés artistiques de l'Acropole ou du Colisée, mais en étudiant de près les conditions d'existence de ses locataires. C'est là, malheureusement un effort qu'elle n'a jamais voulu faire. Peut-être a-t-elle craint de déchoir ? En ce cas, elle s'est bien trompée, car il n'est de doute pour personne qu'elle choit aujourd'hui, entraînant dans son désastre presque inévitable la ruine progressive des marchands.

Elle, certes, ne peut pas dire qu'elle n'ait pas été prévenue.

Au commencement du mois de septembre 1866 (1), les marchands envoient une pétition au préfet. Ils demandent l'abaissement du prix des places, la *suppression du mur de briques qui clôt le marché*, et l'ouverture de 12 portes au droit des allées transversales nord—sud, soit 8 dans le grand pavillon dit Perrée et 4 dans le pavillon dit de la Rotonde.

Ces dispositions, dit l'inspecteur principal des Marchés dans une note du 5 septembre 1866, détermineraient la suppression de 52 places, pour la plupart situées dans les carrés Perrée et de la Rotonde, où il y a 130 vacances en moyenne.

La Compagnie concessionnaire a évidemment intérêt à s'imposer les sacrifices que nécessitera l'ouverture des portes et des passages indiqués, car elle améliorerait la valeur d'un grand nombre de places peu recherchées aujourd'hui.

La Compagnie n'écouta nullement cet avis, pas plus que ceux des marchands. Elle ne voulut ni supprimer les 52 places, ni percer les 12 portes. Elle était toujours sous l'impression manifestée dans la lettre du 26 avril 1866, que, si le petit marchand « se plaint, cela ne peut tenir qu'à des causes *générales* et *passagères* dont aucune industrie quelconque ne peut être exempte ».

GÉNÉRALES oui certes, mais *passagères* ? Non, malheureusement, car le commerce du Temple commence déjà à décliner peu à peu. Il y avait 202 vacances au 15 avril 1866 : on en compte déjà 363 au 2 février 1869. L'activité commerciale du marché baisse. Les protestations des marchands continuent. On s'adresse à l'Empereur et au Sénat pour obtenir une réduction de loyer, si bien que le directeur-gérant de la Compagnie, M. Ferrère (qui est également le directeur des autres compagnies des marchés concédés), adresse le 2 mars 1870 une lettre au préfet de la Seine pour provoquer une entente.

La base de la combinaison ne tendait à rien moins qu'à concéder à une seule compagnie, en régie intéressée, non seulement les marchés concédés (Temple,

---

(1) Le dossier administratif ne comprend pas la pétition, mais seulement la note d'envoi de l'inspecteur principal des Marchés.

marché Saint-Honoré et les douze marchés de la Compagnie générale), mais aussi les marchés exploités en régie par la Ville et les marchés projetés. Les tarifs de location devaient être diminués *à l'aide d'une réduction proportionnelle des redevances fixes*, sous réserve de relèvements ultérieurs par périodes.

Ces mesures, disait M. Ferrère en concluant, renferment sans doute pour la Ville comme pour les compagnies l'éventualité d'un sacrifice momentané, dont l'avenir les dédommagerait un peu plus tard; mais elles apporteraient par contre, avec une incontestable opportunité, à l'utile création des marchés alimentaires, le cachet d'une mesure politique, sage et prévoyante, de nature à mettre un terme aux plaintes réitérées d'une population marchande, nombreuse et digne d'intérêt.

Ainsi, le 2 mars 1870, la Compagnie du Temple préconise, tout comme le 26 avril 1866, une réduction des loyers proportionnelle à celle de la redevance due à la Ville. Elle n'est toujours pas disposée à faire de grands sacrifices. Mais on voit que son optimisme des premiers jours commence à faiblir. Comment n'en serait-il pas ainsi ? En 1866, ses recettes brutes étaient de 853,497 francs et ses recettes nettes de 560,710 francs. Pour l'exercice 1869, les produits bruts tombent déjà à 790,215 francs, ne laissant que 450,059 francs de bénéfices nets !

Mais l'Administration préfectorale ne semblait pas très disposée à suivre la Compagnie sur le terrain où elle voulait se placer. Aucune suite pratique ne fut donnée à sa demande. La guerre survint, puis le siège de Paris : le marché du Temple devait naturellement subir le contre-coup de ces événements.

VII.

Le marché du Temple de 1870 à 1881.

LE SIÈGE ET LES ÉVÉNEMENTS DE 1871.

Un peu avant l'investissement de Paris, les affaires étaient déjà arrêtées. Les marchands des marchés de Paris adressèrent à la municipalité de Paris une demande de réduction des loyers. Il fut décidé, par un arrêté du maire, M. Étienne Arago, pris le 7 septembre 1870, que la Compagnie concessionnaire du marché du Temple ferait l'abandon des droits de place dus pour les trois semaines précédant le 14 septembre, et qu'à partir de cette date, « pendant toute la durée de l'état de siège et un mois à partir de la cessation de cet état de choses, le prix des places serait réduit de moitié ».

La Ville s'engageait à tenir compte de ce dégrèvement à la Compagnie. Pour la base du règlement de comptes, on admit une perception de 14,185 francs par semaine, et il fut admis que la redevance due par la Compagnie serait abaissée dans une certaine proportion. Le règlement définitif devait avoir lieu « dans le mois qui suivra la conclusion de la paix ».

Mais cette mesure ne suffit pas pour résoudre les difficultés qui résultaient de l'arrêt des transactions. Aussi, le 15 octobre, le maire de Paris dut-il prendre un autre arrêté supprimant à partir de ce jour tout droit de place et de balayage dans les marchés. La perte devait être supportée par moitié par la ville de Paris et les concessionnaires. Le délai de règlement était porté à 3 mois après la signature de la paix. Toutefois, comme dès le 3 octobre la perception des droits de place avait déjà été suspendue, un troisième arrêté de M. Arago, en date du 25 octobre, fit remonter au 3 octobre l'époque à laquelle devait partir l'abrogation momentanée de ces droits.

Tout commerce un peu important resta suspendu au Temple pendant toute la durée des hostilités. Cela n'empêcha pas que dans le courant du mois de janvier 1871 un projet fut soumis à l'Administration, projet qui tendait à réorganiser le marché plus particulièrement en groupant les boutiques quatre par quatre comme dans l'ancien marché.

Au lendemain du premier siège et quelques jours après l'ouverture des portes de

Paris, le maire de Paris, M. Jules Ferry, par un arrêté du 13 février, fixa au 20 février l'époque à laquelle la perception des droits devait être effectuée à nouveau dans les marchés. Mais les événements ne se prêtèrent pas à l'exécution de cette mesure. Les journées de mars survinrent, puis le second siège : les choses restèrent en l'état.

La Compagnie, de sa propre autorité, rétablit à partir du 5 juin le recouvrement de ses locations au marché du Temple, mais seulement sur la base du demi-tarif.

Le préfet de la Seine, M. Léon Say, ratifia cette décision et, par l'arrêté du 12 juillet suivant, décida que cette perception ainsi réduite serait effectuée jusqu'au 1er septembre dans les conditions identiques à celles prévues par M. Arago dans son arrêté du 7 septembre 1870.

C'est alors que la Compagnie renouvela ses propositions de 1870 en vue de la modification de ses traités.

Il faut s'attendre, dit-elle(1), à voir se renouveler les plaintes qui se sont souvent produites sous les précédentes Administrations municipales au sujet du prix des places comparé avec les prix perçus par la Ville aux Halles centrales et dans les divers marchés de quartier exploités encore par elle même.

Dans l'inégalité de ces prix, il y a, d'un côté, de la part de la Ville, vis-à-vis des concessionnaires, une véritable concurrence et, d'un autre côté, de la part des marchands un sujet de plaintes nombreuses.

La Compagnie déclare ainsi que les conditions imposées par la Ville aux concessionnaires sont trop onéreuses, tout d'abord, par ce fait qu'on a mis à leurs charges des travaux de voirie très importants, et, d'autre part, en raison du peu d'empressement du public et des marchands à se rendre dans les marchés couverts.

Les concessionnaires, écrit-elle, entraînés par la confiance de l'Administration municipale, acceptèrent ces conditions qu'ils ont loyalement remplies. Des deux côtés, il y a eu erreur commise de bonne foi et, dans la plupart des marchés, la population en éprouve le contre-coup.

Au moment où une Administration municipale nouvelle représentant tous les quartiers de Paris va se réunir, nous croyons qu'il y a urgence à examiner la question du remaniement de nos traités dans un sens plus conforme à ce que nous considérons comme juste et équitable pour tous.

En conséquence, la Compagnie propose de nouveau la régie intéressée pour tous les marchés de Paris, concédés ou non, en y comprenant le marché de détail des

---

(1) Lettre du 22 juillet 1871. — Dossier administratif de la direction des Affaires municipales.

Halles centrales, déclarant que cela déchargerait la ville de Paris « des embarras d'une gestion minutieuse et compliquée pour laquelle nos Compagnies sont spécialement organisées. »

La Compagnie, on le voit, commence à voir que ses opérations sont mauvaises au point de vue financier. Mais elle continue toujours à se retourner du côté de la Ville pour demander une révision des traités afin d'améliorer sa propre situation.

LES POURPARLERS DE 1872.

La préfecture de la Seine ne répondit pas négativement à ces ouvertures : elle estimait alors que pour les marchés concédés, — le Temple notamment où les affaires restaient languissantes, — il pouvait résulter des conventions nouvelles une réduction du prix des places.

Il fut donc convenu, par suite d'un accord conclu entre la Compagnie et l'Administration préfectorale, que le plein tarif ne serait pas rétabli effectivement au marché du Temple le 1ᵉʳ septembre 1871, comme le prévoyait l'arrêté préfectoral du 12 juillet. La perception devait continuer à s'effectuer, comme depuis le 5 juin, sur la base du demi-tarif avec cette restriction que les marchands s'engageraient, par écrit, à verser à la Compagnie la seconde moitié du tarif de location dans le cas où les négociations qui se poursuivaient entre la Ville et la Compagnie n'aboutiraient pas.

Les marchands et marchandes du Temple, alors mal conseillés, ne voulurent pas tout d'abord souscrire à cet engagement. Aussi, quand les receveurs de la Compagnie voulurent percevoir le plein tarif, y eut-il des contestations fort vives, voire des coups échangés.

Pour calmer cette effervescence, il fut décidé que le demi-tarif continuerait à être appliqué jusqu'à ce que le nouveau Conseil municipal ait statué sur les propositions de la Compagnie. Dans ces conditions, les marchands consentirent, à l'exception de 7, à signer l'engagement de se conformer à la décision que prendrait l'Administration préfectorale, de concert avec les représentants élus de la ville de Paris, et de solder, s'il y avait lieu, le supplément de loyer qu'ils étaient momentanément dispensés de payer.

En même temps circulait, dans le Temple, une pétition destinée au préfet de la Seine et au Conseil municipal, et qui fut revêtue de 439 signatures de marchands sur 450 titulaires qu'il pouvait y avoir alors.

Voici le texte de ce document :

A monsieur Léon Say, préfet de la Seine et à messieurs les membres du Conseil municipal de la ville de Paris.

C'est après huit années de luttes incessantes, de privations et de sacrifices, c'est après bien des démarches vaines et infructueuses, que nous venons, messieurs les Conseillers, avec la confiance et l'espoir d'être entendus de vous, attirer sur notre malheureuse situation votre bienveillante attention.

Le marché du Temple fut construit, il y a soixante-dix ans, sur un terrain devenu à l'issue de la première Révolution propriété nationale. Ce terrain, donné par Napoléon Ier à la ville de Paris, à condition d'y construire un marché qui resterait sa propriété, devenait inaliénable par le fait d'un décret.

Ce marché unique dans le monde fut à cette époque spécialement alloué aux classes pauvres, le loyer en était fixé à 1 fr. 65 c. par semaine et par place, plus tard fut porté à 2 fr. 45 c. Il restait à ce taux pendant bien des années sans qu'il fût proféré une seule plainte, lorsqu'il plut à Monsieur le baron Haussmann d'en concéder la réédification à une soi-disant Compagnie concessionnaire, laquelle éleva sans transition le loyer à 9 fr. 15 c. par semaine, en moyenne.

Le titulaire de six petites places, formant un carré long assez restreint, qui payait autrefois 14 fr. 70 c., est donc tenu de porter, au bureau du receveur, 54 fr. 90 c.; soit quatre fois autant de ce qui était perçu pour le même emplacement.

Cet état de choses a déterminé chez nous bien des misères et bien des ruines : à cette heure, douze cents vacances environ sont le résultat d'une odieuse spéculation.

Si on considère que les marchands sont dans l'obligation de vendre à meilleur compte que partout ailleurs, que les bénéfices sont aussi très minimes par suite de l'extrême concurrence, et que le commerce du marché est essentiellement ouvrier, il doit inévitablement résulter une gêne permanente chez les vendeurs, ainsi qu'un déficit sérieux dans leur commerce et leurs relations d'intérêt.

La plupart d'entre nous, petits industriels qui, depuis de longues années, et de père en fils, ont, grâce à de patients et continuels efforts, vécu dans une médiocrité honorable, se voient chaque jour forcés de négliger leurs paiements, d'abandonner leur petite industrie ou d'encourir les résultats encore plus cruels de la faillite et du déshonneur.

Il nous serait malheureusement trop facile de donner bien des preuves à l'appui des faits que nous avançons. Combien de personnes âgées, depuis longtemps, titulaires de places, viennent chaque semaine et après avoir épuisé leurs faibles ressources, donner leur désistement : combien d'autres après vingt ans et plus, d'une vie irréprochable, sont poursuivis pour dettes, et perdent une confiance acquise par une parfaite intégrité : combien encore vont implorer, au bureau du percepteur, une journée de délai pour effectuer les paiements, et dans l'intérieur des familles, que de chagrins et de souffrances ignorés!

Il est à tout prix nécessaire, il est de la plus grande urgence, Messieurs, que, par une mesure prompte et énergique, vous vinssiez à notre secours; il ne faut pas que de nouveaux désastres viennent se joindre aux premiers, déjà beaucoup trop nombreux; il ne faut pas la ruine d'un marché qui est une des richesses de Paris, et qui, en des temps meilleurs, assurait l'existence d'un grand nombre de commerçants et d'artisans peu fortunés.

Nous sollicitons donc humblement, Messieurs, que, d'après votre décision, il soit fait une enquête sérieuse sur la situation réelle et indiscutable que nous avons l'honneur de vous exposer, et nous ne doutons pas cette fois qu'à la suite de cette enquête, il nous soit accordé une amélioration aussi indispensable que juste et méritée.

Dans l'attente de votre haute intercession, daignez recevoir nos humbles hommages, et agréer la vive expression des sentiments respectueux et reconnaissants de vos très humbles et très dévoués serviteurs.

C'est pour examiner cette pétition et les propositions de la Compagnie que le préfet de la Seine nomma, le 30 octobre 1871, une Commission administrative des marchés, qui fut saisie, le 10 novembre, d'une note de M. Pelletier, directeur de l'Administration générale à la préfecture de la Seine.

Cette note contenait les éléments principaux du très intéressant rapport de M. Léon Biollay, inspecteur général des Perceptions municipales (Halles, marchés, abattoirs, etc.).

Dans son travail (2), M. Biollay constate tout d'abord la diminution du nombre des marchands et l'augmentation des places vacantes. Les vacances passent de 188, en avril 1866, à 201, en avril 1867, pour monter à 368 en mai 1869, à 412 en mai 1870 et finalement parvenir à 470 en septembre 1871.

Cette diminution du nombre des marchands, dit-il, tient à diverses causes et non à une seule, comme le prétendent les pétitionnaires.

Évidemment, des causes étrangères à la gestion du Temple ont dû amoindrir les affaires qui s'y traitaient. Les limites de Paris ont été reportées aux fortifications, des voies nouvelles ouvertes aux abords du marché : ces deux circonstances ont contribué à l'éloignement et à la dispersion d'une partie de la clientèle du marché.

La confection des articles dits *Renaissance* a restreint l'emploi des vieux habits. Dans la statistique de l'industrie de Paris, en 1869, publiée par la Chambre de commerce, on lit page 274 : « L'industrie de l'effilochage absorbe une partie des vieux vêtements de drap et, d'autre part, la friperie a trouvé dans la confection une rivale redoutable dont les produits, grâce au bon marché, sont préférés aux vêtements remis à neuf. »

La friperie, depuis 1860, perd à la fois sa matière première et de ses débouchés. Il est certain que la prospérité du Temple eût été compromise quand même le marché n'eût pas été transformé.

---

(1) Direction qui a été divisée depuis en deux directions : des Affaires départementales et des Affaires municipales.

(2) Dossier administratif de la Direction des affaires municipales.

L'inspecteur général des Marchés dit que, à ces causes extérieures, sont venues s'ajouter les dispositions même d'aménagement du marché :

Dans l'ancien marché, la clientèle se répartissait mieux : elle était plus attirée par la vue des objets mis en vente.

Le marché neuf est clos de murs, les portes sont en trop petit nombre ; une voie principale attire particulièrement le public. Les voies secondaires sont moins fréquentées.

Les aménagements du nouveau marché ont donc pour effet de donner une plus grande valeur commerciale aux boutiques avantageusement placées au détriment des autres places...

On a tort d'affirmer que c'est l'élévation du prix des locations qui écarte les nouveaux locataires, puisqu'il y a un assez grand nombre de places vacantes au prix de 15 centimes et de 20 centimes par mètre et par jour, prix qui n'est pas beaucoup plus élevé que dans l'ancien marché, où les places étaient louées à raison de 11 centimes par mètre et par jour.

Or, ce que les nouveaux venus recherchent, ce sont les places d'un prix plus élevé, il en est même qui consentent à prendre à rente des places louées à raison de 30 et 35 centimes par mètre, payant un double loyer, l'un à la Compagnie sur les bases du tarif, l'autre aux titulaires qui leur ont cédé leur place. Ces sacrifices sont faits pour obtenir plus tôt une situation avantageuse.

Le marchand qui obtient ainsi la concession de boutiques très achalandées doit nécessairement faire des frais d'installation et avoir plus de resssources par les gains et revenus.

Pour s'installer dans le nouveau marché du Temple et y être en position de faire promptement des affaires, il faut posséder un certain capital tandis que dans le vieux marché on pouvait s'installer avec les plus modestes ressources.

Après avoir dit que les marchands du nouveau marché avaient une tendance à occuper un grand nombre de places, par conséquent à augmenter leurs charges de loyer, l'inspecteur général ajoute :

Les marchands ont reconnu que si les faillites étaient beaucoup plus nombreuses dans le nouveau marché que dans l'ancien, cela tenait à ce que les marchands obtenaient de plus longs crédits. Dans l'ancien marché le crédit était de huit jours au plus.

L'augmentation de l'importance des crédits et de leur durée prouve que les fournisseurs des marchands du Temple ont plus de confiance qu'autrefois, et que, par conséquent, ils ne sont pas du même avis que les pétitionnaires sur la décadence du marché dont il s'agit.

Il y a des contradictions évidentes dans ce rapport, nous ne le discuterons pas maintenant, nous bornant à les signaler au passage.

L'Administration préfectorale accepta la manière de voir de M. Biollay et la note soumise à la Commission du marché conclut ainsi :

L'augmentation de prix des places n'est donc pas la seule ni même la principale cause des souffrances qui éprouvent quelques-uns des marchands ; une réduction du tarif serait pour la Ville un lourd sacrifice dans un moment où elle a besoin de toutes ses ressources, elle n'apporterait qu'un soulagement insignifiant à des marchands dont la position est malheureuse par suite des derniers événements et elle accroîtrait les avantages dont jouissent les autres marchands mieux partagés.

L'Administration proposait également de repousser les propositions de la Compagnie, qui, dit-elle, devait savait savoir à quoi elle s'engageait quand elle sollicitait la concession du marché. Les seules concessions préconisées étaient des travaux que la Ville exécuterait à ses frais dans le marché, de manière à améliorer la situation des marchands, et la remise des loyers supplémentaires non perçus depuis le 1er septembre 1871.

C'était de ce chef, pour la Ville, une perte nouvelle qui s'élevait déjà à 70,000 francs à la date du 10 novembre.

La Commission des marchés étudia l'affaire et fit examiner, en ce qui concerne les travaux, deux projets : l'un relatif à la suppression des murs de briques qui auraient été remplacés par des grilles en fer, et l'autre concernant la transformation en marché alimentaire de la partie du Temple dite « la Rotonde ».

La question fut étudiée sous toutes ses faces. Rien que pour l'aménagement du marché, on compte six projets ! Mais nous n'avons pas à nous en occuper. La seule chose intéressante, ce sont les pourparlers engagés entre la Commission et la Compagnie.

Au commencement du mois de février 1872, on parut arriver à un accord. La Compagnie présenta un plan groupant les places quatre par quatre, système qui reçut l'approbation de tous les marchands. De plus, un marché alimentaire était créé dans le pavillon dit de « la Rotonde » et devait contenir 114 places. Cette combinaison entraînait la suppression de 458 places.

En échange de ces sacrifices, la Compagnie demandait à la Ville d'effectuer dans le courant de l'année 1872 le prolongement de la rue Dupetit-Thouars, et elle proposait de faire exécuter à ses frais les travaux d'aménagement du marché à la friperie et du marché alimentaire projetés. Seulement — car il y a un seulement — la Compagnie entendait prélever sur les bénéfices d'exploitation, *avant le paiement de la redevance de 200,000 francs*, l'intérêt à 5 °/₀ et l'amortissement du capital social, accru des sommes nécessitées par les travaux prévus.

MARCHÉ DU TEMPLE
EN 1866
PLAN DÉTAILLÉ

Rue

Dupetit - Thouars

Rue

Perrée

Si cette combinaison avait été adoptée, la Ville aurait supporté plus particulièrement les aléas de l'entreprise, puisque la redevance, au lieu d'être comprise dans les frais généraux de la Compagnie, aurait été prélevée, en somme, sur les bénéfices *nets*. Si ces bénéfices n'existaient pas, la Ville était exposée à ne rien recevoir, alors que les actionnaires auraient continué à toucher 5 °/₀ de leur capital.

La Commission n'accepta pas ces propositions. Elle ne voulut pas s'engager à faire exécuter de suite le prolongement de la rue Dupetit-Thouars et elle ne consentit pas à abandonner, dans les conditions posées par la compagnie, le droit que possède la Ville de toucher sa redevance avant toute autre affectation des produits d'exploitation.

La Compagnie proposa alors de fixer à forfait, au chiffre de 150,000 francs, les dépenses d'exploitation à prélever sur les recettes brutes. Cela ne changeait pas beaucoup les inconvénients du système. Dans ces conditions, la Commission, voyant qu'il n'y avait pas à entrevoir une entente acceptable, déclara, le 19 février 1872, que les pourparlers devaient être suspendus (1).

LE COMMERCE DU TEMPLE DU TEMPLE DE 1872 A 1881.

Quatre années se passent. La question du Temple est alors soulevée à nouveau par une lettre que M. Dujarrier, conseiller municipal du quartier de l'Hôpital Saint-Louis, adresse le 11 juillet 1876 au préfet de la Seine. M. Dujarrier signale la situation de plus en plus difficile des marchands, dont les affaires tombent progressivement; le nombre des places vacantes est passé, dans la période 1872-1876, de 454 à 626 : le tiers du marché est vide !

L'Administration fait une nouvelle étude et, le 17 juillet, M. Biollay adresse à la Direction de l'administration générale une note où il persiste à n'attacher qu'une importance relative à la question du prix des places. C'est le développement des magasins de nouveautés qui, d'après lui, affecte plus particulièrement le Temple :

On sait, dit-il, qu'un projet de loi vient d'être soumis à la Chambre des députés, afin de remédier à la concurrence que les grands magasins font au moyen commerce parisien. Il n'est donc pas surprenant que le marché du Temple se ressente de cette concurrence.

Il est possible aussi que les marchands aient détourné du marché une partie de leur clientèle par défaut de politesse et de probité. Bien entendu, cette critique ne s'applique pas à tous les détaillants, mais elle a été faite et elle n'est pas sans fondement.

---

(1) Le règlement des comptes des exercices 1870 et 1871 donna lieu à de nombreuses contestations qui n'ont été définitivement réglées que dans ces dernières années. D'une manière générale, on peut évaluer à 346,000 francs environ la part de la Ville dans les abandons de loyer motivés par les événements de 1870-71.

Comme conclusion, l'inspecteur général des Marchés préconise toujours :

1° Le prolongement de la rue Dupetit-Thouars ;

2° L'exécution, dans le marché, de larges voies transversales ;

3° La substitution de grilles aux murs de briques qui enclosent le marché ;

4° L'installation d'un marché aux comestibles dans le carré de la Rotonde.

Et cela après entente avec la Compagnie du marché.

La question posée par M. Dujarrier n'eut aucune suite. C'est le même sort qui a été réservé à une autre question soulevée, quelques semaines après, par un autre conseiller municipal, M. Ferré, relativement à la façon de louer les places.

Il y a là un point très intéressant à étudier, car il montre ce qu'il faut penser des allégations de la Compagnie et de l'Administration, qui attachent une si grande importance au petit nombre de vacances constatées dans les places tarifées 0 fr. 35 c.

M. Ferré, disait, dans sa lettre du 11 août 1872 (1), que la Compagnie distribuait les places arbitrairement, et que, lorsque des groupes de 4, 6 ou 8 boutiques devenaient disponibles, on obligeait le demandeur à les prendre toutes, bien que l'importance de son commerce ne motivât pas un tel loyer.

Le directeur-gérant de la Compagnie répondit que cette mesure était justifiée tant par les habitudes du commerce que par les droits de la Compagnie.

Les groupes de 2, 4 et 6 boutiques, dit-il dans une lettre du 21 septembre (2), se sont établis naturellement d'après les besoins du commerce des marchands. A l'origine, chacun d'eux a pris librement le nombre de places qui lui convenait, depuis une jusqu'à huit boutiques. En général les marchands sérieux en ont pris 4 ; quelques-uns en ont demandé 6 et il n'y en a qu'un qui en ait 8.

Les locations sont faites à la semaine, chaque titulaire n'est engagé que pour une semaine, à l'expiration de laquelle il peut quitter ses places ou se désister de celles qu'il ne veut plus conserver. Mais, en fait, les marchands qui ont 4 boutiques d'angle ne s'en désistent que fort rarement, surtout pour partie ; ils tiennent à conserver le groupe entier. Si une de ces vacances se produit, le groupe est offert d'abord, tel qu'il est, au plus ancien marchand qui le demande. S'il n'est pas loué en cet état, les boutiques qui le composent sont louées séparément.

Il va de soi que le marchand qui a obtenu le groupe entier, en écartant d'autres marchands plus anciens qui se seraient contentés d'une ou deux et de trois boutiques, n'a pas la faculté de se

---

(1) Dossier administratif de la direction des Affaires municipales.

(2) Dossier administratif de la direction des Affaires municipales.

désister plus tard d'une partie de ses boutiques. Il faut qu'il laisse le groupe tout entier, qui est alors remis en location.

Dans la grande avenue, nous avons réservé une vingtaine de groupes de 6 boutiques ou de 4 boutiques qui ne sont pas susceptibles de division. Mais ces groupes ne sont presque jamais délaissés par leurs titulaires.

Nous ne contestons pas à la Compagnie la faculté d'agir ainsi : c'est son droit strict, car l'art. 16 du traité lui laisse le choix des locataires et la désignation des places. Mais sa lettre prouve quel esprit l'a toujours animée. Son idéal est d'avoir un beau marché, avec de belles boutiques et de belles marchandises. Ce que les Magasins-Réunis n'avaient pu faire la Compagnie semble avoir voulu le tenter. Fi de la friperie et de la brocante ! Arrière les *décrochez-moi ça*, les *montants* et les *limaces !* Ce qu'il faut dans cette belle avenue centrale — où la Compagnie a réservé des groupes de quatre et de six places pour établir des boutiques spacieuses — ce sont des confections et des robes neuves, des chapeaux tout faits, à la dernière mode, des pantalons élégants et de la lingerie fine.

Des chiffres vont montrer la différence essentielle qui existe entre les deux marchés : la simple inspection du tableau suivant, où nous avons groupé les marchands par nombre de places qu'ils occupent, permet une comparaison suggestive.

DÉSIGNATION	8 PLACES	7 PLACES	6 PLACES	5 PLACES	4 PLACES	3 PLACES	2 PLACES	1 PLACES	NOMBRE de MARCHANDS	NOMBRE de PLACES
Ancien marché.										
Juillet 1863	»	»	21	2	72	36	555	228	914	1880
Nouveau marché.										
Avril 1866	3	»	37	7	198	30	290	81	646	1824
Décembre 1876	1	1	44	10	182	23	93	53	407	1365
Décembre 1892	»	»	35	3	68	15	39	7	167	647

Sur 914 marchands qui se trouvaient dans l'ancien marché, 783, soit 85 %, n'occupent pas plus de deux places. Aussitôt que le nouveau marché est ouvert, la proportion se modifie : elle tombe à 57 %. Dix ans après, elle est encore descendue et ne dépasse plus 35 %. Aujourd'hui, elle est au-dessous de 28 %.

C'est assez dire combien le Temple s'est transformé. Jadis, c'était un marché populaire. Aujourd'hui, il ne vit que sur sa vieille réputation : au fond, c'est un agrégat de magasins pareils à ceux qui existent dans tout le reste de Paris.

Et c'est dans ce bâtiment, construit comme une halle à la marée, c'est dans cet entassement de petites boutiques que l'on a pensé lutter contre les magasins de nouveautés qui ont repris, pour leur propre compte, cette promiscuité attrayante du vieux Temple, et qui cherchent à séduire leurs clientes par les frôlements fascinateurs des étalages habiles et chatoyants !

C'est ainsi que la Compagnie a compris ses intérêts ! Elle s'est obstinée quand même dans sa manière de voir, en dépit des avertissements qu'elle a reçus. Elle n'a pas voulu voir qu'elle faisait fausse route, et que la seule raison d'être du Temple est d'être un marché de vieux. Elle n'a pas voulu comprendre que, si l'ancienne clientèle paraît aujourd'hui délaisser le monument « à l'instar dès Halles », c'est qu'on ne lui donne plus ce qu'elle venait chercher : c'est-à-dire la friperie et la brocante. Or, cette clientèle, en réalité, ne s'en va pas : elle change ses habitudes. Au lieu d'acheter en bas, elle monte au Carreau.

Le directeur de la Compagnie, M. Raballet, ne pouvait ignorer ce déplacement de la clientèle. En fait, il en parle dans une lettre du 21 septembre 1876 où il dit :

Nous reconnaissons que le Carreau est de plus en plus fréquenté et qu'à certains jours de la semaine, il y a une grande affluence de visiteurs. Peut-être y aura-t-il lieu, si cette affluence des visiteurs fait de nouveaux progrès, à en modérer l'accroissement, en élevant de 5 à 10 centimes le droit d'entrée des visiteurs.

Peut-être aussi, pour donner satisfaction à plusieurs marchands du marché, qui se plaignent de la concurrence que leur fait ce carreau, conviendrait-il d'élever le prix des casiers servant de resserre aux marchandises invendues. Mais, avant d'entrer dans cette voie, il faut attendre, croyons-nous, qu'une plus longue expérience en ait démontré la nécessité.

Impossible de mieux rappeler la disposition d'esprit du paysan de La Fontaine tuant sa poule aux œufs d'or !

Quoi ! La clientèle est là, qui vient toujours dans son quartier habituel. Avec un peu d'habileté, on pouvait peut-être la ramener au marché du rez-de-chaussée. Mais il faut croire que l'étude même des mesures à prendre demandait à la Compagnie un trop grand effort intellectuel. La société concessionnaire préférait évidemment négliger l'examen des phénomènes économiques qui se passaient dans son immeuble, et, pour se débarrasser d'une concurrence gênante, elle ne trouve rien de mieux que le procédé révolutionnaire de la « suppression progressive du Carreau » !

L'Administration préfectorale, tout en partageant au fond l'opinion de la Compagnie, ne se rallia pas cependant au programme qui lui était si simplement exposé. Mais, par contre, elle ne tira aucune moralité des observations de M. Ferré, si bien que les choses restèrent en l'état. Quand nous disons « en l'état », c'est une manière de parler, car la ruine s'accentua d'année en année, ce que démontre surabondamment le tableau suivant :

	Produit de la location des boutiques.	Carreau.
1872	710.618 »	33.825 »
1873	704.958 »	40.340 »
1874	680.381 »	45.628 »
1875	668.430 »	49.196 »
1876	648.485 »	50.360 »
1877	623.971 »	51.958 »
1878	604.934 »	55.056 »
1879	592.124 »	53.180 »
1880	586.653 »	54.276 »

VIII

Le marché du Temple de 1881 à 1892.

——

CRÉATION DU MARCHÉ ALIMENTAIRE.

On a vu que, dès 1872, on avait parlé de créer un marché alimentaire dans la partie orientale du marché de la friperie.

Les études reprirent quand on projeta de démolir le marché Saint-Martin, établi depuis 1816 entre les rues Vaucanson et Montgolfier. A la place de ce marché on se proposait de construire les nouveaux bâtiments de l'École centrale des arts et manufactures.

A une question de l'Administration, la Compagnie répondit le 12 janvier 1877 qu'elle consentait à abandonner à la Ville le pavillon dit de la Rotonde, moyennant un loyer annuel de 25,000 francs ou la diminution d'une somme égale sur la redevance de 200,000 francs.

Ce pavillon était, à cette époque, déjà vide à demi. Sur 326 boutiques représentant une location de 105,593 francs, il n'y en avait que 160 d'occupées. La combinaison était avantageuse pour la Compagnie qui pensait, avec raison, replacer dans le grand pavillon les locataires évincés du pavillon de la Rotonde, où il ne manquait pas de boutiques pour les recevoir. La Ville avait, de son côté, l'avantage de trouver dans le IIIe arrondissement un marché tout fait qui lui permettait de supprimer le marché Saint-Martin.

L'affaire fut étudiée par la direction des Affaires municipales et la direction des Travaux. Mais la solution se trouva retardée par l'étude d'une question plus générale et qui consistait à faire racheter par la ville de Paris tous les marchés concédés.

En ce qui concerne le marché du Temple, la Ville ne pouvait user de son droit que 15 ans après l'entrée en jouissance du marché, c'est-à-dire au 1er août 1880, un arrêté du préfet de la Seine ayant fixé au 1er août 1865 la date à laquelle la Compagnie avait pris possession du Temple.

Aussi, est-ce seulement le 27 juillet 1880 que le préfet de la Seine introduisit au Conseil municipal un mémoire où, non seulement, il étudiait les conditions dans lesquelles le rachat pouvait s'effectuer, mais aussi où il proposait une combinaison en vue du marché alimentaire, dans le cas où le Conseil ne voudrait pas engager la grosse opération financière que comportait la reprise totale du marché.

Le préfet de la Seine n'insistait pas beaucoup sur la question du rachat. Cette mesure, disait-il, « présente l'inconvénient grave d'engager la Ville dans une opération dont les résultats sont très aléatoires, en ce sens que la Ville s'engagerait à payer à la Compagnie concessionnaire, pendant une durée de 35 ans, une redevance fixe basée sur une moyenne de revenus qui tendent à décroître de plus en plus avec l'application du tarif actuel, et qui ne pourraient que s'abaisser si la Ville se trouve obligée d'accorder une diminution depuis longtemps demandée »

L'Administration pensait avec raison que, le jour où la Ville serait propriétaire du marché, on ne pourrait résister aux légitimes réclamations des marchands. Par suite l'opération financière consisterait à faire supporter aux finances municipales, c'est-à-dire aux contribuables parisiens, les sacrifices que la Compagnie s'était toujours refusée à faire.

Le mémoire du Préfet fut renvoyé à la 7e Commission (1) : le rapporteur désigné fut M. Mathé, aujourd'hui député du XIe arrondissement.

La Commission étudia avec le plus grand soin les deux problèmes que lui soumettait le préfet. Pour la question de la création du marché alimentaire, une objection se présentait. La Ville avait-elle le droit d'établir un marché alimentaire au Temple à moins de deux cents mètres du vieux marché des Enfants-Rouges, marché privé, créé en 1618 en vertu de lettres patentes du mois d'août 1615 ?

Le rachat de ce marché pouvait-il être nécessaire ? La Commission demanda à être fixée sur ce point, et le rapporteur, dans une lettre du mois de mars 1881, réclame instamment des renseignements précis, tant au point de vue du droit qu'au point de vue de l'opération financière elle-même. Cette question, si intéressante quelle fût, restait toutefois primé par la grande question du rachat du marché du Temple.

Peut être l'affaire aurait-elle traîné quelque peu si, en 1881, le Conseil n'avait été amené à se prononcer d'urgence sur le déplacement du marché Saint-Martin. En effet, en vertu d'un contrat conclu en 1878, l'État allait bientôt prendre possession du sol du marché. Comment concilier tous les intérêts?

La sagesse commandait la disjonction du projet de marché alimentaire et de la question de rachat. Un nouveau mémoire préfectoral fut soumis au Conseil muni-

____

(1) Commission du domaine de la Ville et de la préfecture de Police, qui comprenait MM. Mathé, *président;* Curé, *secrétaire;* Darlot, Despatys, Dujarrier, Grimaud, Yves Guyot, Hovelacque, Lamouroux, Narcisse Leven, Murat et Réty.

cipal le 28 mai 1881. La 7ᵉ Commission en fut saisie et le rapporteur, M. Mathé, se hâta de rediger son rapport.

Après entente avec le directeur de la Compagnie, M. Raballet (1), le rapporteur, proposa au Conseil de reprendre 2,795 (2) mètres superficiels sur le pavillon de la Rotonde, en échange d'un abandon de 25,000 francs sur la redevance. Un crédit de 198,000 francs était affecté à l'aménagement du marché.

Le Conseil municipal, dans sa séance du 6 août 1881, accepta les propositions du rapporteur de la 7ᵉ Commission (3) et sa délibération porte que, malgré la reprise partielle du pavillon de la Rotonde, l'Administration ne devait pas considérer l'affaire du Temple comme résolue. Elle eut le mandat de continuer à étudier les diverses questions soulevées à propos du marché à la friperie, aussi bien pour son mauvais aménagement que pour la concurrence à lui faite par le développement du « Carreau des brocanteurs ».

Le 9 août, le Préfet demandait à la Compagnie de se mettre en mesure de lui livrer au plus tôt — le 16 du mois — l'emplacement affecté au marché alimentaire. La Compagnie fit toute diligence, les boutiquiers « expropriés » quittèrent la partie de la Rotonde reprise par la Ville et s'installèrent dans le grand pavillon.

Quelques jours après, les ouvriers commençaient à démolir les boutiques montées dix-sept ans auparavant et qui n'avaient pas eu auprès du public le succès que les constructeurs avaient espéré. Par contre, le mot du président de la Commission administrative de 1861 se trouvait exact à la lettre même :

Le Temple ne devenait-il pas un marché à l'*instar* des *Halles ?*

LES PROJETS D'AMÉNAGEMENTS DE 1881 À 1887.

Au surplus, la création du marché alimentaire n'aurait pas pu faire perdre de vue au Conseil municipal l'étude des nombreux problèmes restés en suspens depuis plus de dix ans et dont la solution était impatiemment attendue par les malheureux marchands dont le commerce devenait toujours de plus en plus difficile.

---

(1) Au commencement de l'année 1881, M. Ferrère, directeur de la Compagnie du marché du Temple, de la Compagnie du marché Saint-Honoré et de la Compagnie générale des marchés, fut déclaré en faillite à la suite de mauvaises opérations effectuées par sa maison de banque. La substitution d'une société anonyme à la société en commandite par actions fut autorisée. Un conseil d'administration fut nommé, et c'est alors que la direction des affaires de la Compagnie fut confiée à M. Raballet, qui est toujours en fonctions.

(2) La Compagnie consentit à accorder 2,795 mètres aux mêmes conditions que les 2,080 mètres prévus en 1877. Cela tient à ce que le reste du marché offrait toujours assez de place aux tripiers en boutique.

(3) Conseil municipal de Paris, 1881. Rapport de M. Mathé, n° 67.

Déjà le 12 août 1880, une pétition avait été adressée au préfet de la Seine, au préfet de Police et au Conseil municipal, pour protester contre l'organisation de ce marché et pour se plaindre de la concurrence du Carreau.

Dans le courant de l'année 1881, les marchands renouvelèrent leur pétition, qui fut revêtue de 300 signatures sur 350 titulaires de places.

Le rédacteur de la pétition, Mme veuve Nourtier, secrétaire du syndicat actuel, demandait que le Carreau se tînt deux heures et non quatre, que les brocanteurs ne pussent étaler sur des bancs et des tréteaux, enfin que la location des casiers fût supprimée. Tout cela avait pour but de restreindre la concurrence que les chineurs-brocanteurs et les fripiers du premier âge faisaient aux marchands du bas.

Contrairement à l'ordonnance de 1831, dit-elle, les brocanteurs ambulants vendent aussi bien sur le trottoir que chez les marchands de vin, sans que personne préposé pour cela ne dise rien. On donne aussi des permissions à des personnes qui montent d'avance au Carreau et qui y retiennent leur place. La Compagnie leur loue des casiers pour 3 francs par mois, ce qui leur permet d'emmagasiner. Ces brocanteurs privilégiés ne donnent 20 centimes que le jour où ils arrivent avec des paquets et les autres jours ils montent au Carreau pour 5 centimes seulement. Ce qui fait que leurs frais sont nuls contrairement aux nôtres, car ils font leur étalage avec des bancs, des planches et des tréteaux, ce qui gêne même la circulation dans le Carreau.

Nous demandons que l'on supprime le premier étage pour faire cesser ces abus. Cela donnerait du jour aux places qui se trouvent au cœur même du marché, qui sont sans air et sans clarté...

D'une liste de noms ajoutés par les pétitionnaires à leur demande, il résulte que, à cette époque, 14 titulaires de boutiques du rez-de-chaussée vendaient au carreau du Temple dans des conditions analogues à 14 autres brocanteurs en boutiques habitant dans différents quartiers de Paris : 4 de ces derniers résidaient même à proximité du Temple.

L'Administration, sur l'invitation du Conseil municipal, reprit alors ses études et le service des Marchés soumit au directeur des Affaires municipales divers projets.

A cette époque (septembre 1881) le marché à la friperie contenait 1,520 boutiques ; la surface locative était de 5,989 mètres et le produit brut des locations, d'après le tarif, devait s'élever à 711,596 francs. Il s'en fallait de beaucoup que cette somme fût atteinte.

C'est pourquoi le service des Marchés proposa de faciliter davantage la circulation dans le grand pavillon.

La trop grande proximité des places, dit le rapport de l'inspecteur des Marchés, et la difficulté de circulation, voilà le véritable défaut de construction du Temple...... Le seul moyen d'y remédier est d'élargir les allées beaucoup trop étroites. Cette modification doit être faite dans le sens de la longueur, attendu que le public acheteur suit plutôt les allées longitudinales et que les boutiques ouvrent sur ces allées.

Trois projets étaient préconisés : un seul était conforme à ces vues : c'est celui qui consistait à supprimer toute la rangée des boutiques située au milieu des groupes de boutiques placés à droite et à gauche de l'allée principale. De la sorte, le marché, au lieu d'être desservi par une seule allée centrale, aurait été traversé par trois larges allées parallèles. L'ouverture de ces deux nouvelles allées devait occasionner la suppression de 230 places environ et la Compagnie aurait subi de ce fait un déficit dans ses locations. Mais ce déficit pouvait être compensé par le relèvement du prix des places dans les boutiques situées sur les deux nouvelles allées.

Le rapport administratif concluait, en ce qui concerne le Carreau, à la suppression des ventes en dehors des heures réglementaires, à l'interdiction de la vente des marchandises neuves, enfin à la suppression rigoureuse de tous les étalages. Et l'inspecteur ajoutait toujours avec la même note pessimiste que l'on retrouve dans tous les documents de l'Administration :

Ces mesures contre le Carreau, même avec des aménagements nouveaux dans le marché, ramèneront-ils la prospérité d'autrefois? On ne le pense pas.

Il faut reconnaître que, depuis 20 ans, une partie du commerce qui se faisait au Temple s'est déplacé par suite de l'ouverture d'une grande quantité de magasins de chaussures et de vastes magasins d'étoffes et de bazars, etc.

Voilà les véritables antagonistes du Temple.

Voilà les établissements qui lui font concurrence aux quatre coins de Paris et portent une atteinte d'autant plus formidable à son commerce qu'ils prennent tous les jours plus d'extension.

La direction des Travaux fut chargée d'examiner les trois projets du service des Marchés afin de dire à combien s'élèveraient les dépenses. Celle qui devait résulter de l'application du système comportant la création de deux grandes allées supplémentaires fut évaluée à une soixantaine de mille francs.

Mais le préfet de la Seine ne se rallia pas à cette manière de voir. Il crut, lui aussi, que le Temple devait naturellement disparaître en raison de la concurrence des magasins de nouveautés; et il proposa au Conseil municipal, par un mémoire du 2 décembre 1881, de ne pas donner suite à ces projets. « Je ne crois pas, dit-il en terminant, qu'il y ait lieu de modifier la situation actuelle du marché du Temple. »

C'est à cette conclusion négative que se rallia le Conseil municipal le 5 avril 1882 quand, sur le rapport de M. Mathé, il vota l'ajournement de la question du rachat.

En 1885, les marchands du Temple, qui ne se lassaient pas de réclamer des améliorations dans leur marché, pétitionnèrent pour demander à nouveau la création des deux nouvelles artères.

On leur répondit encore par les mêmes arguments : dépense élevée pour les démolitions, perte de loyers pour la Compagnie, inutilité de toute réforme en raison de la concurrence croissante des magasins de nouveautés.

Toujours, on le voit, à la persistante sollicitation des marchands s'oppose la force d'inertie et la théorie *ne varietur* de l'Administration. Puis, brochant sur le tout, plane l'insouciance de la Compagnie qui assiste passivement aux progrès incessants de sa ruine.

LA QUESTION DU CARREAU EN 1885-1887.

Quelques temps après le préfet est saisi d'une nouvelle plainte relative à la concurrence du Carreau.

Voici la pétition qui lui est remise par le Syndicat des marchands du rez-dechaussée :

A M. le Préfet du département de la Seine.

Paris, le 24 août 1885.

Monsieur le Préfet,

Nous avons l'honneur de vous exposer, au nom de la Chambre syndicale des marchandes, marchands et employés du Temple, la situation désastreuse dans laquelle se trouvent en ce moment les titulaires du marché.

Cette situation vient de ce que, dans le même marché, il y en a un où les frais sont énormes et un autre où il n'y en a pas, ou, du moins, de très minimes, et, par suite, chacun est lésé dans ses intérêts, aussi bien la Compagnie que le titulaire.

Nous venons donc vous demander de bien vouloir faire cesser cet état de choses, qui ne peut disparaître que par :

1° La suppression des étalages du Carreau, c'est-à-dire que le porteur d'un paquet, sans être tenu de le porter tout le temps sur ses épaules, ne puisse étaler sa marchandise comme cela se pratique actuellement ;

2° La suppression des casiers ;

3° La modification des heures d'ouverture et de fermeture ;

4° Fermeture du Carreau dimanches et fêtes.

Le Carreau, à son origine, était un endroit où venaient s'alimenter les marchandes du bas ; mais, par suite de tolérance de la Préfecture et de la Compagnie, on a laissé faire les étalages au Carreau. Ce fait constitue un second marché, avec les frais en moins. Nous ne comprenons pas qu'on ait toléré cette injustice aussi longtemps.

Cette tolérance d'étalage au Carreau ruine le commerce du bas, où les marchands ont des frais énormes, c'est pourquoi nous vous en demandons la suppression et de revenir à l'ancienne ordonnance de 1831.

La Compagnie aurait tout avantage en supprimant les étalages du Carreau, car, au lieu de voir les marchandes du bas quitter leur place pour vendre au Carreau, ce serait le contraire qui arriverait, et la Compagnie y gagnerait, car la majeure partie des personnes vendant au Carreau, ne pouvant plus y aller, prendraient des places en bas, d'où bénéfice pour la Compagnie.

La marchande étalant au Carreau rapporte à la Compagnie environ 5 francs par mois.

Nous supposons que la même marchande, proportionnellement à son commerce, prenne deux places en bas rapportant environ 20 francs, ce qui ferait pour la Compagnie un bénéfice de 15 francs ; ce bénéfice, répété pour plusieurs et cela pendant une année, pourrait rapporter au moins de 12 à 15,000 francs. Nous croyons même être au-dessous de la vérité.

Nous demandons également la suppression des casiers, car cela constitue un emmagasinage qui tiendrait, au besoin, lieu d'étalage, car la marchande pourrait se tenir à proximité de son casier, et, au cas où elle n'aurait pas sur son bras ce qu'on lui demanderait, rien ne l'empêcherait d'aller à son casier le chercher, cela serait la même chose que si elle avait un étalage.

En ne supprimant pas les casiers, l'on ne prendrait qu'une mesure incomplète et on rendrait la tâche de la police beaucoup plus difficile.

La Compagnie, en prenant cette mesure, y trouverait également son bénéfice, car le chineur montant le matin avec un paquet, s'il ne l'a pas vendu, le met dans son casier et n'a pas à payer à nouveau le lendemain.

Ce manque de perception pour les paquets égale, d'après nous, la location du casier, et au delà.

Nous demandons que le Carreau soit ouvert :

En été, à sept heures et fermé à neuf heures.

En hiver, à sept heures et demie et fermé à neuf heures et demie.

Dans l'état actuel, vous obligez les chineurs à faire la queue pendant trois heures et même plus, cela parce qu'ils ne sont pas sûrs d'avoir de la place, laquelle est toujours prise par les étalages.

Nous demandons les heures ci-dessus pour l'ouverture et la fermeture afin de permettre au chineur de pouvoir commencer sa journée en sortant du Carreau, ce qu'il ne peut faire en ce moment, car, partant à midi, s'il reste un peu loin, il n'arrive chez lui que très tard ; le temps de prendre son repas, il est deux ou trois heures. La journée est donc perdue.

Les chineurs ne viennent pas au Carreau ni les dimanches ni les jours de fête ; le Carreau n'ayant été créé que pour eux, il n'y a donc pas lieu de le laisser ouvert, et c'est pourquoi nous demandons qu'il soit fermé les dimanches et fêtes.

Agréez, Monsieur le Préfet, etc.

Pour le Syndicat :

Le président,

Ducrot.

D'une note administrative il résulte que la moyenne des entrées au Carreau était, en 1885, de 1,300 environ par jour de semaine (1,050 personnes sans paquet à 0 fr. 05 c., et 245 avec paquet payant un droit d'entrée de 0 fr. 20 c.).

Le dimanche on ne comptait pas moins de 2,500 visiteurs (2,420 à 0 fr. 05 c. et 160 à 0 fr. 20 c.).

Le préfet de la Seine demanda l'avis de la Commission administrative des marchés ; cette Commission fut saisie le 30 octobre 1886, non seulement de la pétition des boutiquiers du Temple demandant sinon la suppression du Carreau, ou tout au moins de grandes modifications, mais aussi d'une contre-pétition des brocanteurs qui fréquentent le Carreau et aux intérêts desquels on semblait vouloir porter préjudice.

Voici les raisons qu'ils faisaient valoir contre les desiderata des boutiquiers du rez-de-chaussée :

Paris, le 25 octobre 1886.

A Monsieur le préfet de Police.

Monsieur le Préfet,

Les soussignés, marchands du Carreau du Temple, ont l'honneur de solliciter de votre bienveillance un peu d'attention sur ce qui nous concerne. Il s'agit, nous a-t-on fait savoir, de différents changements qui doivent avoir lieu : il serait question de diminuer tous les jours une heure de vente; nous n'en avons que trois, c'est déjà bien peu pour nous faire vivre, surtout avec la crise commerciale; ensuite, il est question de supprimer nos étalages. Nos étalages ne nuisent à personne; au contraire, si nos marchandises étaient à terre, elles ne seraient plus rangées avec autant de symétrie; elles gêneraient la circulation et l'on marcherait dessus.

Maintenant, quant à la question de démolir les casiers, à part que les casiers rapportent 16,000 francs, si cette chose a lieu, la majeure partie des marchands ne pourront plus venir au Carreau; ils demeurent très loin pour s'éviter des frais, et ils ne peuvent apporter de lourdes charges tous les jours.

Nous croyons savoir à qui nous sommes redevables de tous nos tourments; ce sont les marchands d'en bas du Temple.

De quoi se plaignent-ils? Leur commerce n'a aucun rapport avec le nôtre; nos articles sont bon marché à l'usage des ouvriers. Ils arrivent le dimanche avec quelques francs pour rencontrer près de nous ce qui leur est utile, tandis que les marchands du bas tiennent des marchandises qui rivalisent avec les magasins de la ville; d'après ces explications, que nous avons cru devoir fournir, nous espérons qu'aucun changement ne sera fait dans nos habitudes; s'il devait en être autrement, nous implorerions la protection de M. le Préfet en lui disant que nous sommes plusieurs centaines de marchands qui vivent au Carreau du Temple, qui ne peuvent pas s'installer parce qu'ils n'ont pas le moyen de le faire.

Moi, qui ai l'honneur de vous écrire, Monsieur le Préfet, je suis âgée de soixante-seize ans; il y en a beaucoup qui ont à peu près mon âge; les autres sont des pères et mères de famille; s'il y avait un changement, pour les vieux, c'est l'hôpital, pour les autres, c'est la misère. Nous avons mis tout notre espoir en vous; notre existence est entre vos mains.

J'ai l'honneur, etc.

Signé : Veuve LEMOINE.

La Commission administrative des marchés entendit les intéressés (1) et, parmi eux, le directeur de la Compagnie du marché du Temple, qui protestait contre le projet de suppression du casier.

Un conseiller du IIIe arrondissement, M. Rouzé, faisait observer que le dépôt des marchandises dans les 438 casiers du Carreau permettait à des brocanteurs de garder « en magasin » des marchandises, et il ajoutait que ces marchandises, négociées sur le carreau presque sans frais, faisaient une concurrence aux produits vendus dans les boutiques du bas par les marchands.

Le directeur de la Compagnie, M. Raballet, montre par sa réponse qu'il n'attachait

(1) Séances des 30 octobre et 20 novembre 1886.

pas une grande importance à ce fait. Il ne semblait voir qu'une chose : c'est que la suppression des casiers provoquerait à la Compagnie une perte annuelle de 15,768 francs (location de 438 casiers à 3 francs par mois).

La Commission administrative pensa autrement. Elle comprit que le « carreau » des brocanteurs devrait être, comme l'ancien carreau de la Rotonde, une place où les brocanteurs ambulants, les chineurs, peuvent apporter et vendre les friperies achetées aux quatre coins de Paris, et que les revendeurs remettent en vente après les avoir nettoyées et légèrement raccommodées.

Elle s'opposa donc à la suppression pure et simple du Carreau. Elle fut d'avis que les heures de vente devaient être maintenues et que le Carreau devait rester ouvert les dimanches et jours de fêtes. Mais, pour éviter les abus signalés, elle demanda la suppression des étalages, la limitation des places des marchands et la démolition des fameux casiers.

Ces mesures furent approuvées par le préfet de la Seine et le préfet de Police, et il fut décidé que les casiers seraient supprimés à partir du 1er janvier 1887.

Ce fut alors un *tolle* dans le monde de la brocante. Les marchands du Carreau adressèrent une pétition au Conseil municipal. Deux jours après, sur un rapport de M. Patenne, le Conseil municipal, d'accord avec l'Administration, prit une délibération en vertu de laquelle l'application de l'arrêté supprimant les casiers devait être ajourné au 1er mars, afin de permettre une étude approfondie de la question.

LA QUESTION DU « CARREAU » AU CONSEIL MUNICIPAL.

La Commission du travail (1), elle aussi, fit son enquête et, après s'être rendue sur place, après avoir écouté les doléances des uns et des autres, elle chargea M. Patenne de faire un rapport sur cette question (2).

Le Carreau, à son origine, rappelle M. Patenne, était destiné à ne recevoir que les chineurs, brocanteurs, marchands de vieux vêtements, etc., tous objets dont la vente ne pouvait, en quoi que ce soit, porter préjudice aux marchands en boutique qui, au contraire, venaient s'approvisionner chez ces marchands chineurs.

Si cette première affectation avait été respectée, si l'on eût suivi à la lettre les dispositions premières qui étaient inspirées par les meilleures intentions, les réclamations des marchands du

---

(1) Cette Commission était alors composée de MM. Chabert, *président*; Navarre, *secrétaire*; Catliaux, Cernesson, Delhomme, Deschamps, Joffrin, Longuet, Mesureur, Patenne, Richard, Vaillant.

(2) Conseil municipal. — Rapports. 1887, n° 28.

rez-de-chaussée ne se seraient pas produites et nous n'aurions pas à intervenir aujourd'hui dans cette question, d'autant plus délicate qu'elle touche à des intérêts particuliers très respectables.

La Commission du travail accepta donc, en principe, les vues de l'Administration en ce qui concerne la suppression des étalages et la limitation de l'emplacement occupé au Carreau par les brocanteurs. Mais elle modifia ses conclusions sur deux points.

Elle s'opposa, tout d'abord, à la suppression des casiers parce que cette mesure aurait pour effet, disait-elle :

1° D'obliger des vieillards et des infirmes à remporter de lourds paquets de chaussures et vieux vêtements quelquefois aux extrémités de Paris, dans les quartiers excentriques, et à les rapporter le lendemain ; à céder à vil prix leurs marchandises afin de s'en éviter le transport ou à les déposer chez les débitants de vins voisins du Temple, où ils ne pourraient effectuer ce dépôt sans faire des dépenses de consommation qui leur rendraient leur commerce, déjà peu lucratif, absolument impossible ;

2° A les obliger à payer plusieurs fois l'entrée de leurs marchandises au Carreau, ce qui, pour des objets de peu de valeur, serait leur retirer le peu de bénéfice qu'ils peuvent en tirer ou les forcer à les vendre plus cher, et cela au profit de la compagnie concessionnaire, comme au détriment des acheteurs peu fortunés qui forment la clientèle des chineurs et marchands de vêtements d'occasion.

La suppression des casiers, ajoute M. Patenne, est également demandée pour des raisons d'hygiène. Mais nous pensons que ces raisons sont peu fondées et que, dans le cas où les vieux chiffons ou les vêtements d'occasion apportés au Carreau présenteraient un danger, ce danger serait beaucoup grand encore si l'on en obligeait le transport journalier et le dépôt chez des particuliers.

Après avoir ainsi donné satisfaction aux brocanteurs-ambulants en leur laissant l'accès du Carreau dans les circonstances habituelles, la Commission du travail voulut faire quelque chose pour les boutiquiers du Temple.

Ceux-ci se plaignaient, on l'a vu, de la concurrence que leur faisaient des brocanteurs établis en boutique et qui venaient sur le Carreau étaler soit des marchandises neuves, soit des vieux effets « rapiotés ». M. Patenne constate ce fait de la manière suivante :

Nous avons remarqué qu'à côté des marchands chineurs et brocanteurs auxquels le Carreau était destiné, sont venus s'établir des marchands ayant boutique au dehors et qui pour la modique somme de 20 centimes ont leur entrée au Carreau, où, grâce à la tolérance de la Compagnie, ils établissent de véritables étalages sur tréteaux, pliants, etc... Ce que voyant les marchands du rez-de-chaussée, et en grand nombre, vinrent s'y installer pour couvrir, disent-ils, leurs frais de boutique, ne faisant plus d'affaires au rez-de-chaussée; d'autres ont complètement abandonné leur place du bas pour s'y fixer.

Aussi, pour chasser ces vendeurs.... du carreau du Temple, la Commission du travail proposa au Conseil de décider: 1° que le Carreau serait interdit aux brocanteurs ayant boutique au dehors; 2° que la vente des marchandises neuves serait interdite au Carreau, étant admis toutefois que les soldes et les marchandises neuves provenant du Mont-de-piété pouvaient être considérées comme marchandises d'occasion.

Le rapport de M. Patenne vint en discussion au Conseil municipal dans la séance du 16 mars 1887. Le débat fut très serré et dut être continué dans une seconde séance (1).

M. Georges Berry combattit les conclusions du rapporteur. Il demanda la suppression pure et simple des casiers du « Carreau », en se reportant aux anciennes ordonnances qui prescrivaient aux brocanteurs de tenir leurs marchandises « sous le bras ». Le Carreau couvert du marché du Temple s'était substitué, il est vrai, au Carreau découvert de la Rotonde. Mais, les règlements de police applicables aux brocanteurs n'ayant pas changé, les prescriptions du Carreau devaient être telles que cet emplacement ne devînt pas une concurrence déloyale au marché du bas. Tout au plus les casiers devaient-ils être conservés par les brocanteurs ambulants, vieillards et infirmes.

M. Vaillant appuya les idées de la Commission. A son avis, la suppression des étalages devait suffire à empêcher la concurrence dont se plaignaient les marchands du rez-de-chaussée. Et, contrairement à l'opinion de M. Georges Berry, il se prononça pour le maintien des casiers.

Il y aura lieu évidemment, disait M. Vaillant, de prendre des mesures de désinfection; mais, si les hardes en question sont nuisibles, elles le seront assurément moins si elles sont enfermées dans des casiers au lieu d'être déplacées chaque jour.

Le casier, donc, en évitant ces transports, rend service à l'hygiène, tout autant qu'aux pauvres vendeurs à qui il épargne un transport pénible. Il suffira, en attendant les mesures générales dont j'ai parlé, de prescrire des mesures de salubrité relativement aux casiers et à la désinfection de leur contenu. Les offices de désinfection que vous propose la Commission sanitaire permettront sans doute d'agir bientôt en ce sens.

Suivant les mesures provisoires qui seront décidées, une réglementation particulière peut être faite. A tous ces points de vue, il faut maintenir les casiers et les attribuer à tous ceux qui en ont besoin, en excluant toute personne ayant boutique, dans le Temple ou ailleurs.

---

(1) Conseil municipal de Paris. Compte rendu des séances, année 1887, page 539.

M. Marsoulan. — Comment s'assurera-t-on de ce fait ?

M. Vaillant. — Une enquête sera faite par le Syndicat des marchands-brocanteurs et chineurs du Carreau. Ce syndicat, qui n'est encore qu'à l'état embryonnaire, va se développer et comprendra bientôt tout l'ensemble des revendeurs, chineurs et brocanteurs. Il présentera les candidats au choix de l'Administration, et ainsi vous serez certains de n'attribuer les places qu'à bon escient.

S'il y a erreur, le Syndicat la trouvera et la signalera. Vous aurez donc avantage, à tous les points de vue, à accepter la solution proposée par la Commission du travail.

En ce qui concerne les marchandises neuves, M. Vaillant était d'avis de les admettre dans le cas où elles proviendraient de *soldes* : c'était, disait-il, l'intérêt des consommateurs qui viennent acheter au Carreau.

« Comment établirez-vous la distinction entre les marchandises neuves et les soldes d'occasion ? lui objecta M. Davoust.

« — S'il y a doute, répliqua M. Vaillant, la question sera résolue par le Syndicat des chineurs-brocanteurs, qui a intérêt à être le gardien vigilant du règlement et des résolutions que nous allons voter. »

La discussion fut reprise, le 21 mars, par la discussion d'un amendement de M. Rouzé. Le conseiller du IIIe arrondissement voulait réserver le Carreau aux seuls « chineurs », à ceux qui apportent la friperie brute achetée dans les rues de Paris, et il proposait, par cela même, d'en écarter les « marchands-brocanteurs » ou revendeurs, ceux qui vendent cette friperie raccommodée, *rapiotée*, suivant l'argot du Temple.

L'amendement de M. Rouzé fut repoussé par 40 voix contre 10.

La discussion porta ensuite sur la question des marchandises neuves.

M. Frère combattit la vente de ces marchandises, qu'autorisait partiellement la délibération de la Commission. C'était également l'avis de M. Chautemps. Quant à l'Administration, elle évita de prendre parti. Le directeur des Affaires municipales, interrogé, répondit que l'affaire regardait la préfecture de Police ; le préfet de Police de son côté, déclara qu'il serait très difficile de déterminer si une marchandise était neuve ou non, si elle provenait d'un solde ou bien du Mont-de-piété.

« Je me borne, ajoutait le préfet de Police, à soumettre cette simple réflexion à votre appréciation. »

Malgré cela, le Conseil se rangea à l'avis de la Commission du travail et, par 21 voix contre 19, il admit la vente au Carreau des marchandises neuves provenant de soldes ou de ventes du Mont-de-piété. Il ne devait pas tarder à se déjuger.

La discussion porta enfin sur la question des casiers. M. Rouzé et ses collègues du IIIe arrondissement en demandèrent l'affectation presque exclusive aux vieillards et infirmes; c'est d'ailleurs dans ce but que la Commission du travail avait insisté en faveur du maintien des casiers. Après le rejet d'un amendement de M. Rouzé, ce fut la rédaction suivante, proposée par la Commission, qui fut votée :

Les casiers seront à nouveau attribués à raison de un par ménage et, tout d'abord, aux personnes âgées ou infirmes, après avis des chambres syndicales du Carreau à la Compagnie concessionnaire.

Finalement, l'ensemble du projet de délibération proposé par la Commission se trouva adopté dans cette teneur :

Le Conseil,

Vu le rapport de sa Commission du travail,

Délibère :

Article premier. — A partir du 1er avril 1887, les présentes résolutions seront applicables au marché du Carreau du Temple :

1° Les chineurs et brocanteurs marchands au Carreau auront accès au marché par les portes de la rue Dupetit-Thouars et de la rue Perrée ;

2° L'ouverture du Carreau aura lieu à huit heures trois quarts pour les chineurs et brocanteurs marchands au Carreau, avec faculté pour eux de déposer leur marchandise sur l'emplacement qui leur sera désigné ;

3° Les portes du Carreau seront ouvertes au public à neuf heures. L'ouverture de la vente sera annoncée à la cloche, ainsi que la fermeture qui aura lieu à midi précis ;

4° Les jours et heures de vente sont maintenus comme en l'état actuel ;

5° L'emplacement que pourra occuper chaque chineur et brocanteur marchand au Carreau sera indiqué par des lignes tracées sur le sol. Les chineurs et brocanteurs marchands au Carreau pourront s'asseoir sur un siège placé derrière leur emplacement, mais ils ne pourront l'utiliser pour le dépôt des marchandises.

6° L'emplacement accordé à chaque chineur et brocanteur marchand au Carreau sera de 1 m. 20 c. de longueur sur 80 centimètres de profondeur. Il est interdit de faire usage de supports d'aucune sorte, tels que tréteaux, pliants, etc. Une toile seule pourra être interposée entre le sol et les marchandises ;

7° La vente au Carreau est absolument interdite à tout marchand ayant boutique en dehors du Carreau ou titulaire du rez-de-chaussée. Les employés et employées de ces marchands ou titulaires seront aussi exclus de la vente au Carreau.

8° La vente des marchandises neuves est interdite au Carreau ; seront toutefois considérées comme marchandises d'occasion les marchandises provenant des soldes et des ventes du Mont-de-piété.

9° Les casiers seront à nouveau attribués à raison de un par ménage, et, tout d'abord, aux personnes âgées ou infirmes, après avis des Chambres syndicales du Carreau à la Compagnie concessionnaire ;

10° Toute personne ayant cédé son casier perdra immédiatement son droit de possession.

Art. 2. — M. le Préfet de la Seine et M. le Préfet de police sont invités, chacun en ce qui le concerne, à veiller à la stricte application de la présente délibération et de l'art. 7 du livret des brocanteurs interdisant la vente chez les marchands de vin autour du Temple.

Art. 3. — Un crédit de 2,500 francs est mis à la disposition de l'Administration pour les aménagements nécessaires à l'application de la présente délibération (tracé des places sur le sol, etc., etc.)

Art. 4. — Cette somme sera imputée sur le chap. xiii, art. 11, du budget de 1887.

D'autre part, à la suite du vote de l'ensemble, MM. Chautemps, Rouzé et Darlot firent adopter cette résolution :

Le préfet de Police est invité, en ce qui concerne le marché du rez-de-chaussée, à empêcher que l'on s'asseoie au coin des passages, et à faire supprimer les étalages dépassant les poteaux.

Conformément au vote du Conseil municipal, le préfet de Police, M. Gragnon, rendait, le 29 mars, une ordonnance réglant la tenue du Carreau (1). En consé-quence, le 1er avril 1887, les marchands-brocanteurs, établis en boutique, se trou-vèrent évincés du Temple : des contraventions furent ultérieurement dressées contre plusieurs d'entre eux.

Mais les mesures prises n'eurent pas beaucoup d'effet. Le marché du rez-de-chaussée ne vit pas augmenter le nombre de ses acheteurs, et l'on constata, comme par le passé, la vente sur le Carreau de marchandises neuves.

Pour tourner la difficulté, les brocanteurs habitués à vendre du neuf se procu-rèrent, chez leurs fournisseurs, des factures portant la mention *solde*, de telle sorte que le règlement, si laborieusement étudié, ne pouvait être appliqué. De là des récriminations.

De plus, certains marchands du rez-de-chaussée se mirent à protester contre la décision du Conseil. Eux aussi, ils avaient boutique. Eux aussi, par conséquent, se virent évincer comme les brocanteurs-boutiquiers du reste de Paris. Leurs doléances furent signifiées aux Préfets et au Conseil.

En raison de ces réclamations, l'affaire revint devant le Conseil municipal. La Commission du travail fut de nouveau saisie. M. Patenne fit un second rapport (2), qui concluait à la suppression pure et simple de la vente des marchandises neuves sur le Carreau. « Les marchandises provenant des soldes seront, dit-il, considérées comme neuves. »

Puis, insistant sur l'inobservation, par la préfecture de Police, du règlement rela-tif aux heures d'entrée, à la tenue du Carreau, etc., il invitait le préfet à tenir la main à l'application des délibérations du Conseil.

Cette fois, le Conseil municipal ne discuta pas les conclusions du rapporteur.

---

(1) Voir *Annexes* II, n° 28.

(2) Conseil municipal. 1888. Rapport de M. Patenne, n° 10 *bis*.

Dans la séance du 29 juillet, les deux projets de délibération furent approuvés sans débat. En voici le texte :

Première délibération.

L'art. 8 du règlement applicable aux marchands du rez-de-chaussée du Temple et aux marchands du Carreau est ainsi modifié :

Art. 8. — La vente des marchandises neuves est interdite au Carreau ; les marchandises provenant des soldes seront considérées comme neuves.

Deuxième délibération.

M. le préfet de la Seine et M. le préfet de Police, chacun en ce qui le concerne, sont invités à faire appliquer strictement les délibérations des 21 mars et 29 juillet 1887, relatives à la réglementation de la vente au marché du Temple.

En exécution de la première délibération, le préfet de Police rendit une nouvelle ordonnance, datée du 8 août 1887 (1), modifiant, en ce qui concerne les *soldes*, le règlement du mois de mars.

Ainsi « amélioré », le nouveau règlement eut-il plus de succès? Le Temple fut-il plus tranquille et les affaires plus prospères? Rien n'autorise à le dire.

En effet, dès le 7 novembre de la même année, voilà que les boutiquiers du rez-de-chaussée protestent contre l' « excessive sévérité de l'Administration vis-à-vis des brocanteurs-boutiquiers » (2).

Puis c'est au tour des brocanteurs. La chambre syndicale, fondée le 17 février 1887, comprenait deux éléments : il y avait tout d'abord les chineurs proprement dits, c'est-à-dire les marchands d'habits apportant au Carreau la marchandise telle qu'ils l'achetaient « en ville » ; puis à côté d'eux se trouvaient les brocanteurs en boutique, qui « chinent » aussi quelquefois, nous l'avons dit, mais dont la profession consiste surtout à vendre, de seconde main, des vêtements « rapiotés ».

A la demande de ces derniers, la Chambre syndicale des brocanteurs adressa au Conseil municipal une pétition qui fut déposée sur le bureau du Conseil par MM. Mayer et Vaillant.

Par votre délibération du 21 mars 1887, disent les pétitionnaires, vous avez, croyant vous inspirer de nos véritables intérêts, interdit la vente au carreau du Temple à tous les brocanteurs possédant une boutique. La pétition

---

(1) Voir *Annexes* II, n° 29.

(2) Procès-verbal du Conseil municipal du 7 novembre 1887. Dépôt d'une pétition par M. Chautemps.

que nous vous avons adressée semblait, en effet, contenir ce desideratum ; mais en réalité, dans notre intention, nous n'avons jamais voulu réclamer que l'exclusion des boutiquiers du bas du Temple et celle de tous les marchands de neuf en général.

Les brocanteurs ou chineurs qui possèdent une boutique doivent pouvoir vendre au Temple, au même titre que nous, puisqu'ils font le même métier que nous et vendent des marchandises identiques ; la possession d'une boutique ne peut motiver à leur égard aucune défaveur, aucune injustice, aucune exclusion.

Le président du syndicat, M. Tary, concluait en demandant que l'on retire complètement le droit de vendre sur le carreau du Temple, aussi bien aux employés qu'aux titulaires des boutiques du rez-de-chaussée ; il réclamait, en outre, la réintégration des brocanteurs boutiquiers vendant le vieux (1) et l'ouverture du Carreau à 9 heures du matin.

Là dessus, réponse immédiate des marchands du Temple. Un conflit s'élève entre les deux syndicats.

Celui des marchands du Temple, dans la contre-pétition qu'il adresse au Conseil municipal, dit qu'il avait accepté les articles du règlement critiqué par les brocanteurs-chineurs afin de se montrer conciliant et humanitaire : « deux titres, dit-il, qui ont l'air de faire complètement défaut à nos adversaires. »

Car, ajoute-t-il, ils s'enrichissent sans avoir aucun frais à supporter, et ne tiennent aucun compte de la ruine qui a atteint une partie des marchands du bas et qui menace ceux qui restent.

Ils ne tiennent non plus aucun compte de la large part que la décision du Conseil leur a faite :

En laissant subsister un marché dans un autre, avec une si grande disproportion de frais ;

En leur accordant le maintien des casiers, qui constitue un magasinage ;

En leur accordant 1 mètre 20 d'emplacement, lorsqu'ils n'avaient droit qu'à porter leurs marchandises sur leurs bras ;

Et enfin en leur accordant une heure de plus pour la vente de ces marchandises.

Quant aux boutiquiers demandant à venir exercer leur industrie au Carreau, nous ne voyons qu'une chose : c'est que, non contents de ne pas accepter la décision du Conseil, ils ne cherchent ni plus ni moins qu'à violer la loi, qui dit que tout brocanteur-chineur ne pourra écouler ses marchandises autre part qu'au Carreau.

Puisqu'ils sont possesseurs d'un magasin de vente, ils n'ont donc pas le droit de venir vendre au Carreau. Réponse qui leur a été faite par certains conseillers municipaux.

Nous ajouterons à notre lettre une remarque, qui est digne de tout votre intérêt : c'est que, malgré le règlement voté par le Conseil municipal, vu le petit nombre de gardiens chargés de son exécution, vu surtout leur uniforme qui se voit de loin, la surveillance ne peut être efficace.

Ce qui fait que la vente du neuf existe toujours, c'est qu'il y a beaucoup de boutiquiers du dehors qui y viennent encore, et que souvent on empiète sur l'emplacement désigné. La plupart disent que, malgré les contraventions qui leur sont infligées, ils ne se décourageront pas, et qu'ils continueront toujours à vendre du neuf (preuve évidente du bénéfice qu'ils font).

Confiants dans le désir que vous avez tous de faire obtenir la justice, nous vous prions, Messieurs les Conseillers, de prendre notre lettre en considération, et de regarder les réclamations mal fondées de nos adversaires comme non avenues. En agissant autrement, vous ne feriez que précipiter la ruine des marchands du bas, qui, la plupart, après vingt, trente, quarante, cinquante années de travail, se trouveraient dans la misère.

----

(1) Le texte complet de cette pétition est annexé au rapport de M. Patenne. 1888, n° 30.

La Commission du travail (1) fut donc alors chargée une troisième fois de reprendre son étude. Elle trouva qu'il n'y avait pas lieu de faire revenir le Conseil sur ses délibérations antérieures. Elle renvoya, en quelque sorte, les plaignants dos à dos. Aussi M. Patenne, qui fut encore rapporteur (2), conclut-il ainsi :

La Commission du travail considère que le *statu quo* est seul logique, car il tient la balance entre les divers intérêts qui sont en présence. Il y a très certainement antagonisme entre le marché du bas et celui du Carreau ; cet antagonisme existera tant que ces deux marchés resteront en l'état actuel, et, quel que soit notre désir de donner satisfaction aux pétitionnaires, nous croyons devoir vous proposer de passer à l'ordre du jour, en invitant l'Administration à faire appliquer strictement le règlement voté par le Conseil.

C'est à cette manière de voir que se rallia l'Assemblée municipale dans sa séance du 31 mars 1888.

Évidemment, dirons-nous, il y a antagonisme entre le Temple du rez-de-chaussée et le Temple du Carreau.

Mais il ne suffit pas de constater cet antagonisme. Il faut en rechercher les causes et voir quels moyens pourraient être employés pour y mettre un terme. C'est cette double recherche qui a provoqué cette longue étude.

---

(1) Cette Commission était alors composée de MM. Chabert, *président ;* Vaillant, Patenne, *vice-présidents ;* Navarre, *secrétaire ;* Bassinet, Paul Brousse, Cattiaux, Cernesson, Champoudry, Delhomme, Deschamps, Joffrin, Levraud, Charles Longuet, Réties, Sauton.

(2) Rapports du Conseil municipal, 1888. N° 30, page 3.

IX

Le marché du Temple en 1892.

Les documents publiés dans les *Annexes* I montre que votre 2e Commission est saisie actuellement de pétitions émanant de quatre groupes d'intéressés.

Il y a, en premier lieu, le *Syndicat des marchands, marchandes et employées du Temple* (1). Ce groupe demande principalement la réduction du prix des places, soit par une entente avec la Compagnie, soit par le rachat du marché par la Ville.

Puis vient le *Syndicat des chineurs-brocanteurs* (2), qui sollicite une meilleure organisation du Carreau du Temple pour maintenir à ce marché son caractère de marché d'approvisionnement de la friperie et pour éviter les abus qui s'y commettent journellement.

A côté de ce syndicat se rencontre l'*Union syndicale des marchands-brocanteurs*, groupe qui s'est formé en 1888 à la suite du rejet, par le Conseil municipal, de la pétition déposée par le Syndicat des chineurs-brocanteurs. L'*Union syndicale* (3) réclame la réintégration des marchands-brocanteurs sur le carreau du Temple.

---

(1) Le Syndicat des marchands, marchandes et employées a été formé, au mois de juillet 1886, sous la présidence de M. Ducrot. C'est ce syndicat qui a été consulté par la Commission administrative des marchés en octobre-novembre 1886 et qui, depuis, a fait toutes les démarches concernant l'amélioration du Temple, le rachat du marché par la Ville, etc.

Le Syndicat comprend actuellement 180 marchands ou employés. Son président est M. Nadal, en fonctions depuis 1887. Le siège social est 12, rue Dupetit-Thouars.

(2) Le Syndicat des chineurs-brocanteurs a été fondé quelques mois après le Syndicat des marchands du Temple, le 17 février 1887.

Son but est de conserver au Carreau sa destination primitive, comme centre des transactions que les chineurs-brocanteurs peuvent faire à la suite de leurs promenades dans les rues de Paris. Il demande le numérotage des places et quelques autres légers changements dans la tenue du Carreau.

Le Syndicat comprenait primitivement 280 membres environ. Ce nombre a diminué depuis la scission de 1888. Aujourd'hui, il compte 150 adhérents, d'après une déclaration faite au rapporteur par le président.

Le siège du Syndicat, qui était primitivement 6, rue de Lanneau, a été transféré 49, rue de la Montagne-Sainte-Geneviève, à partir du 1er janvier 1890.

Le président, depuis la fondation, est M. Tary.

(3) L'Union syndicale des marchands-brocanteurs a été fondée à Paris le 1er août 1888, après l'éviction, du carreau du Temple, des brocanteurs en boutique.

Enfin, une quatrième pétition a été déposée par les marchands-revendeurs et les revendeuses de friperie, qui fréquentent les marchés Beauvau-Saint-Antoine, Joinville et des Carmes, les marchés volants et les marchés occasionnels des barrières. Ces marchands demandent l'accès au Carreau des brocanteurs en boutique, afin d'y pouvoir acheter au meilleur compte les vêtements raccommodés qu'ils exposent dans leurs étalages.

Avant d'examiner la suite qu'il convient de donner à ces pétitions, il nous paraît nécessaire d'indiquer quelle est la situation, en 1892, du marché du Temple.

LE MARCHÉ DU REZ-DE-CHAUSSÉE.

On a vu que les réclamations du Syndicat des marchands du rez-de-chaussée avaient abouti, en 1887, à une modification partielle du règlement du Carreau. Si, dans ces circonstances, le Conseil n'a donné qu'une satisfaction partielle aux demandes alors formulées, il faut reconnaître qu'il s'est empressé, l'année suivante, de réaliser une réforme depuis longtemps demandée ; nous voulons parler de la création, dans le grand pavillon, de deux allées latérales parallèles à l'allée centrale.

Au commencement de l'année 1888, l'Administration, fouillant dans son volumineux dossier sur le Temple, retrouva un plan d'aménagement. Le 19 mars, elle écrivait à la Compagnie pour lui proposer l'enlèvement des deux séries de boutiques placées au milieu des groupes situés à droite et à gauche de l'allée principale. La conséquence était la démolition de 234 boutiques.

La Compagnie fit naturellement des objections. Elle voulut bien se charger des travaux (d'un prix d'ailleurs peu élevé, d'après ses propres déclarations) : mais elle fit valoir que ces 234 boutiques représentaient une valeur locative de 109,000 francs par an. Aussi demanda-t-elle, cette fois encore, que la Ville ne touche pas sa redevance de 175,000 francs sur les recettes *brutes* de l'exploitation, mais qu'elle la prenne sur les bénéfices nets, c'est-à-dire après le prélèvement de la somme reconnue nécessaire, non seulement pour amortir le capital, mais aussi pour donner aux actionnaires un léger dividende. La rémunération du capital était encore, à cette époque, de 4 %.

Ce syndicat, qui comprenait 200 membres environ au début, en compte aujourd'hui 275, d'après une déclaration faite au rapporteur par le président.

Comme but, il se propose tout d'abord la réintégration des brocanteurs en boutique au carreau du Temple.

Son siège social, autrefois rue Étienne-Marcel, 82, est maintenant rue Dupetit-Thouars, 12.

Le président est M. Badel, 23, rue Keller.

Il fut déclaré à la Compagnie, le 30 avril (1), que la Ville ne pouvait entrer dans ces combinaisons : que le nombre des boutiques vides était suffisant pour recevoir les boutiquiers déplacés, et que cette mesure, avantageuse en somme pour la clientèle de la Compagnie, ne devait, en aucune façon, motiver un sacrifice financier de la ville de Paris. L'Administration invitait, en même temps, la Compagnie à voir si elle ne pourrait établir un marché aux vieux meubles dans la partie restée libre du carré de « la Rotonde ».

Nouvelle lettre de la Compagnie, du 9 mai, qui évite de se prononcer sur cette proposition, et qui termine ainsi sa réponse :

Nous tenons à déclarer qu'à défaut de cette combinaison (celle du prélèvement) nous serions disposés à accepter comme compensation tout autre arrangement équitable qui, au lieu de nous profiter directement, profiterait à nos marchands, comme par exemple une réduction des tarifs de location consentie en leur faveur au moyen d'une diminution proportionnelle de la redevance. Et nous offririons même de contribuer, dans une certaine mesure, à cette réduction de tarifs.

L'Administration ne répond pas ; mais le 2 juin, la Compagnie déclare que, « en présence des instances réitérées de ses marchands, prenant en considération la situation difficile où ils se trouvent, et l'extrême importance qu'ils attachent au projet », elle accepte les propositions de la Ville « sans insister plus longtemps sur la compensation qu'elle avait pu espérer ».

L'accord étant fait, un mémoire préfectoral fut introduit le 6 juillet 1888 au Conseil municipal. Cinq jours après, le 11 juillet, sur le rapport oral de M. Saint-Martin, fait au nom de la 2e Commission, l'assemblée accepta les propositions qui lui étaient soumises.

Un arrêté préfectoral du 27 août suivant (2) (*Annexes* IV, n° 3), approuva la délibération du Conseil et autorisa la Compagnie non-seulement à ouvrir ces deux voies longitudinales, mais aussi à recevoir, dans ses boutiques vides, les marchands de meubles, vieux ou neufs.

---

(1) Dossier administratif de la Direction des affaires municipales.

(2) Dans une lettre qu'il adresse à la Compagnie le 14 novembre 1888, en lui envoyant l'ampliation de cet arrêté, le préfet de la Seine signifia que la répartition des boutiques serait ainsi effectuée :

	Grand pavillon.	Petit pavillon.	Total.
Places à 0 fr. 35 c. le mètre..	782	96	878
— à 0 fr. 30 c. — ..	102	19	121
— à 0 fr. 25 c. — ..	88	29	117
— à 0 fr. 20 c. — ..	72	78	150
— à 0 fr. 15 c. — ..	»	32	32
Ensemble............	1.044	254	1.298

La Compagnie profita de la première de ces autorisations, mais elle ne fit rien pour tirer partie de la seconde. Aussi la situation du marché, loin de s'améliorer par toutes ces demi-mesures, n'a-t-elle fait que s'aggraver.

Le tableau suivant dispense de tout commentaire :

Nombre de marchands et nombre de places louées et à louer
au 1ᵉʳ janvier de chaque année.

	Nombre de marchands.	Places occupés.	Places vides.		Nombre de marchands.	Places occupés.	Places vides.
Le nombre des places étant de 2,018 :				Le nombre total des places n'étant plus que de 1,540 :			
1865	»	»	»	1882	348	1,236	304
1866	679	1,777	241	1883	339	1,259	281
1867	628	1,838	180	1884	326	1,203	337
1868	600	1,812	206	1885	306	1,142	398
1869	530	1,674	344	1886	277	1,062	478
1870	509	1,637	381	1887	245	958	582
1871	467	1,514	504	Le nombre total des places n'étant plus que de 1,298 :			
1872	478	1,554	454				
1873	471	1,529	489	1888	229	844	696
1874	448	1,499	519	1889	235	847	451
1875	433	1,450	568	1890	219	794	504
1866	418	1,392	626	1891	205	774	524
1877	410	1,344	674	1892	198	714	585
1878	387	1,278	740	1892 (10 déc.).	167	627	671
1879	372	1,267	751				
1880	349	1,205	813				
1881	353	1,231	787				

Ainsi le nombre des boutiques vides s'accroît sans cesse, les locataires partent les uns après les autres et la seule concession que l'on ait pu arracher de la Compagnie pour améliorer les conditions de vente, c'est l'éclairage électrique du marché !

Le Temple reste ouvert maintenant jusqu'à 7 heures en été, et 6 heures en hiver.

C'est évidemment un résultat. Mais l'effet sur la situation générale est très faible. C'est autre chose qu'il faudrait, et cet autre chose, n'est-ce pas la Compagnie qui y est la première intéressée à le proposer ? Que deviennent ses recettes ? Ne baissent-elles dans une proportion considérable ? Ce tableau de ses recouvrements n'est-il pas véritablement alarmant pour ses propres intérêts ?

Recettes du Marché du Temple.

ANNÉES	NOMBRE DE MARCHANDS au 1er janvier	NOMBRE de PLACES OCCUPÉES au 1er janvier	PRODUIT DES BOUTIQUES et du balayage	PRODUIT du CARREAU	PRODUIT TOTAL
1865 (1er août-31 décembre).	»	»	368,128 30	» »	368,128 30
1866...............	679	1,777	821,599 70	31,898 10	853,439 80
1867...............	628	1,838	814,584 80	32,672 »	847,256 80
1868...............	600	1,802	784,437 60	33,036 15	817,473 75
1869...............	530	1,664	755,795 40	34,419 60	755,472 05
1870...............	509	1,637	479,912 »	24,370 55	504,282 55
1871...............	467	1,514	251,859 40	24,617 25	276,476 65
1872...............	478	1,554	710,618 35	33,825 90	744,444 25
1873...............	471	1,529	704,958 15	40,340 15	745,298 30
1874...............	448	1,499	680,381 75	45,628 15	726,009 90
1875...............	433	1,450	668,430 20	49,196 15	717,626 35
1876...............	418	1,392	648,485 45	50,360 05	698,845 50
1877...............	440	1,344	623,971 90	51,938 60	675,910 50
1878...............	387	1,278	604,934 30	55,056 95	659,991 25
1879...............	372	1,267	592,124 80	53,180 15	645,304 95
1880...............	349	1,205	586,657 45	54,276 60	640,934 05
1881...............	353	1,231	610,670 50	55,303 95	665,974 45
1882...............	348	1,236	609,255 80	56,412 80	665,668 60
1883...............	339	1,259	603,250 25	58,503 20	661,753 45
1884...............	326	1,203	574,987 20	58,933 75	633,920 95
1885...............	306	1,142	541,228 15	58,594 75	599,822 90
1886...............	277	1,062	500,421 60	56,908 35	557,329 95
1887...............	245	958	447,450 »	51,497 05	498,947 05
1888...............	229	844	425,191 95	48,105 75	473,297 70
1889...............	235	847	416,853 70	47,747 50	464,301 20
1890...............	219	794	397,194 35	46,986 50	443,869 55
1891...............	205	774	375,514 80	49,914 »	420,428 80
1892 (1er janv.-1er décemb.).	198	714	340,979 55	32,767 75	373,747 30
Recettes probables...	»	»	372,000 »	36,000 »	408,000 »

On voit que le Carreau a rapporté en 1891 plus que dans la période antérieure a la guerre. Par contre, le marché, qui produisait encore 755,000 francs en 1869, inférieur de 66,000 francs à la recette de 1866, n'a produit l'an dernier que 375,000 francs, c'est-à-dire 50 0/0 de moins qu'il y a 23 ans !

Et cette diminution a comme caractéristique qu'elle est régulière. Le marché ne cesse de péricliter et, depuis l'année 1872, c'est dans le seul exercice 1881 que l'on constate un léger relèvement, relèvement motivé par la translation, dans le grand pavillon, des boutiquiers déplacés du pavillon de la Rotonde, lors de la création du marché alimentaire.

Il faut avouer qu'une telle décadence aurait dû émouvoir la Compagnie. Toute société administrée par des gens intelligents aurait essayé de sortir d'affaire, en s'ingéniant à faire quelque chose de cet établissement qui va de mal en pis. Pourquoi cette attente bénévole de la ruine ?

Quand on lit la correspondance relative à la création du carreau du marché du Temple en 1865, on voit qu'il était déjà question de transférer dans le premier étage du grand pavillon un marché spécial. La Compagnie demandait alors l'autorisation de louer à des marchands d'articles de Paris, bronzes, papeterie, parfumerie, jouets d'enfants, tabletterie, etc., toutes les boutiques de ce premier étage. A ce moment la réponse de l'Administration ne fut pas favorable à ce projet. En effet, dans sa lettre du 26 juillet 1865, le préfet de la Seine répond à la Compagnie que le préfet de Police a émis l'idée de transporter dans cet emplacement couvert le « Carreau » des brocanteurs. C'est cette contre-proposition qui fut réalisée.

Mais ce qui n'avait pu être obtenu en 1865 aurait évidemment été concédé plus tard, pour peu que la Compagnie ait renouvelé ses offres. Et ce qu'il y a de curieux, c'est qu'on a vu l'administration préfectorale proposer d'elle-même, en 1881, l'adjonction du commerce des meubles au marché de la Friperie !

Et rien n'a été fait pour user de cette faculté en dépit des projets formulés actuellement et qui tendent à créer à Paris un marché aux meubles !

C'est que la Compagnie se dit sans doute que, pour attirer des marchands nouveaux ou pour maintenir ceux de ses locataires qui la quittent, il faudrait diminuer le prix des places, ce que les marchands demandent depuis si longtemps. Or, cette diminution devrait porter sur toutes les catégories de places, et le sacrifice à faire, le sacrifice réel, porterait principalement sur la catégorie des places à 35 centimes, celle qui, à elle seule, produit la presque totalité de la recette et qui l'a toujours produite, d'ailleurs, comme le montre le tableau ci-après :

Répartition du nombre des boutiques louées et non louées par prix du mètre superficiel.

ANNÉES	BOUTIQUES À 35 c.			BOUTIQUES À 30 c.			BOUTIQUES À 25 c.			BOUTIQUES À 20 c.			BOUTIQUES À 15 c.			TOTAUX		
	À LOUER	LOUÉES	VACANTES	À LOUER	LOUÉES	VACANTES	À LOUER	LOUÉES	VACANTES	À LOUER	LOUÉES	VACANTES	À LOUER	LOUÉES	VACANTES	À LOUER	LOUÉES	VACANTES
Avril 1866..........	1,117	1,101	16	217	213	4	167	92	75	319	252	67	198	158	40	2,018	1,816	202
Février 1869.........	1,117	1,050	67	217	185	32	167	78	89	319	222	97	198	120	78	2,018	1,655	363
Septembre 1881	1,040	776	264	169	92	77	125	45	80	174	56	118	32	17	15	1,540	986	554
Septembre 1886	1,040	761	279	169	95	74	125	48	77	174	53	121	32	20	12	1,540	977	563
Septembre 1891	878	606	272	121	43	78	117	28	89	150	42	108	32	11	21	1,298	730	568
Décembre 1892......	878	522	356	121	38	83	117	29	88	150	33	117	32	5	27	1,298	627	671

« Si je ramenais à 27, à 22, à 20, à 15 et à 10 centimes le prix du mètre superficiel, dit toujours la Compagnie, je ne changerai en quoi que ce soit l'état du marché. Les seules boutiques louées ne sont-elles pas celles qui bordent les grandes avenues, celles qui paient le tarif maximum ? Ce n'est pas l'abaissement du prix des boutiques de quatrième et cinquième catégories qui ferait venir un locataire de plus. »

C'est un raisonnement spécieux.

Évidemment les boutiques de façade sur les grandes avenues seront toujours louées de préférence aux autres, parce que le public a plus de tendance à s'y porter. Elles sont toutes ou presque toutes louées aujourd'hui : la Compagnie a donc raison quand elle dit que la diminution des loyers n'amènerait pas là un locataire de plus. Mais, pour les autres catégories, la mesure aurait pour effet d'enrayer le départ des marchands qui s'en vont les uns après les autres, parce que leur commerce ne peut aujourd'hui supporter les frais généraux qui résultent du taux trop élevé de leurs loyers.

Et la preuve que ce que nous disons est la vérité, c'est que la diminution du nombre des locataires des dernières catégories coïncide avec l'élimination progressive de certains commerces, ceux qui constituent la friperie proprement dite.

C'est là une constatation qui d'ailleurs n'a pas pu émouvoir la Compagnie par ce motif que ses administrateurs n'ont *jamais* examiné la condition *économique* du marché, bornant toute leur activité à l'étude, souvent superficielle, de la situation de leur établissement au point de vue financier. Ainsi nous avons demandé à la direction du marché, dont nous nous plaisons à reconnaître la courtoisie et le bon vouloir, la statistique des commerces exercés dans le marché et les changements survenus parmi eux depuis 30 ans. Or il nous a été répondu qu'on ne pouvait nous donner aucun renseignement, *la Compagnie ne prenant pas note du genre de commerce exercé par les boutiquiers.*

C'est donc avec les renseignements de la préfecture de la Seine que nous avons pu rassembler les éléments de la statistique suivante, qui pourtant, on en conviendra, devrait intéresser au premier chef ceux qui sont chargés de l'exploitation du marché.

Statistique des commerces du Temple.

DÉSIGNATION des INDUSTRIES	NOMBRE DES MARCHANDS			NOMBRE DES BOUTIQUES OCCUPÉES								
	Avril 1866	Septembre 1871	1er octobre 1892	Avril 1866	31 décembre 1867	3 juin 1868	31 janvier 1869	Septembre 1871	Décembre 1881	Décembre 1886	Décembre 1890	1er octobre 1892
Ferraille et articles de ménage.	11	5	.	31	26	22	22	21	3	4	2	5
Bijoux, fleurs, parfumerie....	25	14	.	42	60	34	35	27	49	23	41	34
Rubans, soierie...........	6	4	.	16		15	15	15	5	4	4	4
Chapellerie	5	5	.	8	15	12	11	10	15	4	4	4
Chapeaux d'enfants........	13	1	.	26		3	2	3	4	6	7	1
Chaussures...............	51	32	.	143	? 345	131	133	108	84	54	29	19
Confections	51	10	.	186	80	80	75	26	71	97	108	107
Costumes	2	»	.	6	7	»	»	»	»	»	»	»
Coupons et morceaux de drap.	14	10	.	30	? 83	27	29	26	17	9	8	4
Dentelles	3	2	.	10	12	10	6	6	4	»	»	»
Équipements militaires......	2	»	.	6	»	»	»	»	»	»	»	»
Friperie	45	41	.	177	182	158	159	168	104	88	83	67
Articles de voyage..........			.			20	23		12	24	2	»
Gants	11	8	.	21	8	9	5	10	4	8	10	12
Lingerie et literie..........	77	71	.	207	255	245	223	229	181	185	108	99
Modes et deuil............	145	91	.	454	»	340	307	345	300	231	260	216
Occasions et chiffons.......	87	31	.	166	503	74	70	62	72	40	27	27
Toilette.................	64	126	.	195		456	428	393	238	144	46	43
Parapluies..............	10	11	.	22	32	36	37	34	31	11	44	44
Fourrures...............			.								4	2
Passementerie	13	7	.	30	17	11	11	13	12	1	1	1
Tapis	5	4	.	18	16	14	24	18	21	10	14	8
Tissus et nouveautés........	6	9	.	30	36	45	31	33	9	14	4	»
	646	482	198	1,824	»	1,742	1,648	1,548	1,236	957	774	627
Places vacantes...........	.....	.....	.....	194	206	266	370	470	304	583	524	671
TOTAL des places...........	.....	.....	.....	2,018	2,018	2,018	2,018	2,018	1,340	1,540	1,298	1,298

Si incomplet que puisse être ce tableau, il n'en est pas moins instructif, car il est facile de voir quels changements sont survenus depuis 26 ans dans le marché.

En 1866, le commerce du vieux proprement dit occupait environ la moitié des places; les marchands de ferraille, les « mastiqueurs » de vieilles chaussures, les marchands de vieux coupons, les fripiers, les marchands d'occasion, les marchandes à la toilette, les marchands de vieux parapluies et de passementerie, louaient plus de 800 boutiques. Aujourd'hui, c'est à peine s'ils en prennent 200.

Les seuls commerces qui se soient quelque peu maintenus, ce sont ceux qui concernent la confection, les modes, la literie, les chaussures, tous commerces qui sont plus à même de supporter les frais généraux imposés depuis 1866 aux marchands du Temple.

Tripler comme on l'a fait le prix des places, c'était tuer le commerce du vieux, ce commerce qui était la raison d'être du Temple et qui en a autrefois fait le succès ! On l'a fait partir et celui qui l'a remplacé momentanément, le commerce dit « *Renaissance* », consistant à vendre des vêtements d'hommes ou de femmes confectionnés d'avance avec des étoffes spéciales, ne pouvait tenir longtemps.

Cette idée, qui a toujours apparu dans la correspondance de l'Administration et de la Compagnie, que ce sont les magasins de nouveautés qui ont tué le Temple, a été la cause réelle de la ruine du marché. On a cru qu'il fallait séduire la clientèle par le bon marché et lui offrir des pantalons d'homme tout neufs à 6 francs ou 7 francs, ayant le même aspect que des pantalons vendus le double ou le triple chez des confectionneurs.

Mais, en économie domestique, personne ne l'ignore, tout s'équilibre, tout se paie. Une marchandise neuve de 6 francs ne peut faire le même usage qu'une marchandise de 12 francs. Au bout de quelques jours, l'acheteur s'aperçoit que l'étoffe ne vaut rien (faite qu'elle a été de draps effilochés et tissés par des machines spéciales) et que les coutures ne tiennent pas. La mère de famille constate également que sa robe neuve ne fait aucun usage ou que son parapluie de soie est coupé sans qu'on ait eu beaucoup l'occasion de l'ouvrir.

Ce ne sont pas ces articles-là qu'on veut acheter au Temple. Ce sont les bons effets défraîchis, que les marchands ont dégraissés et « retapés », et qui sont susceptibles de supporter un certain travail; ce sont des chapeaux, des vestons, des robes venant d'un marchand connu ou d'une bonne faiseuse et qui sont réputés pour leur solidité.

Cette clientèle n'a plus trouvé ces objets-là au rez-de-chaussée du Temple : elle est allée les chercher ailleurs, et pas très loin, au premier étage, au carreau des brocanteurs, qui, cela est de toute évidence, comme le signalaient déjà M. Mathé et

M. Patenne — le premier en 1881, le second six ans plus tard, — a presque complètement changé de caractère.

Aussi, quand on arrive aujourd'hui au Temple, dans les larges allées qui le coupent longitudinalement, est-on assailli de marchandes, patronnes ou employées, qui vous offrent quoi ? Des couronnes funéraires, des confections d'enfants, des chapeaux « du Temple », des oreillers, des édredons, des couvertures, des robes et des manteaux. De loin en loin, et généralement dans les passages latéraux, de rares penderies de vieux habits et de vêtements « rapiotés ».

A l'approche du carnaval, on voit pointiller çà et là quelques costumes étincelants de couleur, plus souvent neufs que vieux. Mais, dans le reste de l'année, c'est par hasard que l'on aperçoit, se balançant en évidence, la robe de tulle et le corsage de satin vert d'une danseuse de théâtre forain, alors que l'œil est attiré par quelque douzaine de robes de mariées, toutes rigides dans leur blancheur éclatante !

Et, puis, ces dames du Temple exagèrent peut-être leurs sollicitations à l'égard de la clientèle. Leurs obsessions finissent par irriter le visiteur. Dès que l'on a gravité les marches qui, sur la rue du Temple, font accéder à la plate-forme du marché, on se heurte à une ligne de front constituée par les employées et les patronnes des boutiques. On a essayé de refrener leur zèle parfois intempestif. Rien n'y a fait.

Ainsi, le Syndicat des marchands du Temple avait prié l'officier de paix du IIIe arrondissement de faire appliquer le règlement de police intérieure du marché. Au commencement de l'année 1891, on se montra donc un peu sévère pour les contrevenantes : ce fut aussitôt un concert de protestations. Il y eut des réunions publiques. On en appela à l'opinion. Comme moyen de transition, on proposa de permettre le « racolage » à l'égard de tout visiteur qui, s'arrêtant pendant *30 secondes* devant un étalage, pouvait être regardé comme un client éventuel. Mais où est le chronomètre qui peut permettre une telle appréciation courante du temps ?

Au bout de quelques jours, la police dut fermer les yeux comme autrefois sur les infractions permanentes au règlement.

Certes, le racolage auquel sont exposés tous ceux qui entrent dans le marché est vexatoire. Il a le grand inconvénient, pour les boutiquiers établis au fond et même au milieu du pavillon, de contrarier le passage du public. Pour échapper à l'obsession des vendeuses, les clients retournent sur leurs pas ou se hâtent d'acheter dans les boutiques placées près des portes. C'est évidemment un avantage pour les marchands ainsi privilégiés, mais c'est peut-être aussi un sérieux préjudice pour les autres titulaires.

Mais il ne faut pas non plus exagérer les choses. Jadis — les récits que nous avons reproduits sur le Temple en 1846 en font foi — le racolage était beaucoup plus effréné que maintenant, et l'argot de ces dames avait plus de couleur que le langage d'aujourd'hui. Ce n'est donc pas là une cause de ruine pour le marché. La vérité, nous le répétons, c'est que l'on ne trouve au Temple que ce que l'on trouve partout ailleurs; c'est que le public n'a plus intérêt à s'y rendre.

Qu'on ramène au rez-de-chaussée le commerce de la friperie, et le public y reviendra, acceptant même à la rigueur, sans trop s'en formaliser, les apostrophes imagées (1) et les manières familières des marchandes du Temple.

---

(1) Il va sans dire que ce que nous disons ne saurait viser les grossièretés et les insolences de certaines marchandes. Il ne faudrait pas non plus que les jeunes employées du Temple s'amusent trop souvent à taillader les robes des visiteuses à coups de ciseau ou à épingler sur le dos d'une passante une pancarte avec des inscriptions souvent très peu spirituelles.

Ce sont là des procédés que la police devrait réprimer avec la plus grande rigueur. L'intérêt du marché tout entier est de voir disparaître ces faits regrettables qui, fort heureusement, ne se produisent pas souvent, mais qui nous ont été signalés par des personnes très bien informées.

X

Le Carreau du Temple en 1892.

___

ORGANISATION GÉNÉRALE.

Ce que l'on appelle, comme nous l'avons déjà dit, le *Carreau du Temple*, c'est l'espace situé au premier étage du grand pavillon du marché du Temple.

On y accède par quatre escaliers placés aux angles.

Quand on arrive en haut, on se trouve sur une plateforme dont le milieu est évidé afin de permettre au jour, qui tombe des fenêtres, d'éclairer les boutiques du rez-de-chaussée situées au-dessous. Tout autour sont les restes d'anciennes boutiques en fer analogues à celles du rez-de-chaussée, démolies en 1865 et au fond desquelles on a aménagé des armoires de 1 mètre cube environ, destinées à servir de « resserre » pour les paquets de friperie que les brocanteurs ne veulent pas remporter chez eux. Ces casiers sont au nombre de 438. La Compagnie les loue au mois à raison de 3 francs par mois, ce qui lui donne une recette de 1,314 francs par mois ou d'environ 16,000 francs par an. Ils sont toujours loués.

Le public est admis au Carreau tous les jours de 9 heures à midi. Il paie un droit d'admission de 5 centimes. Quant aux brocanteurs, ils doivent acquitter un droit d'entrée de 20 centimes lorsqu'ils amènent avec eux un ballot de marchandises. Ils sont autorisés à entrer à 9 heures moins le quart afin d'étaler leur friperie avant l'arrivée des acheteurs.

Quand la cloche annonce l'ouverture du Carreau, chacun se précipite dans l'escalier pour arriver premier. C'est que les premiers arrivés ont le droit de choisir leur place, et de se mettre aussi à l'endroit où ils ont l'habitude de se tenir.

Jadis, cette montée rapide était l'occasion de véritables bousculades. C'est pourquoi la préfecture de Police a tout d'abord décidé que deux des escaliers seraient affectés aux hommes, — ce sont ceux qui sont du côté du pavillon de la Rotonde, — les deux autres sont réservés aux femmes : ils se trouvent du côté de la rue du Temple.

Cette mesure a eu pour effet d'empêcher les chineurs facétieux de lutiner les chineuses accortes. Mais elle a dû être complétée par une autre qui permet aux brocanteurs vieillards ou infirmes d'attendre l'ouverture du Carreau tout en haut de l'escalier, pendant que les autres sont à la file dans la rue.

Quelques brocanteurs se plaignent de voir parmi ces privilégiés quelques représentants de cette industrie parisienne des « vendeurs de place ». Par ce mot, on désigne les individus qui font la queue aux théâtres lors des représentations gratuites, aux souscriptions financières, aux asiles de nuit, et qui vendent leur place moyennant quelque obole.

La vente des places au Carreau du Temple ne saurait constituer une industrie très florissante, étant donné le commerce qui s'y fait, et, si la mansuétude de l'Administration à l'égard des privilégiés du Carreau donne naissance à quelques abus, cela tient beaucoup aussi aux mauvaises conditions économiques dans lesquelles se trouvent les deux marchés du Temple, celui du rez-de-chaussée et celui du premier étage.

Quoi qu'il en soit, quand arrive 9 heures moins le quart, l'inspecteur du marché sonne la cloche et l'on voit déboucher des quatre escaliers quatre groupes d'hommes et de femmes, qui après avoir acquitté aux receveurs du marché leur modeste droit d'entrée (1), se dirigent rapidement vers leur place.

Arrivés clopin-clopant, trottant menu ou arpentant le sol, les brocanteurs marquent leur place en jetant à terre un léger paquet ou un gros ballot de friperie. En hiver, les brocanteuses se servent de leur chaufferette. Puis ceux qui possèdent un casier dans les armoires du pourtour se hâtent d'aller prendre dans leur resserre les marchandises à vendre. En quelques minutes, le carreau est occupé sur toute sa superficie, les étalages sont faits et le marché commence.

Quand nous disons le marché, c'est une façon de parler, la forme du singulier ne convient pas dans l'espèce : ce sont les marchés qu'il faudrait dire. En effet, on commettrait une erreur si l'on pensait que le marché des brocanteurs est « un ». C'est à sa diversité de composition qu'est dû, en réalité, le malaise dont souffre le Temple d'aujourd'hui.

Voici, à cet égard, quelques renseignemenis circonstanciés :

Le Carreau rapporte, bon an mal an, de 35 à 50,000 francs. La recette est alimentée par le produit de la location des casiers (de 15,000 à 15,500 francs) et par les droits d'entrée fixés à 5 centimes pour les visiteurs ordinaires, et à 20 centimes pour les brocanteurs portant un ballot.

---

(1) Ce droit d'entrée a été fixé par la Compagnie seule : aucun vote formel du Conseil municipal n'a autorisé la perception. Cela est à signaler en passant.

Le tableau suivant montre comment s'est répartie la recette perçue à l'entrée du Carreau pendant les quatre semaines qui vont du lundi 7 novembre au dimanche 4 décembre 1892 :

Recette du Carreau.

		PRODUIT DES ENTRÉES		TOTAUX
		entrées à 5 c.	entrées à 20 c.	
		fr. c.	fr. c.	fr. c.
Lundi.... 7 novembre		66 30	41 80	=	108 10
Mardi.... 8 —		46 50	23 »	=	69 50
Mercredi.. 9 —		64 50	39 80	=	104 30
Jeudi..... 10 —		42 30	21 40	=	63 70
Vendredi.. 11 —		44 90	42 30	=	87 10
Samedi... 12 —		40 35	19 80	=	60 15
Dimanche. 13 —		95 50	26 »	=	121 50
Lundi.... 14 —		66 90	46 60	=	113 50
Mardi.... 15 —		42 60	18 60	=	61 20
Mercredi.. 16 —		55 80	46 80	=	102 60
Jeudi..... 17 —		44 05	17 20	=	61 25
Vendredi.. 18 —		50 25	36 60	=	86 85
Samedi... 19 —		37 05	21 80	=	58 85
Dimanche. 20 —		110 40	22 40	=	132 80
Lundi.... 21 —		75 85	46 80	=	122 65
Mardi.... 22 —		40 75	20 40	=	61 15
Mercredi.. 23 —		48 70	42 60	=	84 90
Jeudi..... 24 —		38 15	15 80	=	53 95
Vendredi.. 25 —		50 90	34 »	=	91 30
Samedi... 26 —		37 40	19 80	=	57 20
Dimanche. 27 —		92 55	21 60	=	114 15
Lundi.... 28 —		69 75	51 20	=	120 95
Mardi.... 29 —		35 10	24 »	=	59 10
Mercredi.. 30 —		53 70	34 »	=	87 70
Jeudi..... 1er décembre		43 95	21 »	=	64 95
Vendredi.. 2 —		56 »	37 20	=	93 20
Samedi... 3 —		47 75	19 80	=	67 55
Dimanche. 4 —		121 40	21 20	=	142 60
Ensemble des quatre semaines		1.621 55	833 20	=	2.454 75

La recette moyenne est, pour cette période, de 87 fr. 60 c. par jour, soit : 57 fr. 85 c. pour les entrées à 0 fr. 05 c. et 29 fr. 75 c. pour les entrées à 0 fr. 20 c.

Mais ces moyennes, comme toutes les moyennes générales, d'ailleurs, ne permet pas de se rendre compte du fonctionnement du marché.

On remarquera en effet, dans le relevé ci-contre, des différences très sensibles entre la recette effective certains jours, le dimanche, par exemple, où la moyenne dépasse 120 francs (exactement 122 fr. 80 c.), avec les recettes des mardis, jeudis et samedis, qui oscillent autour du chiffre de 60 francs. Cela provient des habitudes de la clientèle du Carreau, habitudes que l'on pourra mieux saisir quand on aura parcouru le tableau qui suit.

MOYENNE DE LA RECETTE QUOTIDIENNE

pour chaque jour de la semaine (Période : 7 nov. — 4 déc. 1892).

| | ENTRÉES A 5 CENTIMES | | ENTRÉES A 20 CENTIMES | |
	Moyenne	Entrées	Moyenne	Entrées
	fr. c.		fr. c.	
Lundi.....	69 70	ce qui représente 1.392	46 »	ce qui représente 233
Mardi.....	41 25	— 825	21 50	— 107
Mercredi..	55 70	— 1.114	40 80	— 204
Jeudi,.....	42 10	— 840	18 60	— 93
Vendredi..	50 50	— 1.010	37 50	— 197
Samedi....	40 60	— 812	19 80	— 99
Dimanche.	105 »	— 2.100	22 80	— 114

On voit que la semaine du « Carreau » se divise ainsi : Un jour où la recette moyenne excède 120 francs, et où le chiffre des entrées dépasse 2,200. C'est le *dimanche*. Trois jours où la recette approche de 100 francs, ce sont les *lundi, mercredi* et *vendredi* : le total des entrées varie de 1,200 à 1,600. Enfin, dans les trois autres jours, les *mardi, jeudi* et *samedi*, la recette moyenne tombe à une soixantaine de francs, et correspond à un chiffre d'entrées inférieur à 950.

Cela tient à ce qu'il y a, au carreau du Temple, trois éléments de visiteurs : l'*acheteur* qui vient chercher un vêtement d'occasion, le *brocanteur-revendeur* qui lui vend ce vêtement, et le *chineur* qui court, dans Paris, à la recherche des vieux habits et qui les rétrocède tels quels au brocanteur-revendeur, lequel fait les nettoyages et les réparations nécessaires.

Or, le dimanche, c'est le jour où les acheteurs sont en grand nombre : le chiffre des entrées à 5 centimes le prouve; c'est pour eux que les brocanteurs-revendeurs apportent les 114 paquets signalés dans la statistique de ce jour-là.

Les lundi, mercredi et vendredi, les entrées à 20 centimes sont très nombreuses, plus nombreuses mêmes que le dimanche : cela provient de ce que, dans ces matinées, les chineurs apportent sur le carreau la friperie récoltée dans Paris. Les marchands-brocanteurs-revendeurs arrivent, nombreux, chercher la matière première de leur commerce. Pendant ces trois jours, le Carreau a, comme note dominante, l'aspect d'une halle centrale aux vieux habits.

Par contre, les mardi, jeudi et samedi, les chineurs-brocanteurs sont bien moins nombreux. Tout comme le dimanche, ce sont les revendeurs qui tiennent le haut du Carreau et vendent au public les vêtements d'occasion qu'ils ont fait réparer.

LES CHINEURS DU CARREAU.

La physionomie du Carreau change ainsi d'un jour à l'autre.

Les jours des chineurs, le premier étage du marché du Temple rappelle l'ancien Carreau de la place de la Rotonde. Les chineurs, les chineuses, les marchands d'habits sont à leur place, leur ballot de vêtements entr'ouverts devant eux, des pantalons entassés sur l'épaule gauche, les gilets sous le bras gauche, ayant à la main la pièce de choix : un veston, un pardessus ou parfois quelque robe de femme dont une marchande à la toilette de quartier n'aura pas pu ou n'aura pas su faire l'emplette.

Et la conversation s'engage, rapide, entre le chineur et le revendeur :

— Un beau veston, bonne marque. J'en veux une pistole (10 francs).

— C'est trop cher : une croix (6 francs).

— Oh ! la doublure est belle. C'est du bon.

— Trop cher de trois points (3 francs).

— Non, deux points.

— Allons, donnez la gallette.

Et le revendeur jette le veston sur l'épaule d'un employé qui le suit, et paie au chineur les 8 francs convenus.

Chaque revendeur a sa spécialité. Les uns achètent pour rapioter sur place et revendre à Paris, soit au marché du rez-de-chaussée, soit au Carreau, soit dans les marchés de quartier. D'autres sont des commissionnaires en vieux habits et font des expéditions à des clients de province ou de l'étranger.

Quelques-uns de ces clients se passent même de l'intermédiaire des commissionnaires et viennent à Paris, une ou deux fois par an, acheter en masse des habits, des robes, des chapeaux et des chaussures qu'ils raccommodent dans leur pays et qu'ils vont vendre ensuite dans les foires de campagne. En Bretagne, en Auvergne, dans le Jura et dans le Dauphiné, partout où habitent des populations économes, il y a des marchands brocanteurs, des femmes principalement, qui font ce curieux commerce, commerce assez fructueux pour motiver non seulement des voyages coûteux, mais aussi des séjours à Paris se prolongeant parfois pendant des semaines.

Tout ce monde-là parcourt le Carreau le jour des chineurs ; et les vieux pantalons, les vieilles robes, les vieilles chaussures, les draps, le linge de corps, voire les corsets, tout ce qui touche à la friperie en un mot, est pesé, retourné et vendu. A son prix, par exemple, cher ou bon marché, suivant l'état de l'objet.

A ce marché des chineurs, nous avons vu vendre des culottes d'enfant pour 6 sous, 7 paires de chaussettes de coton pour 8 sous, des gilets à 75 centimes, des pantalons à 1 fr. 50 c. et à 2 francs, comme aussi des pardessus à 15 et 20 francs, et des pantalons en bon état au prix d'une *palette* (pièce de 5 francs).

C'est que la friperie a, comme toutes les professions commerciales, des règles économiques qui sont la conséquence des habitudes, des goûts et des facultés d'achat de la clientèle. Or, la clientèle du Temple comprend en grande partie des hommes qui travaillent manuellement. La semaine, pour aller à l'atelier, voire le dimanche pour sortir, l'ouvrier d'industrie sortira avec un veston ou mettra un gros pardessus sur sa cote. Il n'a que faire d'une jaquette ou d'une redingote. Aussi, ces deux formes de vêtement, que seul pourrait prendre l'employé de bureau besoigneux, sont-elles rares sur le carreau du Temple. Personne n'en veut. Le veston, par contre, est admis dans la population laborieuse. Tel qui serait l'objet de risées s'il arrivait à son travail avec une redingote, même achetée au Temple, est considéré comme un « malin » s'il a pu « se renfrusquiner » avantageusement au Carreau.

Certes, à notre époque, plus qu'à toute autre peut-être, on ne saurait dire que l'habit fait le moine, et la forme du vêtement n'est pas l'apanage d'une catégorie de citoyens. L'ouvrier a tout autant de droits que n'importe qui d'acheter et de porter une redingote. Mais, en fait, il n'use de ce vêtement que dans les grandes occasions, les jours de fête. Ce n'est pas un vêtement usuel. Voilà pourquoi les chineurs, de leur côté, n'en achètent pas souvent, et, quand ils en prennent, c'est à un prix qui semble dérisoire, mais que l'on comprend par ce fait qu'ils n'en ont pas là « défaite » facile.

Ainsi, un chineur achètera une jaquette encore fraîche 4 ou 5 francs, avec le gilet s'il peut espérer en tirer le double. Il faut alors que le vêtement soit de bonne étoffe et de bonne coupe, et que le chineur pensé trouver un client qui le lui reprendra. Dans le cas contraire, une jaquette et une redingote tomberont à quelques sous.

Le veston, au contraire, est un bon article. S'il n'est pas râpé, s'il n'est pas coupé aux coudes, le chineur l'achètera 5, 6 et 7 francs pour le revendre avec 20 ou 40 sous de bénéfice. Pour peu qu'il soit à demi-usage, il n'en donnera que 3 fr. Même mauvais, un veston trouvera preneur, chez le marchand d'habits, à 10, 15 et 20 sous ; alors que le vêtement ajusté, bon seulement à « démonter », sera acheté au cours du chiffon de laine.

Puisque la redingote est, dans le monde de la friperie, dépréciée à ce point, que dira-t-on de l'habit noir ! Là, encore, des distinctions sont à faire. Si le vêtement est en bon état, il peut être pris par une de ces maisons qui ont la spécialité de louer des vêtements de soirée : l'habit se trouve alors avoir quelque valeur. Car il ne faut pas oublier que, dans ces maisons, les vêtements de location rapportent encore d'assez jolis bénéfices. Certes, le prix pour une soirée n'est pas très élevé. Mais on n'ignore pas que, en dehors du prix de la location, le loueur perçoit des amendes de 50 centimes, 1 franc ou 2 francs *par tache !*

Malheur, par contre, à l'habit noir, même de coupe élégante, qui n'a pas l'heur de pouvoir plaire au loueur. Il est exposé à tomber pour 10 sous dans le ballot du chineur, qui le rétrocède, avec quelques sous de bénéfice, à des industriels — des juifs généralement — qui en font des casquettes. Ces casquettes sont vendues 10, 15 et 20 sous dans les estaminets des boulevards extérieurs et, en dépit de leur bas prix, elles sont encore très souvent doublées d'une soie taillée dans l'étoffe d'un vieux parapluie hors d'usage.

Ces explications générales étant données, voyons maintenant à quels prix les chineurs du Carreau, ou les marchands-chineurs établis en boutique, achètent le plus souvent leur marchandise.

Vêtements d'hommes.

Pantalons. — On distingue trois genres. Le pantalon de soirée en étoffe fine qui ne vaut rien en friperie. On l'achète comme le pantalon de camelotte, pour la valeur du chiffon. Les pantalons ayant une valeur marchande sont ceux de bonne étoffe qui peuvent faire de l'usage. D'après la taille, la qualité et la conservation, on les achète de 2 à 3, 5 et 6 francs. Seraient-ils usés par le frottement des chaises, qu'ils se vendraient encore 20 et 25 sous : le rapiéceur en est quitte pour mettre un fond. Par contre, s'ils sont coupés aux genoux, ils ne sont bons que pour le chiffonnage.

Gilets. — C'est, nous disait un chineur, un vêtement « ingrat », car il doit aller à la taille. On l'achète de 5 à 10 sous. C'est par exception qu'ils peuvent aller à

1 fr. 50 c. La revendeuse trouve qu'elle a sur le gilet trop de travail pour la plus-value qu'elle en peut tirer.

Vestons. — C'est un bon vêtement de « chinage » : il constitue le fond du commerce de la friperie avec le *pardessus*. Le paletot ample non ajusté, pas trop usé, que l'on pourra reborder et redoubler aux entournures, pourra s'acheter 10, 12 et 15 francs. Défraîchi, très défraîchi, même, les manches usées, un chineur en donnera encore une « belle pièce de quarante sous ! » Les cochers de nuit, les charretiers qui ont besoin d'avoir chaud en hiver n'y regardent pas de trop près et achètent ces vieux pardessus. Mais c'est à la condition que le paletot ne soit pas d'étoffe trop claire. S'il tirait l'œil par une teinte olivâtre ou jaunâtre, il n'aurait pas grande valeur. En somme, c'est le pardessus d'hiver qui seul est recherché. Celui de demi-saison ou d'été n'est bon que pour l' « occasion » et non pour la vente au Carreau.

Chapeaux. — Le chapeau de soie qui n'a pas encore été remonté est acheté 10 sous par le chineur, qui le revend 15 sous au brocanteur-chapelier. Celui-ci le reborde, lui met une coiffe, le passe au fer et le vend 4 à 5 francs.

L'hiver, comme il y a plus de débouchés qu'en été, le brocanteur le paie un peu plus cher. Mais pour peu que, déjà, un propriétaire économe ait fait remonter son chapeau chez son chapelier, le haut-de-forme trouve preneur à peine pour 3 sous.

Beaucoup de chapeaux sont achetés par des industriels qui en retirent la « soie » et qui, l'apprêtant comme un fourreur apprête ses peaux de bête, peuvent encore en tirer les éléments de ces chapeaux de soie bon marché vendus comme neufs dans les boutiques foraines.

Les chapeaux mous, les chapeaux forme « melon », sont d'assez bonne vente quand ils sont en bon état ; mais tout cela ne constitue pas pour la friperie un élément de commerce considérable. On vendra dix vestons ou pantalons pour un chapeau.

Chaussures. — Une bonne paire de chaussures avec des semelles fortes, une empeigne non coupée, sera prise à 20 et 30 sous. Le cordonnier-revendeur donnera quelques sous de bénéfice au chineur et, rentré chez lui, il réparera ces chaussures de manière à les vendre 2 fr. 50 c., 3 et 4 francs. Depuis quelques années les progrès en fabrication mécanique de la chaussure ont permis de mettre en vente des produits bon marché qui ont restreint quelque peu les transactions sur les vieilles chaussures. Mais malgré tout c'est encore un assez grand élément de vente sur le carreau.

Linge. — Une chemise encore mettable sera vendue à une rapiœteuse de 15 à 20 sous par un chineur qui réalisera quelques sous de bénéfice. Mais il faut qu'elle ait un col, car la chemise sans faux-col n'est pas recherchée par la clientèle du Temple. Quant aux chaussettes, on en voit peu. Comme nous l'avons dit, les chineurs les vendent eux même 1 sou la paire sur le carreau du Temple : c'est dire qu'il ne les achètent pas très cher !

Vêtements de femme.

Il y a relativement peu de vêtements de femme au carreau du Temple. Et cela pour plusieurs motifs.

Les mères de famille usent en général leurs *robes* elles-mêmes. Elles commencent par les déclasser ; elles les font passer du rang de robes habillées au rang de robes de tous les jours. Puis, quand le corsage est usé, on transforme la jupe en jupon, à moins que les domestiques n'obtiennent de leurs maîtresses un nouveau déclassement qui est fait, cette fois, à leur profit.

C'est dans la haute bourgeoisie ou dans le monde où l'on s'amuse que le commerce des robes peut trouver des éléments de transactions. Mais là, c'et affaire aux marchandes à la toilette. Les chineurs et les chineuses d'origine auvergnate, limousine ou bretonne, n'ont pas accès dans les luxueuses demeures des deux faubourgs ou du quartier Marbeuf. Les femmes de chambre, ou parfois les élégantes elles-mêmes, liquident les garde-robes démodées aux boutiquières de la rue de Provence ou du quartier de la Chaussée-d'Antin.

C'est chez ces marchandes que vont les robes et les jupons de soie et de dentelles, les dessous élégants de l'aristocratie galante, de sorte que la rue Breda hérite souvent des « frusques » de la rue Marbeuf. Ce sont elles également qui vont à l'hôtel Drouot acheter les robes et les confections des ventes après décès.

La friperie ambulante dispose donc surtout des robes et des corsages de laine, achetés de 5 à 10 et 15 francs, des robes de coton à 30 sous, 40 sous, 3 francs au milieu desquelles se glissent quelques robes de soie destinées à être démontées pour faire des « fonds de jupe » à bon marché.

Les *chapeaux* et les *bottines* de femme sont de mauvaise vente. Les uns parce que leur valeur tient le plus souvent au doigté habile de la modiste ; les autres parce que la peau est généralement trop fine pour supporter un ressemelage solide.

Les *corsets* présentent les mêmes inconvénients que les gilets d'homme par ce motif qu'ils sont parfois faits sur mesure. Toutefois, quand la « baleine » est faite de fanon de baleine, les chineurs en donnent encore de 15 à 20 sous ; ce qui permet aux revendeurs du carreau de les réparer à peu de frais et de les vendre le double. Mais quand les buscs sont en bois, en jonc ou en acier, il n'y a pas preneur à plus de 10 sous, même quand l'étoffe est en bon état.

Linge de corps. — On trouve bien, en dehors des boutiques des marchandes à la toilette, soit des jupons, soit des pantalons d'occasion plus ou moins agrémentés de broderies ou de dentelles : le carreau du Temple en possède quelquefois. Mais ce qui est rare, très rare même, c'est la chemise de femme. « La Parisienne ne vend pas sa chemise », nous a déclaré en souriant un des membres du Syndicat des brocanteurs-chineurs. Par là, il entendait, sans doute, la simple chemise de toile, en coton ou en fil, et non évidemment la chemise de dentelle ou de soie que les professionnelles « lavent » chez une madame Charles quelconque, aux jours de misère.

Objets divers.

Le *linge de maison* se rencontre également assez rarement. Celui qui se vend au Carreau provient le plus souvent de ventes après décès. Une paire de draps encore bonne se vend 4, 5 et 6 francs, et, si le milieu est éclairci par l'usure, on la retourne en mettant les bords au milieu. Avec les draps usés on fait des langes pour les enfants.

On vend beaucoup au Temple de couvertures de laine et de coton que les chineurs achètent de 2 à 5 francs quand elles sont belles. Les couvertures usées sont coupées et avec les morceaux on fait des coupons pour les blanchisseuses, qui s'en servent pour repasser le linge.

Quant aux matelas, il n'en vient pas au Temple une douzaine par an. Ce n'est pas d'ailleurs, on l'avouera, un objet bien commode à transporter.

Enfin, signalons les parapluies, que les revendeuses raccommodent en faisant disparaître les coupures de la soie par une couture en surjet.

Telles sont les marchandises que les chineurs achètent en parcourant Paris, criant non plus *la chape et la cote !* ou *la cote et la surcote !* comme les fripiers ambulants du Moyen-âge, non plus encore le *haut à bas !* des brocanteurs du XVIIe siècle, ni même le *vieux habits ! vieux galons !* du siècle dernier ou du commencement du siècle, mais bien la formule *vieux habits ! habits à vendre !* à laquelle ils substituent le plus souvent le cri modernisé de *c'hand d'habits !*

Tous les chineurs ne viennent pas apporter directement au carreau du Temple les marchandises achetées dans la rue.

Il y en a qui sont établis en boutique et qui n'apportent au Carreau que des vêtements raccommodés.

Il en est d'autres qui se débarrassent de tout ou partie de leurs marchandises chez quelques marchands de vin établis autour du Temple et où se trouvent organisés des sortes de carreaux clandestins. Là s'effectue un premier classement de la marchandise. Cela semble singulier, mais au fond la chose est très compréhensible. Le Carreau officiel n'ouvre qu'à neuf heures moins le quart. C'est tôt pour les revendeurs, mais c'est tard pour les chineurs qui ne quittent pas le Carreau avant 11 heures ou 11 heures et demie du matin. Pour ne pas perdre de temps, il en est qui, en dépit de l'ordonnance du 29 mars 1887, préfèrent perdre quelques sous en vendant leur stock par avance, de manière à pouvoir regagner plus tôt le théâtre de leurs opérations.

Ce sont ces chineurs-là qui fournissent la matière première aux revendeurs qui portent au Temple les vêtements une fois qu'ils ont été réparés. Aux pantalons, on remet des fonds ; aux vestons, on remet des doublures de manches. Très souvent on les reborde par l'application d'un galon de laine ou de laine et soie. Mêmes réparations sont faites aux pardessus. Dans certains cas, un simple dégraissage de 50 centimes suffit pour rapproprier le vêtement.

C'est la chaussure qui donne lieu au plus grand travail. Les truqueurs — n'y en a-t-il pas partout — font comme leurs prédécesseurs d'il y a cinquante ans et « mastiquent » leurs chaussures avec un peu de poix. Cela tient un jour ou deux, puis après une forte averse tout s'en va. Mais, comme la matière première n'est pas trop chère, ces faits sont heureusement assez rares. Les vieilles chaussures inutilisables sont démontées. Avec les semelles, on fait des talons, et, si l'empeigne seule est à réparer, à défaut de cuir de vache ou de bœuf, on prend le cuir de cheval qui constitue les basanes des pantalons de nos cavaliers !

LES REVENDEURS DU CARREAU.

A côté des chineurs et des marchands-brocanteurs, se trouvent ainsi les revendeurs.

Cette catégorie de marchands n'existait pas à l'ancien Carreau de la Rotonde. Elle ne pouvait y être pour ce motif que ce Carreau se tenait dans la rue, les chineurs ayant leur marchandise sous le bras puisque les règlements de police interdisent absolument l'étalage sur la voie publique.

Dans le Carreau actuel, au contraire, les brocanteurs-revendeurs sont presque en majorité. Même les lundis, mercredis et vendredis, c'est-à-dire les jours de « Grand carreau » pour les chineurs, on peut constater que les revendeurs occupent plus de la moitié du marché. Leurs étalages ne sont plus aussi confortables qu'avant le vote du règlement de 1887. Mais, cela n'empêche pas que l'on voit, à côté de la friperie proprement dite, s'étaler des bibelots de tous genres, lorgnettes de théâtre, dessus de cheminées, boîtes de couteaux, cuillers, fourchettes. On trouve des bandages herniaires non loin d'une reproduction de la Vénus de Milo ; et à côté de piles de couvertures, de tapis, de rideaux, s'étalent des robes et des confections de laine où, malgré le règlement de police, se glissent, plus qu'il ne conviendrait, des marchandises neuves.

Le Carreau des mardis, jeudis, samedis, et surtout du dimanche, est, à l'heure actuelle, le véritable marché du Temple. Pendant que le marché du bas périclite, celui du haut conserve une activité commerciale réellement surprenante. Et si l'acheteur y trouve des pantalons à 3 francs, l'acheteuse peut y rencontrer, à très bon compte, des robes de soie qui portent la marque de Worth ou de Raudnitz ! La marchande qui tient ces articles, dont je ne peux que signaler la bonne grâce, m'a offert pour trois ou quatre louis une robe, en très bon état, qui avait peut-être coûté dix fois plus.

C'est cette variété, comme le bon marché de toutes ces marchandises, qui ont permis à la clientèle de l'ancien marché, de continuer à profiter des occasions que donne la friperie.

Le dimanche la foule est énorme. Ici c'est une ménagère qui vient habiller « son homme » pour une dizaine de francs : pantalon de 3 fr. 50 c., gilet de 1 fr. 50 c., veston de 5 à 6 francs. Là c'est une beauté de barrière qui offre à son « petit homme » un bon et chaud pardessus d'une vingtaine de francs. Plus loin, une « araignée » retourne une douillette en peluche de coton de couleur tapageuse, une véritable enseigne parlante. N'a-t-on pas tout au Carreau, même une chemise empesée pour 1 franc ou 1 fr. 25 ? un parapluie réparé pour 3 ou 4 francs ?

Une Bernerette fin de siècle, économe et sage, fera, avec son Frédéric, un tour de Carreau afin de trouver une robe qui n'obère pas trop le budget du… ménage.

— *La revendeuse* : Voyez donc ce corsage, madame, c'est la dernière mode !

— …

— *A haute voix* : Essayez toujours, ça n'engage à rien. Tenez, c'est bien votre taille. Il vous va tout à fait. Il prend bien des épaules. Tournez-vous, Oui… le devant est un peu large. Bah ! vous déplacerez les boutons. C'est une occasion. Il est presque neuf. Laissez-vous faire. Il vaut 10 francs. Prenez-le pour 6…, pour 5. Non ? — *(A mi-voix.)* En voulez-vous un neuf ? Pas cher ! On vous le fera sur mesure, venez que je vous dise *(se penchant et à voix basse)*, là, à côté, rue de Picardie, j'y suis toute la journée. »

Et, si Frédéric y consent, à défaut de ce corsage, Bernerette pourra se faire réajuster, dans de bonnes conditions, une robe d'occasion que la marchande tient en réserve dans son magasin.

C'est que certaines revendeuses ont magasin au dehors, voire même boutique dans le marché du rez-de-chaussée. C'est qu'en dépit des règlements de police ces marchandes se maintiennent quand même sur le carreau. Si elles n'exercent pas elles-mêmes, elles ont des employées qui représentent leurs intérêts. Au prix où y sont les places, n'y ont-elles pas tout avantage?

D'ailleurs, il faut bien le dire, le règlement de 1887 sur lequel, pour notre part, nous trouvons beaucoup à redire, a interdit aux brocanteurs-revendeurs en boutique de s'installer au carreau du Temple. Mais, comme il ne parle que des revendeurs *en boutique*, n'accorde-t-on pas l'accès de ce même Carreau à des revendeurs ayant dans le quartier du Temple des magasins importants! Ces magasins sont en *appartement*, et le règlement ne leur est pas applicable, paraît-il! De telle sorte que l'on évincera après procès-verbal et contravention un malheureux ferrailleur de la rue de Lappe, dont la boutique est d'un infime loyer, qui sera venu écouler au Carreau un pardessus d'occasion qu'il aura trouvé à acheter par hasard, et l'on tolérera la présence sur le Carreau des employées parfaitement connues pour être au service de marchandes installées au Temple ou dans les maisons voisines!

Si c'est là ce qu'on appelle de l'équité, on avouera qu'elle est de singulière nature. Et nous comprenons fort bien que l'*Union syndicale des marchands-brocanteurs* réclame la révision d'un règlement aussi bizarre.

LA QUESTION DE LA « RÉVISION ».

Il ne s'agit pas de la révision des règlements du Temple : nous voulons parler maintenant de cette « révision » entre brocanteurs que proscrivaient les ordonnances de police de l'ancien régime et qui a motivé le jugement correctionnel de 1852.

En dépit de toutes les mesures prises, ce système existe toujours et il fonctionne normalement dans toutes les ventes publiques, à l'hôtel Drouot, au Mont-de-piété, partout enfin où les brocanteurs ont intérêt à modifier le cours des enchères pour acheter au meilleur marché les objets mis en vente.

Voici sur le fonctionnement des syndicats de révision quelques renseignements que nous avons pu recueillir.

Le syndicat se constitue sur place entre les brocanteurs qui assistent à une vente. Quelquefois il y a lutte entre deux groupes de brocanteurs qui sont en rivalité, souvent à la suite d'affaires litigieuses. Mais le plus souvent les brocanteurs ne forment qu'une seule « réunion » qui, par son importance, est à peu près sûre d'écraser toutes les concurrences.

Ces « réunions » ont divers systèmes d'éliminer les brocanteurs qui pourraient les gêner par leurs surenchères : ce sont l'intimidation ou la corruption. On évince les rivaux en leur accordant une gratification et l'on cite une vieille brocanteuse qui fréquente les ventes publiques du Mont-de-piété, à qui les réunions de brocanteurs allouent chaque fois les quelques sous qui lui permettent de ne pas mourir de faim. Ce n'est pas par simple philanthropie, c'est la tradition d'une mesure qui, autrefois, avait été prise souvent pour l'éviction systématique de la vieille brocanteuse !

Quand l'adjudication a été terminée, la « réunion » se rend chez un marchand de vin du voisinage et on procède alors à la révision de la vente publique, révision qui peut être fructueuse si, au moment des enchères, il ne s'est pas trouvé un sarrazin ou un bourgeois qui ait surélevé le prix de l'objet.

Il y a deux espèces de révision : la révision à gain et la révision à perte. Toutes deux s'effectuent de la même manière, sauf que dans un cas on pousse les enchères en forçant sur le prix d'achat, tandis que, dans le cas de révision à perte, on diminue sur le prix d'acquisition.

Prenons d'abord un exemple de révision à gain :

8 brocanteurs se sont réunis pour acheter un objet quelconque, lot de robes, rideaux, meubles, etc. L'objet a été payé 100 francs par l'un d'eux.

Quand s'effectue la révision, les brocanteurs, assis autour d'une table, se divisent en deux groupes égaux ; celui de droite et celui de gauche. Cela fait, les enchères commencent.

— 110, s'écrie le chef du groupe de gauche, après avoir consulté ses collègues.

— 120, répond le crieur de droite, après une consultation identique.

Avant que le crieur de gauche ait dit 130 francs, deux des brocanteurs de gauche déclarent-ils qu'ils ne continuent pas ? On les met à part et les deux autres continuent à réviser.

— 140, réplique tout le groupe de droite.

A ce moment, un des deux brocanteurs de gauche se retire. Celui qui est seul pousse à 150.

Hésitation à droite, 3 abandonnent : — 160, dit le dernier.

— 170, répond-on à gauche.

— 180...

— 190...

— Je passe, dit alors le dernier brocanteur de droite.

C'est donc le brocanteur de gauche qui est déclaré adjudicataire en payant 90 francs à la réunion.

Comment vont maintenant se partager les 90 francs ?

De la manière suivante :

Les bénéfices se répartissent d'abord par enchères, comme suit :

	Bénéfice.	Gauche.	Droite.	TOTAUX.		fr. c.
1re enchère....	110 »	10 »	4	4	8	Part de chacun. 1 25
2e —	120 »	10 »	4	4	8	— . 1 25
3e —	130 »	10 »	2	4	6	— . 1 66
4e —	140 »	10 »	2	4	6	— . 1 66
5e —	150 »	10 »	1	4	5	— . 2 »
6e —	160 »	10 »	1	1	2	— . 5 »
7e —	170 »	10 »	1	1	2	— . 5 »
8e —	180 »	10 »	1	1	2	— . 5 »
9e —	190 »	10 »	1	»	1	— . 10 »

L'adjudicataire participe, comme les autres, au partage des bénéfices, et, finalement, les 90 francs sont ainsi distribués :

	Par tête.	Total.
2 réviseurs partis avant la 3e enchère : 2 parts de 1 25 + 1 25	2 50	5 »
1 réviseur parti avant la 5e enchère, 1 part à 1 25 + 1 25 + 1 66 + 1 66...	5 82	5 82
3 réviseurs partis avant la 6e enchère, 3 parts à 1 25 + 1 25 + 1 66 + 1 66 + 2...............................	7 82	23 46
1 réviseur parti avant la 9e enchère...................	22 32	22 32
L'adjudicataire..		33 42
Total égal............		90 02

C'est évidemment un calcul très compliqué, mais que les comptables des réviseurs arrivent à faire très exactement et très vite. La révision constitue un fait dolosif parce qu'elle porte un très grave préjudice aux bénéficiaires des ventes, et on a raison de la rendre passible de peines correctionnelles. Mais l'organisation en elle-même est fort curieuse, car c'est un système ingénieux de participation aux bénéfices.

L'adjudicataire paie finalement, et à sa vraie valeur marchande, l'objet révisé ; mais il a, lui aussi, sa part dans les bénéfices, pendant que chacun de ses camarades emporte sa part dans le profit général.

La révision à perte s'effectue, d'une manière générale, comme la révision à gain. Elle est motivée par ce fait que le brocanteur, qui a suivi les enchères, a poussé trop haut, soit par suite d'une erreur d'appréciation, soit par entraînement dans la lutte contre un rival ou un bourgeois.

On révise alors en baissant les enchères, et la perte se divise entre les participants.

Ainsi, que l'on suppose, dans une vente de l'administration des Domaines, deux gros marchands de la brocante associés pour une adjudication de centaines de milliers de kilogrammes de fonte. Ils ont eu l'affaire à 105,000 francs. Or, en réalité, le lot ne vaut que 100,000 francs. Les deux brocanteurs révisent à perte. Celui qui est adjudicataire à 100,000 francs garde le lot et reçoit en outre 2,500 francs de son associé.

Cette révision à perte se fait souvent après une révision à gain. La première a eu pour effet d'écarter de l'opération quelques gêneurs qui s'en vont avec quelques francs de bénéfice. Les Gaspards de la brocante, après leur avoir « tiré la ficelle », révisent alors définitivement l'affaire.

Tous ces faits sont connus non seulement des initiés, mais des huissiers-priseurs et des commissaires-priseurs. Mais, avant qu'on y mette un terme, le Carreau du Temple sera peut-être vide de brocanteurs.

XI

Quelles solutions comporte la question du Temple?

LA RÉDUCTION DU PRIX DES PLACES.

La réponse aux pétitions du Syndicat des marchands du Temple comportait trois solutions :

Le statu quo;

La réduction du prix des places par suite du rachat;

La réduction du prix des places après entente avec la Compagnie.

Le statu quo. — Cette solution a été préconisée autrefois par l'Administration, tant en 1872 qu'en 1881. La première fois, parce que la situation financière de la Ville ne permettait pas de porter atteinte aux ressources du budget municipal. La seconde fois, parce que le marché du Temple était, suivant les idées ayant cours à l'Hôtel de Ville, voué à une mort certaine et qu'il fallait se borner, en conséquence, à laisser les choses en l'état.

Votre 2ᵉ Commission, Messieurs, n'a pas accepté cette manière de voir.

Certes, la ville de Paris pourrait, à la rigueur, se désintéresser du marché du Temple, et se contenter d'encaisser chaque année la redevance qui lui est due. En agissant ainsi, elle se conformerait aux usages des propriétaires qui ne voient dans leurs locataires que de simples débiteurs. Le jour où la redevance cesserait (1) d'être payée, la ville de Paris entrerait en possession de l'immeuble, tout comme un propriétaire qui a évincé un locataire insolvable.

Mais la ville de Paris peut-elle agir ainsi? Doit-elle ne pas tenir compte de la situation des marchands du Temple qui étaient ses locataires hier et qui peuvent l'être encore demain? Son propre intérêt est-il d'entrer, en fin d'expiration du traité, en possession d'un établissement où il n'y aurait tout juste que les quatre murs?

---

(1) Art. 18 du Traité de 1863, Voir *Annexes*, III, n° 1.

Ces considérations de convenances sociales et d'intérêt pour la Ville ont donc conduit la Commission à écarter *a priori* la solution du statu quo.

Le rachat du marché. — Cette solution, proposée, à deux reprises, par le Syndicat des marchands du Temple et renouvelée dans la lettre du 22 juillet 1890 (1), n'a pas été acceptée par votre Commission.

On comprend aisément cette décision motivée par la décadence progressive du marché.

Les recettes ont baissé de 50 °/₀ en 25 ans. Elles diminueraient encore le jour où la Ville aurait racheté le marché, puisque ce rachat aurait pour effet de favoriser la réduction du prix des places. On parle bien d'une reprise du marché qui serait la conséquence de la diminution des loyers. Nous admettons très bien le principe de cette reprise ; mais, dans les premières années surtout, l'augmentation du nombre des marchands compenserait-elle la perte que la Ville subirait par suite de la modification des tarifs de location? Nous ne le pensons pas.

Dans ces conditions, la Ville serait exposée, avec le rachat du marché, à supporter tous les aléas financiers de l'opération. Et que ferait alors la Compagnie? Elle encaisserait chaque année jusqu'à la fin de sa concession, c'est-à-dire jusqu'en 1915, — pendant 22 ans encore, — une somme de 185,000 fr. environ, qui représente — comme le veut l'art. 23 du traité — la moyenne des bénéfices nets réalisés pendant les trois dernières années, 1889, 1890 et 1891.

Dans ces conditions, la Compagnie serait assurée de recevoir une somme qui lui permettrait non seulement de terminer le remboursement à ses actionnaires du capital engagé, mais en outre de distribuer aux actions un revenu annuel d'environ 2 °/₀.

Une combinaison de cette nature, ayant pour effet de laisser toutes les charges à la Ville et tous les avantages à une Compagnie dont la situation est de moins en moins bonne, ne pouvait être acceptée par ceux qui ont souci des intérêts financiers de la ville de Paris, c'est-à-dire par le Conseil municipal et par l'Administration préfectorale.

La question du rachat s'est donc trouvée repoussée.

L'entente avec la Compagnie. — Reste la troisième solution : l'entente avec la Compagnie concessionnaire.

La correspondance que l'Administration a engagée avec la Compagnie et que

---

(1) Voir *Annexe* I, n° .

nous publions en annexes (1) montre que, dès les premiers pourparlers qui remontent à la fin de l'année 1890, le directeur de la Compagnie n'a pas montré un grand désir d'arriver à un accord.

Cette disposition d'esprit était regrettable, car sans une entente rien de sérieux ne pouvait être tenté.

En effet, votre 2ᵉ Commission a estimé, après une enquête approfondie, que la cause principale de la décadence du marché du Temple était la cherté des loyers. Une diminution des tarifs lui semblait indispensable, et cette diminution devait être importante si on voulait qu'elle fût profitable.

Un dégrèvement de 5, 10 ou 15 °/₀ aurait été de nul effet. Ce qu'il fallait, c'était une réduction d'au moins 25 °/₀. Les recettes du marché étant d'environ 400,000 fr. on voit qu'il fallait tabler sur une perte de 100,000 francs environ.

Sur ces indications, le directeur des Affaires municipales écrivit le 16 octobre 1891 (2) au directeur, M. Raballet, pour lui demander dans quelles proportions la Compagnie consentirait à participer à ce dégrèvement. Il lui disait notamment :

La ville de Paris pourrait ne pas être éloignée d'accepter une redevance moindre de la part de la société du marché du Temple si celle-ci, de son côté, consentait à restreindre le taux des places dans une proportion assez forte. De toutes façons, les concessions de la Ville seraient en rapport avec celles de la Compagnie.

Cette combinaison est directement avantageuse à votre société ; en effet, si on reste dans le statu quo, il est à craindre que le marché ne périclite de plus en plus ; les recettes baisseraient rapidement et n'atteindraient même plus celles que l'on peut encore espérer si l'on fait dès maintenant les dégrèvements nécessaires.

Si au contraire on se résout en temps utile aux concessions indispensables, le marché continuerait d'exister, les recettes ne baisseraient plus ; elles auraient même peut-être la chance de remonter ; on voit aussitôt apparaître pour la Compagnie la compensation du sacrifice accepté par elle ou tout au moins un arrêt dans la décroissance continue de ses ressources.

Étant donné la situation, la Compagnie aurait donc, d'ores et déjà, intérêt à faire elle-même et elle seule des sacrifices qui pourraient lui être fructueux ; elle y a double avantage du moment où la Commission du Conseil municipal semble disposée à la seconder dans cette voie, et lui offrir une occasion dont elle devrait profiter avec empressement.

La lettre était persuasive, on en conviendra.

La Compagnie répondit, le 7 novembre (3), en offrant de faire profiter les marchands du Temple de la totalité du dégrèvement consenti par la ville de Paris.

---

(1) Voir *Annexes IV*.

(2) Voir *Annexes IV* n° 3.

(3) Voir *Annexes IV*, n° 4.

Si la Ville consent à une réduction de 100,000 francs sur la redevance, dit au fond la Compagnie, nous réduirons les loyers d'une somme égale, ce qui correspondrait à une diminution de 27 %. Si la Ville fait une réduction de 175,000 francs, les loyers seraient diminués de 33 %. Dans ces deux cas, la Ville et la Compagnie s'associeraient pour le partage des bénéfices, après prélèvement d'une somme de 105,000 francs affectée aux dépenses d'exploitation, l'amortissement du capital compris. , . . .

L'Administration et votre 2ᵉ Commission furent d'accord pour repousser ces combinaisons qui, on le voit, feraient toujours retomber sur la Ville seule les aléas de l'opération. Effectivement, dans le cas où le marché aurait été complètement loué sur le taux du tarif réduit de 33 %, la Ville n'aurait touché, d'après les comptes mêmes de la Compagnie, qu'une somme de 176,000 francs. Mais il faut tenir compte des non-valeurs. Ce n'est pas une question à négliger dans une affaire comme celle-là. Avec 25 % de non-valeurs seulement, comme l'indique la lettre du directeur de la Compagnie, M. Raballet, sa part de bénéfices n'aurait déjà plus été que de 124,000 francs. Or comme, malgré la reprise partielle du marché, il faut compter au bas mot 40 % de non-valeurs (actuellement, il y en a plus de 50 %), on voit que la Ville n'aurait pas perçu plus de 100,000 francs, alors que sa redevance actuelle se chiffre par 175,000 francs.

Personne ne pouvait accepter de traiter sur ces bases.

Au surplus, au sein même de la Commission, des objections étaient faites au sujet d'une entente basée sur un sacrifice financier de la ville de Paris.

LE MARCHÉ DU TEMPLE PEUT-IL SE RELEVER ?

— Pourquoi essayer de revivifier cet organisme inanimé ? disait-on. Le Temple est mort et bien mort. La confection a tué la friperie. On veut du neuf et non du vieux. Les idées égalitaires poussent les gens de condition modeste à paraître aussi correctement mis que les fortunés, etc. Laissez péricliter le marché et, quand la Compagnie sera en faillite, vous ferez de l'immeuble ce que vous voudrez.

On voit que c'est toujours la thèse soutenue par l'Administration depuis 25 ans.

Or, ce que nous avons dit de l'activité du Carreau montre déjà que, dans la population parisienne, il y a toute une catégorie de personnes qui viennent au Temple acheter des vêtements d'occasion. Ce ne sont pas seulement, on l'a vu, des fripiers de province ou des revendeurs de marchés parisiens. Ce sont également des ouvriers, des petits employés, des ménagères économes qui cherchent à se procurer à bon compte des vêtements qui leur feront plus d'usage peut-être que les confections vendues au rabais dans certains magasins de nouveautés.

Ce qui prouve que le commerce du vieux conserve une clientèle importante malgré la concurrence des produits bon marché de l'industrie moderne, c'est que le nombre des brocanteurs ne varie pas, comme l'indiquent les statistiques de la préfecture de Police. Si le marché du Temple périclite, par contre le Carreau reste le centre principal du commerce de la friperie, et, de plus, on constate dans de nombreux marchés de quartier que les marchands-brocanteurs-revendeurs de vieux habits développent, plutôt qu'ils ne restreignent, leurs opérations.

Que l'on ouvre les statistiques du bureau de l'Approvisionnement, à la direction des Affaires municipales, et l'on verra que notre affirmation repose sur des preuves indiscutables.

Indépendamment du marché du Temple, il y a dans Paris trois marchés où s'exerce le commerce de la friperie.

Ce sont, comme ordre de création, le marché au vieux linge des Carmes, le marché de Joinville et le marché Beauvau-Saint-Antoine.

Le marché au vieux linge des Carmes.

Le premier est situé boulevard Saint-Germain, au bas de la rue Monge et adossé au marché alimentaire de quartier construit en 1819.

En voici les origines :

On se souvient que les marchands de vieilles hardes, de vieux linge et de chiffons installés dans le marché des Innocents et à la place aux Veaux avaient été déplacés, en 1811, et avaient été installés dans le nouveau marché du Temple.

Mais on ne triomphe pas facilement des habitudes prises : aussi un certain nombre de marchands revinrent aux alentours des Halles.

On les toléra pendant une vingtaine d'années, puis, en 1834, l'Administration les relégua dans un terrain situé près de l'Archevêché.

Leur présence en cet endroit ayant soulevé des réclamations, ils furent transférés dès l'année suivante à la Halle aux veaux, et, lors de la suppression de cette halle, ils furent installés sur un terrain situé entre la rue Monge et la rue de la Clef. Déplacés de nouveau, ils se tiennent, depuis le 2 avril 1877, dans le marché aux comestibles des Carmes.

Le marché actuel (1) est quotidien et se compose de 57 places de 3 mètres superficiels louées à raison de 0 fr. 10 c. par place et par jour. Les détaillants sont abrités par des tentes placées par un industriel autorisé par l'Administration.

La vente a lieu de 7 heures du matin à 7 heures du soir du 1er avril au 30 septembre, et de 8 heures du matin à 4 heures du soir du 1er octobre au 31 mars.

Ce marché est resté assez prospère tant qu'il s'est tenu dans la Halle aux veaux (quai de la Tournelle, entre les rues de Poissy et de Pontoise). Ses recettes se sont maintenues au-dessus de 4,000 francs pendant la période 1835-1847 ; elles ont oscillé entre 3,100 francs et 3,900 francs dans la période 1848-1865, pour remonter à 4,700 francs en 1866, après l'ouverture du nouveau marché du Temple.

Mais, autant il est facile de créer des centres d'activité économique, autant

---

(1) Voici la liste des actes administratifs intéressant ce marché :

23 août 1834. — Ordonnance de police transférant les marchands de vieilles hardes, indûment établis sur le marché des Innocents, sur un terrain situé près de l'Archevêché.

16 janvier 1835. — Délibération du Conseil municipal concernant le transfert du marché à la Halle aux veaux et la fixation du prix de location des places.

20 mars 1835. — Décision du ministre de l'Intérieur approuvant le tarif.

1er octobre 1835. — Ordonnance de police relative à l'ouverture et à la police du marché.

3 octobre 1835. — Décision du préfet de la Seine portant que la perception des droits de place sera faite par l'administration des Hospices.

31 décembre 1835. — Délibération du Conseil municipal fixant le prix des places dans la cour intérieure de la Halle aux veaux.

28 mars 1836. — Approbation de ce tarif par le ministre de l'Intérieur.

20 décembre 1843. — Arrêté préfectoral prescrivant la perception par les agents de la préfecture de la Seine, à partir du 1er janvier 1844, des droits de location dans les marchés remis aux Hospices.

30 avril 1868. — Avis administratif. — La Halle aux veaux ayant été fermée par suite de l'ouverture du marché aux bestiaux de La Villette, le marché aux vieux linges est transféré, à partir du 4 mai suivant, sur un terrain situé entre la rue Monge et la rue de la Clef.

6 mars 1877. — Arrêté du préfet de la Seine transférant, à dater du 2 avril 1877, le marché de la rue Monge dans la rue Basse-de-la-Montagne-Sainte-Geneviève autour du marché des Carmes. — Règlement.

14 avril 1877. — Arrêté préfectoral autorisant la tenue du marché le dimanche.

19 mai 1877. — Décision de M. le directeur de l'Administration générale autorisant les marchands à laisser séjourner leurs marchandises à leurs places, à leurs risques et périls, sous la surveillance d'un gardien payé par eux.

28 août 1877. — Arrêté préfectoral rendant le marché quotidien.

24 août 1889. — Arrêté préfectoral mettant le marché aux vieux linges au centre du marché des Carmes.

MARCHÉ DU TEMPLE

AU 1er DÉCEMBRE 1892

PLAN DES BOUTIQUES

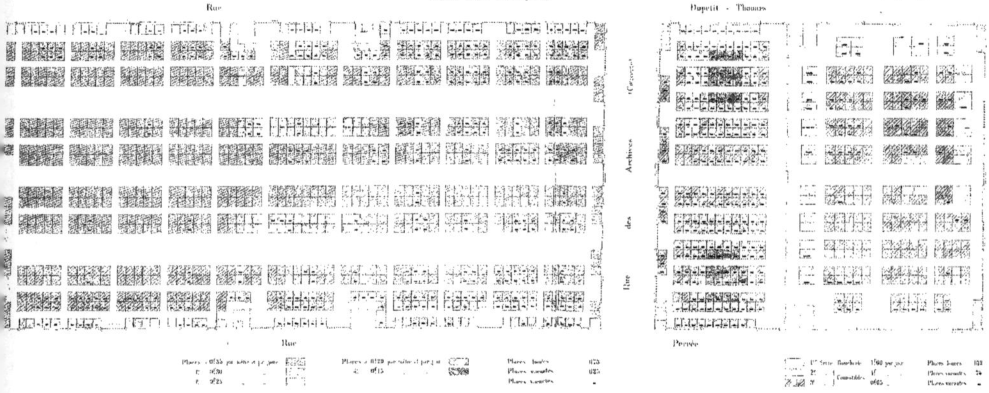
Marché Alimentaire
Rue
Dupetit - Thouars
Rue des Archives
Rue de Picardie
Rue
Perrée
Places vacantes
Comestibles

il est facile de leur porter atteinte quand on modifie leurs conditions d'existence.

Le marché de la Halle aux veaux fut déplacé en 1868 et transféré à la place Monge, au point culminant de la rue Monge. Aussi, en 1869, les recettes, qui avaient été de 4,300 francs en 1867, tombèrent immédiatement à 1,570 francs. La recette se maintint aux environs de 1,400 francs dans la période 1870-76.

Le 2 avril 1877, le marché fut ramené au bas de la rue Monge, dans le pourtour du marché des Carmes. L'ancienne clientèle revint en partie, et voici quelles furent les recettes réalisées dans le nouvel emplacement :

Années.	Recettes.	Années.	Recettes.
1877	1.499 »	1883	1.946 30
1878	1.562 90	1884	1.911 90
1879	1.769 10	1885	1.949 20
1880	1.621 60	1886	1.872 60
1881	1.788 40	1887	1.612 50
1882	1.811 »	1888	1.496 10

Mais la tenue de ce marché de vieux effets et de ferraille ne convenait peut-être pas aux voisins. Le 24 août 1889, le préfet de la Seine prenait un arrêté déplaçant les marchands et les installant dans la cour centrale du marché alimentaire des Carmes.

Le public, n'ayant plus ses habitudes, déserte maintenant le marché. Voici les recettes des quatre dernières années :

1889	1.251 70	1891	918 80
(Déplacement du 24 août)			
1890	939 30	1892	881 80
		(Jusqu'au 1er décembre)	

C'est la décadence qui mène droit à la ruine : on ne touche pas impunément aux habitudes des populations.

Marché aux vieux linges de la Villette dit de Joinville.

Le même phénomène s'est produit pour le marché aux vieux linges de la Villette.

Ce marché fut créé au mois de septembre 1830 au moment de l'organisation dans la rue d'Allemagne d'un marché de comestibles. La clientèle de ce marché alimentaire était susceptible d'acheter des objets de friperie, aussi des brocanteurs-revendeurs vinrent-ils s'installer tout à côté, sur la place de l'Ourcq et aux abords de la rotonde de La Villette.

On les laissa à cet endroit jusqu'en 1863, époque où ils furent transférés sur un terrain communal situé rue d'Allemagne, n° 83, près du marché aux comestibles.

Lorsque ce marché alimentaire fut supprimé, en 1868, le marché aux vieux linges fut maintenu, mais les produits diminuèrent progressivement en raison du déplacement de la clientèle du marché alimentaire, si bien que, le 3 mars 1885, on décida de réunir le marché aux vieux linges au marché aux comestibles dit de Joinville (1), qui se tient dans cette rue près du bassin de La Villette.

Aujourd'hui, en raison de ses déplacements successifs, ce marché a complètement perdu de son importance.

Malgré la modicité du tarif (10 centimes par mètre et par jour) et bien qu'il ne se tînt que trois jours par semaine, il a produit de 10 à 16,000 francs dans la période 1860-1867. Quand le marché alimentaire de la rue d'Allemagne fut déplacé, le marché aux vieux linges déclina rapidement. De 6,798 francs, somme encore perçue en 1869, la recette tomba peu à peu jusqu'à 825 francs, chiffre de perception de 1884.

---

(1) A l'origine on percevait sur les détaillants un droit de place de 25 centimes par mètre et par semaine. A l'annexion de 1860, on leur appliqua le tarif fixé à 10 centimes par mètre et par jour d'occupation par la décision ministérielle du 14 avril 1840 pour le marché aux comestibles de La Villette.

Ce marché contenait 100 places de 4 mètres carrés et tenait les mardi, vendredi et dimanche.

Voici maintenant le texte des actes administratifs relatif à ce marché :

14 avril 1840. — Décision ministérielle. Fixation des tarifs.

1er janvier 1860. — La ville de Paris prend possession des marchés établis sur les territoires des communes annexées.

12 août 1863. — Arrêté du préfet de la Seine transférant le marché à compter du 1er septembre suivant sur le terrain déterminé par le Conseil municipal.

7 décembre 1869. — Décision de M. le directeur de l'Administration générale autorisant la tenue du marché le jour de Noël et le jour de l'An.

8 décembre 1884. — Délibération du Conseil municipal décidant la réunion de ce marché à celui de Joinville.

Sa translation auprès du marché alimentaire de Joinville, en 1885, fit remonter ses recettes à plus de 2,000 francs. Mais la concurrence des marchés dits du dimanche, aux barrières, ne lui a pas permis de reprendre son ancienne activité. Voici les recettes des sept dernières années :

1886.......	1.934 40	1890........	1.872 »
1887.......	2.371 20	1891........	1.435 20
1888.......	2.308 80	1892........	1.320 80
			(11 mois)
1889.......	2.184 »		

Le marché de friperie Beauveau-Saint-Antoine.

On pourrait conclure de ces deux exemples à la décadence irrésistible du commerce de la friperie, si ce qui se passe au marché Beauveau-Saint-Antoine ne venait corroborer le mouvement commercial du Carreau du Temple et des marchés volants de quartier.

Ce marché est situé dans le 12ᵉ arrondissement, entre les rues Cotte et d'Aligre, en face de l'hôpital Trousseau. Il comprend un marché de comestibles de 194 places et un carreau découvert sur lequel les maraîchers viennent, le matin, comme sur le carreau des Halles, vendre des légumes.

L'après-midi, il se tient sur ce carreau un marché aux vieux linges dont la prospérité est indéniable.

Sur 194 places existant dans ce marché couvert et affectées à la friperie, 177 étaient occupées au 31 décembre 1891, ce qui ne fait ressortir qu'à 17 le chiffre de vacances qui s'élevait à 22 à la fin de l'année 1890.

Voici les variations survenues depuis 1881 dans ce marché de friperie tant au point de vue du nombre des places qu'au point de vue des genres de commerce exercés.

DÉSIGNATION	1881	1882	1883	1884	1885	1886	1887	1888	1889	1890	1891
Ustensiles de ménage	11	11	11	12	9	12	7	5	6	4	6
Objets de toilette	»	»	8	8	8	10	»	»	»	»	»
Chaussures et cuirs	36	36	30	27	27	30	29	23	23	23	23
Modes et bonnets montés	10	10	»	2	2	»	»	»	»	»	»
Friperie	18	18	9	11	14	9	73	71	75	78	80
Ferraille et outils	4	4	3	3	3	2	1	1	»	»	»
Morceaux de drap	9	9	8	9	12	9	4	6	10	12	12
Lingerie et literie	13	13	12	14	19	18	2	»	»	4	»
Chapellerie et parapluies	1	1	1	»	1	»	»	»	»	»	»
Passementeries et tapis	1	1	2	2	1	2	2	»	2	»	»
Chiffons	7	7	6	15	21	14	37	35	30	42	39

Ces chiffres, que nous avons extraits des *Statistiques annuelles* publiées par la direction des Affaires municipales (bureau de l'Approvisionnement), sont assez suggestifs par eux-mêmes pour qu'il soit besoin d'insister beaucoup sur le fait qu'ils révèlent.

Les fripiers du marché Beauveau-Saint-Antoine sont des revendeurs qui achètent leur marchandise aux chineurs du Carreau du Temple. Un grand nombre d'entre eux étaient installés autrefois au marché du Temple et ils ont été attirés dans le faubourg Saint-Antoine autant par la clientèle, au-devant de laquelle ils allaient, que par le bon marché des places. Le tarif est, en effet, de 20 centimes pour 4 mètres superficiels, prix qui est même inférieur à celui du vieux marché du Temple où l'on payait 30 centimes pour 2 m. 62! Ensuite la tenue du marché, tous les jours, est de nature à faciliter la vente.

Les marchés volants.

Les marchés volants, qui rencontrent tant de succès auprès des ménagères parisiennes, sont, dans certains quartiers, utilisés par les fripiers-revendeurs qui trouvent à écouler leurs vieux vêtements « rapiotés ». Au marché de Ménilmontant, au marché de Charonne, on trouve des revendeuses, celles-là mêmes que nous avons vues courir le Carreau du Temple les jours des chineurs.

Les brocanteurs-revendeurs ne vendent pas seulement dans ces marchés volants. Les dimanches et jours de fête, ils vont, aux abords des fortifications, du côté de Saint-Ouen, de Clignancourt et de Pantin, faire sur la voie publique des étalages de friperie. Les affaires sont assez fructueuses, puisque l'importance de ces marchés spéciaux tend beaucoup plus à gagner qu'à perdre. On n'a malheureusement aucune donnée sur leur importance parce que les affaires qu'on y traite, bien qu'elles s'effectuent en plein jour, sont, aux termes de la jurisprudence administrative, qualifiées de clandestines.

De tout cela, il résulte que le commerce de friperie à Paris n'est pas mort, comme on l'a dit, tué par la concurrence des magasins de nouveautés et par les boutiques de confection.

La vérité est que, chassé du marché du Temple par la trop grande élévation du prix des places, ce commerce s'est répandu où il a pu, à Beauveau-Saint-Antoine, dans les marchés forains de semaine, aux barrières du Nord et de l'Est.

Pourrait-on le faire revenir à son ancien emplacement? Oui, certes, puisqu'il existe encore au carreau du Temple tous les matins de la semaine, surtout le dimanche, et personne ne peut douter qu'il se développerait beaucoup si les facilités données au public et aux marchands étaient plus grandes.

XII

Conclusions.

Après avoir constaté ainsi, d'une part, que la friperie restait un important commerce ; d'autre part, que le carreau du Temple avait pris une activité commerciale anormale en se développant au détriment du marché du bas, votre 2e Commission a conclu en insistant auprès de l'Administration et de la Compagnie pour arriver, par une entente, à une réduction sensible du prix des places.

Cette réduction aurait permis de faire redescendre le marché du Carreau au rez-de-chaussée dans des conditions qui n'auraient pas été trop onéreuses pour les fripiers-revendeurs et qui auraient permis au public de retrouver dans le Temple le Bazar de la friperie tel qu'il était constitué autrefois.

Sur ce point, aucun doute n'est possible : les déclarations du Syndicat des marchands sont confirmées par les faits. Un dégrèvement total d'une centaine de mille francs aurait permis d'établir des boutiques de revendeurs à des tarifs très modérés.

Pour le répartir, on aurait pu appliquer deux systèmes que nous allons exposer après avoir rappelé comment se comportent les recettes du marché, par jour, en comptant toutes les boutiques à 4 mètres superficiels, seule base que nous ayons pu admettre, la Compagnie ne pouvant nous donner aucun chiffre précis à cet égard :

						r.	c.
522 boutiques de 4 mètres à 0 fr. 35 centimes le mètre, soit				......	522×1 fr. 40 =	730	60
38	—	0	30	—	...... 38×1	20 =	45	60
29	—	0	25	—	...... 29×1	» =	29	»
33	—	0	20	—	...... 33×0	80 =	26	40
5	—	0	15	—	...... 5×0	60 =	3	»

Total.......... 834 60

Un premier système consiste à réduire de 25 °/₀ le loyer de toutes les boutiques. Dans ce cas, on aurait mis les boutiques de 0 fr. 35 c. le mètre à 0 fr. 2625 ; celles de fr. 30 c. à 0 fr. 2250 ; celles de 0 fr. 25 c. à 0 fr. 1875 ; celles de 0 fr. 20 à 0 fr. 15 c. ; celles de 0 fr. 15 c. à 0 fr. 1125 le mètre.

Cette première combinaison toutefois n'aurait pas eu pour effet de dégrever suffisamment les places de la 5ᵉ catégorie. Le loyer de 4 mètres superficiels eut encore été de 45 centimes, alors qu'il n'est que de 20 centimes à Beauveau-Saint-Antoine.

Le tarif pour les places de cette catégorie, que l'on aurait maintenues dans le pavillon de la Rotonde, devrait être abaissé, à notre avis, à 0 fr. 25 c. par jour, ce qui remet le mètre superficiel à 6 c. 25.

Avec ce système, la différence avec les prix payés au Carreau n'eut pas été bien grande. En effet, le revendeur paie par mois : sa case, 3 francs ; son entrée quotidienne, 1 fr. 50 c. ; ses entrées supplémentaires avec paquets, 1 franc au minimum. C'est un loyer qui ressort à 5 fr. 50 c. par mois, soit environ 20 centimes par jour et pour une surface de 1 mètre, le triple, par conséquent, du loyer réduit que nous proposons.

Dans le cas où la boutique aurait été louée 25 centimes par jour, le revendeur aurait payé, pour être au rez-de-chaussée, 7 fr. 50 c. environ par mois, soit 9 francs avec les faux frais divers et la patente. L'écart, on l'avouera, est bien compensé par l'avantage de pouvoir vendre toute la journée, tandis que le revendeur du Carreau voit limiter sa vente à midi.

Ces mesures prises, le règlement de police sur le Carreau aurait pu être modifié légèrement et appliqué dès lors dans toute sa rigueur.

Les marchands brocanteurs en boutique auraient été réintégrés au Carreau. On aurait veillé à l'observation de la surface de 1 m. 20 × 80 centimètres affectée à chaque titulaire du carreau ; des numéros d'ordre auraient été distribués à l'entrée du Carreau, lesquels numéros auraient correspondu aux chiffres inscrits sur le sol ; Le Carreau aurait été ouvert à huit heures et fermé à onze heures, peut-être même à dix heures ; on aurait supprimé les casiers que l'on aurait pu, à la grande rigueur, remplacer par quelques armoires placées au rez-de-chaussée pour les infirmes et les vieillards. La montée de l'escalier devant restreindre l'abus des étalages des revendeurs.

Les revendeurs n'auraient pas eu seulement à leur disposition les 32 places actuelles à 60 centimes (4 mètres à 15 centimes) transformées en place à 25 centimes (4 mètres à 6 centimes 1/4). On leur aurait donné, en outre, les 150 places à 80 centimes (4 mètres à 20 centimes) qui auraient été déclassées d'une catégorie. Les 117 places de la troisième catégorie à 1 franc les quatre mètres auraient pu être mises au tarif de 50 centimes, ce qui remet le mètre superficiel à 12 centimes 1/2, c'est-à-dire au prix de l'ancien marché du Temple. Enfin, les places de la seconde catégorie à 30 centimes le mètre (soit 1 fr. 20 c. par jour) auraient été ramenées à 25 centimes le mètre ou à 1 franc par jour, et les places de la première catégorie, au lieu de payer 1 fr. 40 c. ou 35 centimes le mètre superficiel, auraient vu leur tarif abaissé à 1 fr. 20 c., c'est-à-dire à 30 centimes le mètre.

En l'absence de toute statistique exacte sur la surface des boutiques (il y en a un certain nombre ayant 6 mètres superficiels), il est difficile de chiffrer au juste la perte de loyer qui résulterait de cette combinaison. Mais voici une évaluation approximative qui se rapporte aux chiffres donnés plus haut :

		fr. c.	fr. c.		fr. c.		fr. c.
522 boutiques à	1 20	=	626 40 au lieu de	730 »	sur le tarif de	1 40
38 — à	1 »	=	38 »	—	45 20	—	de 1 20
20 — à	0 50	=	14 50	—	29 »	—	de 1 »
38 — à	0 25	=	9 25	—	26 40	—	de 0 80
					3 »	—	de 0 60
627 boutiques payant			688 15 au lieu de	834 60			

Une réduction de 25 % sur le chiffre de 834 fr. 60 c. donnerait une recette de 625 fr. 70 c. On voit qu'avec le tarif proposé, qui produirait près de 690 francs, on aurait encore la faculté soit de baisser de quelques centimes le tarif des deux premières catégories, soit, ce qui serait préférable, de changer la répartition des boutiques. On pourrait augmenter le nombre des boutiques de seconde catégorie, en diminuant celui des boutiques de la première.

En tout cas, qu'il s'agît de cette combinaison ou de la première, la vitalité du Temple s'en fût nécessairement ressentie.

Aussi est-il très regrettable que, en dépit des efforts tentés auprès d'elle, soit par l'Administration, soit par le Syndicat des marchands, la Compagnie concessionnaire n'ait pas voulu entrer sérieusement dans nos vues.

Elle n'a pas consenti à faire un sacrifice financier égal au nôtre. Son offre de donner 25,000 francs en argent et 25,000 francs sous forme de l'abandon de la partie restante du pavillon de la Rotonde avait pour effet, nous l'avons déjà montré, de laisser à la charge de la ville de Paris un dégrèvement réel de 75,000 francs alors que la participation de la Compagnie n'eût été effectivement que de 25,000 francs.

La Compagnie a argué de sa mauvaise situation financière. Nous ne pouvons trop la contredire sur ce point. Le résumé de ses comptes annuels, consigné dans le tableau qui suit, ne semble-t-il pas être un éloquent plaidoyer en faveur de son obstination?

Recettes brutes et bénéfices nets du marché du Temple.

ANNÉES	RECETTES BRUTES	DÉPENSES D'EXPLOITATION — REDEVANCE à la Ville	DÉPENSES D'EXPLOITATION — FRAIS d'administration	DÉPENSES D'EXPLOITATION — TOTAL	PRODUITS NETS d'exploitation (1)	AMORTISSEMENT du CAPITAL	BÉNÉFICES NETS	BÉNÉFICES %
	fr. c.	fr. c.	fr. c.	fr. c.	fr. c.	fr. c.	fr. c.	fr. c.
Du 1er août au 31 décembre 1865.	368,128 30	83,330 30	»	»	»	»	255,973 30	» »
1866.	853,497 »	200,000 »	60,249 50	260,249 50	593,247 50	32,537 50	560,710 »	(3) 8 18
1867.	847,256 »	200,000 »	74,672 50	274,672 50	572,583 50	32,537 50	540,046 »	7 18
1868.	817,473 »	200,000 »	(2) 109,642 50	309,642 50	507,830 50	32,537 50	475,293 »	6 93
1869.	790,215 »	200,000 »	107,638 50	307,638 50	482,576 50	32,537 50	450,039 »	6 36
1870.	(4) 652,555 »	200,000 »	84,846 50	284,846 50	367,708 50	32,537 50	335,171 »	4 89
1871.	(4) 573,832 »	200,000 »	64,690 50	264,690 50	309,141 50	32,537 50	276,604 »	4 03
1872.	736,450 »	200,000 »	111,624 50	311,624 50	424,825 50	32,537 50	392,288 »	5 72
1873.	743,022 »	200,000 »	104,689 50	304,689 50	438,332 50	32,537 50	405,795 »	5 92
1874.	724,523 »	200,000 »	99,031 50	299,031 50	425,491 50	32,537 50	392,954 »	5 75
1875.	716,073 »	200,000 »	101,420 50	301,420 50	414,652 50	32,537 50	382,115 »	5 58
1876.	704,902 »	200,000 »	102,676 50	302,676 50	402,225 50	32,537 50	369,688 »	5 38
1877.	675,910 »	200,000 »	100,356 50	300,356 50	375,353 50	32,537 50	343,016 »	5 »
1878.	559,991 »	200,000 »	98,943 50	298,943 50	361,047 50	32,537 50	328,510 »	4 80
1879.	645,304 »	200,000 »	82,216 50	282,216 50	363,087 50	32,537 50	330,550 »	4 82
1880.	640,934 »	200,000 »	82,655 50	281,655 50	358,278 50	32,537 50	325,741 »	4 76
1881.	665,971 »	190,615 »	85,675 50	276,290 50	389,680 50	32,537 50	357,143 »	5 21
1882.	665.668 »	175,000 »	75,990 50	250,990 50	414,677 50	32,537 50	382,140 »	5 57
1883.	661,753 »	175,000 »	74,021 50	249,021 50	412,731 50	32,537 50	380,194 »	5 54
1884.	633,920 »	175,000 »	75,769 50	250,769 50	353,450 50	32,537 50	350,613 »	5 10
1885.	599,822 »	175,000 »	72,386 50	247,386 50	352,435 50	32,537 50	319.898 »	4 66
1886.	557,329 »	175,000 »	74,491 50	246,491 50	310,837 50	32,537 50	278,300 »	4 03
1887.	498,947 »	175,000 »	76,374 50	251,374 50	247,572 50	32,537 50	215,035 »	3 10
1888.	473,297 »	175,000 »	77,572 50	252,572 50	220,724 50	32,537 50	188,187 »	2 75
1889.	464,301 »	175,000 »	73,837 50	248,837 50	215,463 50	32,537 50	182,926 »	2 65
1890.	443,869 55	175,000 »	82,323 50	257,323 50	186,546 05	32,537 50	154,008 55	2 24
1891.	420,428 80	175,000 »	92,737 50	267,737 50	152,671 30	32,537 50	120,133 80	1 75
1892 (11 mois)...	373,747 30	175,000 »	»	»	»	»	» »	» »

OBSERVATIONS.

(1) Il y a une petite différence d'environ 2,500 à 3,000 francs entre le chiffre des dépenses annuelles porté sur ce tableau et celui admis en compte par les inspecteurs des caisses municipales, parce qu'ils ne font pas entrer en dépenses certains articles, tels que timbres des actions, impôt de la patente, qu'ils comprennent dans la somme de 15,000 francs allouée à forfait pour les frais généraux d'administration.

(2) Les variations de dépenses qui se présentent entre différents exercices proviennent : 1° de la contribution foncière, qui n'a été appliquée qu'à partir de 1868, et qui a subi une première réduction en 1873 et une seconde en 1879 ; 2° de la diminution de redevance qui au lieu de 200,000 francs a été de 190,000 francs en 1881 et de 175,000 francs pour les exercices suivants.

(3) L'exercice 1866 a donné lieu à partage de bénéfices avec la Ville, qui a reçu pour sa part 13,269 fr. 47 c. en sus de sa redevance de 200,000 francs. Cette somme de 13,269 fr. 47 c. ne provient pas seulement de l'exercice 1866, mais aussi des cinq mois d'exploitation de l'exercice 1865 (du 1er août au 31 décembre 1865) lesquels avaient donné une recette brute de 342,063 fr. 40 c.

(4) La différence entre les recettes et le produit brut du marché du Temple pendant ces deux années provient de l'indemnité versée par la Ville à la Compagnie en vertu des arrangements pris pendant les deux sièges.

Les bénéfices nets qui, dans les premières années d'exploitation dépassaient 6 % (1), sont descendus normalement après la guerre à 5 % et même au-dessous pour la période 1872-1884. On les a vu tomber à 4 % pour les années 1885-1886, puis à 3 % en 1887. Aujourd'hui les voilà à moins de 2 % (1).

Si rien ne vient modifier les conditions d'existence du marché, pour peu que les recettes baissent encore un peu, c'est à peine si la Compagnie donnera 1 % à ses actionnaires.

On peut même prévoir le jour où les recettes nettes ne suffiraient pas à permettre l'amortissement du capital, c'est-à-dire le remboursement aux actionnaires des sommes qu'ils ont apportées pour la construction d'un établissement qui, en 1915, dans 23 ans, doit revenir à la ville de Paris.

Nous avouons que dans ces conditions, nous ne comprenons pas l'aveuglement de la Compagnie concessionnaire, aveuglement qui nous contraint à vous proposer de passer à l'ordre du jour sur les pétitions du Syndicat des marchands et marchandes du Temple, qui demandent la réduction du prix des places soit par rachat de la concession, soit par entente avec la Compagnie.

Quant aux pétitions du Syndicat des brocanteurs-chineurs et de l'Union syndicale des marchands-brocanteurs, nous les renvoyons à la préfecture de Police, lui demandant de nous soumettre au plus tôt les propositions qu'elle croira devoir formuler pour mettre fin aux abus qui nous sont signalés.

En conséquence, nous vous proposons de voter les deux projets de délibération suivants.

Paris, le 15 décembre 1892.

Le rapporteur,

Georges VILLAIN.

---

(1) En réalité le bénéfice est peut-être un peu supérieur parce qu'il faut tenir compte de ce fait que l'amortissement du capital qui est, on l'a vu, de 32,537 francs par an, réduit chaque année le nombre des actions pouvant participer à la répartition des bénéfices nets. La différence entre le chiffre vrai et le chiffre donné dans la dernière colonne de notre tableau n'est toutefois pas assez considérable pour atténuer la signification des résultats que nous signalons. On s'étonnera peut-être que la Compagnie ne puisse présenter à ses actionnaires une situation financière exacte. Mais cela tient, nous l'avons déjà dit, à ce que les comptes d'exploitation du marché du Temple sont confondus, au point de vue de la répartition des bénéfices, avec les résultats de l'exploitation du marché Saint-Honoré.

PREMIER PROJET DE DÉLIBÉRATION

Le Conseil,

Vu les pétitions du Syndicat des marchands, marchandes et employés du marché du Temple demandant la révision des tarifs de location afin de diminuer le prix des loyers;

Vu les propositions conformes de M. Louis Lucipia;

Considérant qu'effectivement le tarif de location devrait être réduit;

Mais vu les réponses de la Compagnie consignées dans ses lettres des 5 décembre 1891 et 12 novembre 1892;

Considérant, par suite, qu'il n'est pas possible d'arriver à une entente acceptable avec la Compagnie du marché du Temple,

Passe à l'ordre du jour sur les pétitions du Syndicat des marchands, marchandes et employés du Temple.

DEUXIÈME PROJET DE DÉLIBÉRATION

Le Conseil,

Vu les pétitions de la Chambre syndicale des marchands d'habits brocanteurs-chineurs demandant une amélioration du règlement du Carreau;

Vu la pétition de l'Union syndicale des marchands brocanteurs sollicitant la réintégration, sur le carreau du Temple, des brocanteurs en boutique;

Vu la pétition des commerçants avoisinant le marché du Temple et celle des marchands fripiers ambulants des marchés volants de Paris et de la banlieue tendant également à réintégrer sur le carreau du Temple les marchands brocanteurs en boutique;

Considérant que l'application du règlement actuel du Carreau donne lieu à des abus;

Considérant que les ordonnances de police de 1887 doivent être appliquées dans toute leur teneur ou qu'elles doivent être modifiées,

Renvoie ces pétitions au préfet de Police en l'invitant à présenter au plus tôt ses conclusions.

ANNEXES

ANNEXES I

—

N° **1**

Pétition de la Chambre syndicale des marchands d'habits brocanteurs-chineurs (1).

(Siège social : 6, rue de Lanneau).

Paris, mai 1890.

A Messieurs les membres du Conseil municipal de Paris.

Messieurs,

Au nom de la Chambre syndicale des marchands d'habits brocanteurs-chineurs du département de la Seine, nous avons l'honneur de solliciter de votre bienveillance une légère amélioration dans l'organisation du carreau du Temple.

Cette amélioration qui nous rendrait grand service consisterait à faire numéroter les places du Carreau et à faire distribuer à chaque marchand au moment de son arrivée, à l'heure fixée pour monter, un numéro d'ordre à un numéro de place. Ces numéros ne devraient former qu'une seule série dont les numéros pairs seraient distribués à une porte et les numéros impairs à une autre.

On éviterait ainsi les querelles, les bousculades et une course à la place où les plus faibles, c'est-à-dire les femmes et les vieillards, ont le désavantage.

Veuillez agréer, Messieurs les Conseillers, avec nos remerciements anticipés, l'assurance de notre respectueux dévouement.

Le président,	*Le secrétaire,*	*Le trésorier,*
Signé : J. TARY.	*Signé :* VIGIER.	*Signé :* J. MENUT.

---

(1) 1890. Pétitions, n° 957.

N° 2.

Pétition de l'Union syndicale des marchands brocanteurs (1).

Paris, le 27 juin 1890.

Messieurs les membres du Conseil municipal de Paris.

Messieurs,

L'Union syndicale des marchands brocanteurs a l'honneur de venir présenter à votre sanction une pétition concernant la situation faite aux marchands brocanteurs sur le carreau du Temple par votre délibération du 21 mars 1887, mise en vigueur par l'ordonnance de M. le préfet de Police du 29 mars 1887.

Exposé des motifs.

Avant le 21 mars 1887, le carreau du Temple était accessible à tous les marchands de vieux. Par suite d'une licence prise par les marchandes établies au rez-de-chaussée du marché et peut-être aussi par une tolérance de l'Administration qui fut préjudiciable aux intérêts de tous les vendeurs et de tous les acheteurs, les marchandes du rez-de-chaussée, dites à la toilette, après avoir commencé à ne vendre que du vieux, écoulèrent bientôt des marchandises neuves.

Le règlement du carreau s'y opposait pourtant.

Les marchands de vieux s'émurent d'une telle situation et s'adressèrent au Conseil municipal pour faire cesser cet état de choses.

Les termes de leur pétition, à leur grand regret et ils l'ont reconnu après puisqu'aujourd'hui ils s'adressent de nouveau à vous, exprimaient le contraire de leurs revendications.

Le Conseil municipal, se basant sur cette pétition, vota la délibération du 21 mars 1887 qui est l'objet de nos réclamations.

Situation actuelle.

Dans la situation actuelle, les ambulants ou chineurs jouissent seuls du privilège de vendre au Carreau.

---

(1) 1890. Petition n° 1014.

La délibération du 21 mars 1887, dont l'esprit sans doute a été mal interprété, ne pouvait avoir pour but que de restituer au Carreau son véritable caractère, qui est d'être le marché de la friperie, et on a eu raison de prendre cette délibération afin d'empêcher l'envahissement dudit Carreau par les marchands de neuf, mais il est certain que MM. les membres du Conseil municipal, en votant cette délibération, ne pouvaient avoir l'intention de réserver le carreau du Temple à une spécialité exclusive de personnes et d'en faire une espèce de monopole au profit des marchands de la province et au détriment de ceux de Paris.

Les boutiquiers ont absolument besoin d'avoir accès au Carreau pour pouvoir vendre les marchandises d'exportation dont ils ne trouvent pas la défaite dans leurs boutiques. A l'heure actuelle, ils sont obligés de passer par l'intermédiaire de quelques chineurs qui acquièrent ainsi un monopole comme courtiers. C'est un grave inconvénient pour ce genre de commerce, qui fait beaucoup avec l'exportation.

Les chineurs ne sont pas dans une plus mauvaise situation que les boutiquiers. On les a dépeints comme étant des malheureux ayant beaucoup de mal à gagner leur vie et qu'il était nécessaire de les protéger. La vérité est qu'au lieu de 6,000, ainsi qu'on l'a dit, il ne sont pas 400 sur la place de Paris et que beaucoup d'entre eux sont propriétaires dans leur pays et viennent seulement l'hiver à Paris. Enfin, la plupart ont des magasins aussi importants que les boutiquiers et dans lesquels ils font tout autant d'affaires que ces derniers.

Il ne semble pas juste que le Carreau soit réservé à des habitants de la province, qui ne supportent qu'une faible partie de nos charges et ne soit pas ouvert aux petits boutiquiers parisiens, qui payent patente et qui sont tout aussi intéressants qu'eux.

Du reste, un certain nombre de chineurs sont d'accord avec nous et ont signé notre pétition du 5 novembre 1889, remise en 18 exemplaires à la 2e Commission. Ils comprennent qu'en nous fermant l'accès du Carreau, on diminue l'importance du marché et que celui-ci n'a pas la variété et l'abondance des marchandises nécessaires pour attirer la clientèle.

La volonté du Conseil municipal n'a pu être que de supprimer du Carreau la vente des marchandises neuves et non pas d'interdire à une catégorie de citoyens de s'en servir et de la réserver à une autre.

Les revendeuses également se plaignent de la situation actuelle, elles ne trouvent plus à s'approvisionner de menus articles, tels que mercerie, blouses, chaussures, pantalons, en un mot tous les objets bon marché qu'elles revendaient aux barrières de Paris à une population spécialement malheureuse et, par ce fait, ne peuvent plus faire des conditions aussi avantageuses qu'autrefois et gagner leur vie.

CONCLUSION.

Au nom de notre corporation, nous venons donc vous demander, Messieurs les membres du Conseil municipal, de bien vouloir rapporter votre délibération du 21 mars 1887, en spécifiant que le carreau du Temple doit être accessible à tout le monde, boutiquiers comme ambulants, mais à la condition expresse que les ventes ne s'opèrent que sur des marchandises vieilles, c'est-à-dire de friperie.

En un mot, rendre au carreau du Temple son caractère fondamental.

Dans l'espoir que vous voudrez bien prendre notre pétition en considération, nous vous prions, Messieurs les membres du Conseil municipal, de vouloir bien agréer l'assurance de notre respectueux dévouement.

Pour l'Union syndicale des marchands brocanteurs :

Le président,

Signé : BADEL.

23, rue Keller.

Note explicative (1).

D'après les termes de notre pétition, nous demandions que les boutiquiers-brocanteurs eussent accès au carreau du Temple, privilège dont ils jouissaient, ainsi que les ambulants ou chineurs, avant la délibération du Conseil municipal en date du 21 mars 1887.

Cette délibération du Conseil municipal, dont l'esprit, sans doute, a été mal interprété, ne pouvait avoir pour but que de restituer au carreau du Temple son véritable caractère, qui est d'être le marché de la friperie, et on a eu raison de prendre cette délibération afin d'empêcher l'envahissement dudit carreau par les marchands de neuf; mais il est certain que MM. les membres du Conseil municipal, en votant cette délibération, ne pouvaient avoir l'intention de réserver le carreau du Temple à une spécialité exclusive de personnes et d'en faire une espèce de monopole au profit des marchands de province et au grand détriment de ceux de Paris.

Les boutiquiers ont absolument besoin d'avoir accès au carreau du Temple pour pouvoir vendre les marchandises d'exportation dont ils ne trouvent pas la défaite dans leurs boutiques ; à l'heure actuelle, ils sont obligés de passer par l'intermédiaire de quelques chineurs, qui acquièrent un monopole comme courtiers.

C'est un grave inconvénient pour ce genre de commerce, qui fait beaucoup avec l'exportation.

Les chineurs ne sont pas dans une plus mauvaise situation que les boutiquiers. On les a dépeints comme étant des malheureux ayant beaucoup plus de mal à gagner leur vie et qu'il était nécessaire de les protéger.

La vérité est qu'au lieu de six mille, ainsi qu'on l'a dit, ils ne sont pas *quatre cents* sur la place de Paris et que beaucoup d'entre eux sont propriétaires dans leur pays et viennent seulement l'hiver à Paris.

---

(1) Déposée sur le bureau de la 2ᵉ Commission.

Enfin, la plupart ont des magasins tout aussi importants que les boutiquiers et dans lesquels ils font tout autant d'affaires que ces derniers.

Il ne semble pas juste que le carreau du Temple soit réservé à des habitants de la province qui ne supportent qu'une faible part de nos charges et ne soit pas ouvert aux petits boutiquiers parisiens, qui paient patente et qui sont tout aussi intéressants qu'eux.

Du reste, un certain nombre de chineurs sont d'accord avec nous et ont signé notre pétition. Ils comprennent qu'en nous fermant l'accès du carreau du Temple, on diminue l'importance du marché et que celui-ci n'a pas la variété et l'abondance des marchandises nécessaires pour attirer la clientèle.

La volonté du Conseil municipal n'a pu être que de supprimer du carreau du Temple la vente des marchandises neuves et non pas d'interdire à une catégorie de citoyens de s'en servir pour le réserver à une autre.

Les revendeuses, également, se plaignent de la situation actuelle; elles ne trouvent pas à s'approvisionner de menus articles tels que mercerie, blouses, chaussures, en un mot tous les objets bon marché, qu'elles revendraient aux barrières de Paris à une population spécialement malheureuse, et, par ce fait, ne peuvent plus faire des conditions aussi avantageuses qu'autrefois et gagner leur vie.

Pour l'Union syndicale des marchands brocanteurs :

Le Président,

Signé : **Badel**,

Rue Heller, 23.

N° 3.

Pétition de la Chambre syndicale des marchands, marchandes et employés du Temple.

12, rue Dupetit-Thouars,

Paris, le 21 juillet 1890.

A Monsieur le Préfet de la Seine (1).

Monsieur le Préfet,

Malgré les ruines que nous avons vu se produire autour de nous; malgré la conviction que nous avions que tous ceux qui persisteraient auraient le même sort,

Les marchands du Temple, soit par habitude, soit parce qu'ils n'avaient pas le moyen d'aller s'établir ailleurs, se trouvent actuellement dans une situation désespérée.

Ils ne peuvent plus, aujourd'hui, supporter le loyer exorbitant qu'ils sont tenus de payer à la Compagnie concessionnaire du marché, qui, ayant à différentes reprises reçu nos réclamations, a toujours répondu qu'il lui était impossible d'y faire droit.

Il reste cependant encore dans le marché, soit titulaires, soit employés de ces titulaires, toute une population qui, certainement, est digne d'intérêt, et à qui les moyens d'existence vont manquer si une réforme ne se produit pas en leur faveur.

Il ne tient qu'à vous, Monsieur le Préfet, d'accord avec le Conseil municipal, que cette réforme ait lieu, car elle ne peut arriver que par le rachat du marché par la Ville, qui, en imposant le tarif de tous les marchés lui appartenant, trouverait encore, nous en sommes persuadés, un bénéfice à réaliser, tout en permettant aux réclamants de gagner le morceau de pain nécessaire à leur existence et à celle de leur famille.

Par la crise terrible que nous traversons, c'est tout ce que demandent les intéressés.

Étant certains de votre mansuétude pour les malheureux, les soussignés, tous titulaires et membres du Syndicat des marchands, marchandes et employés du Temple, ont l'honneur de vous adresser une pétition et sont persuadés, Monsieur le Préfet, que vous voudrez bien vous intéresser à une question non seulement utile, mais surtout humanitaire.

---

(1) Texte remis à la Commission par le syndicat.

Nous adressons également une pétition à MM. les Conseillers municipaux pour les intéresser à notre malheureuse situation.

Recevez à l'avance, Monsieur le Préfet, les salutations respectueuses de vos très humbles et tout dévoués serviteurs.

Le trésorier, *Le secrétaire,* *Le président,*
Signé : Mme veuve Nourtier. Signé : Gannot. Signé : Nadal.

(*Suivent 142 signatures.*)

N° 4.

Pétition des marchands, marchandes et employés du marché du Temple (1).

Paris, le 22 juillet 1890.

A Messieurs les membres du Conseil municipal.

Messieurs les Conseillers,

Malgré tous les efforts et tous les sacrifices qu'il nous a été possible de faire, nous avons vu malheureusement nos prévisions se réaliser.

Aujourd'hui nous ne pouvons plus nous dissimuler la situation critique, nous dirons même désespéré dans laquelle nous nous trouvons.

Et si nous nous permettons de venir de nouveau solliciter la bienveillance de nos honorables conseillers :

C'est qu'il faut que nous soyons poussés à bout.

S'il est une cause à laquelle vous puissiez vous intéresser, c'est certainement celle des *marchands du Temple.*

Il est inutile de vous rappeler qu'il existe encore dans ce marché (malgré tous ceux qui ont été forcés de succomber) un grand nombre de commerçants occupant un grand nombre d'employés.

---

(1) 1890. Pétition n° 1176.

A l'heure actuelle, pour une cause ou pour une autre l'honneur et l'existence de ces marchands se trouvent compromis. Mais en dehors de ces causes qu'aucun d'eux n'a pu prévoir ou plutôt pu éviter, il est un fait acquis : c'est qu'avec la crise qui pèse si lourdement sur tout le commerce, le loyer que sont forcés à payer ces marchands est exorbitant, si on le compare à celui que payent ceux qui occupent les marchés appartenant à la Ville.

Nous ne parlerons pas du même genre de commerçants que la Compagnie, ainsi que la préfecture de la Seine et la préfecture de Police, ont laissés s'établir (malgré les clauses du cahier des charges) dans le même marché sans avoir de redevances à payer.

Nous voulons parler des commerçants du carreau sur lesquels nous aurons à revenir.

Les soussignés, tous membres du Syndicat des marchands, marchandes et employés du Temple, ont donc l'honneur, Messieurs les Conseillers, de venir pour la seconde fois solliciter de vous le *raehat du marché par la Ville.*

Nous pouvons affirmer et prouver que tout le monde gagnerait à cette opération.

Sachant par expérience que vous ne faillirez pas au devoir qui vous incombe dans une pareille circonstance,

Nous nous mettons à la disposition, et nous attendons avec confiance notre convocation par la commission à laquelle notre cause sera renvoyée.

Et nous ajoutons :

Une prompte solution est nécessaire, dans quelque temps d'ici il serait trop tard.

Recevez, Messieurs les Conseillers, l'expression de notre profond respect.

Le président,   *Le secrétaire,*   *Le trésorier,*
NADAL.   Vᵉ NOURTIER.   GANNAT.

(Suivent 141 signatures.

Note annexe.

Il existe dans le marché 1,556 places, en ne comptant que 400 places au carreau, ce qui donne une surface totale de 1,556 places × 4 m. = 6,224 mètres carrés, soit une pecette par jour de 6,224 mètres carrés × 0 fr. 20 = 1,244 fr. 80 c. ou pour l'année entière une somme de.. 454.352 »

L'augmentation totale des titulaires par suite de l'occupation de toutes les

A reporter........... 454.352 »

Report.......... 454.352 »

places, se trouvant portée à 500 au lieu de 200, produirait une recette municipale supplémentaire, en ce qui concerne exclusivement les patentes, égale à une somme de 80 fr. × 300 fr.. 24.000 »

Total.......... 478.352 »

De laquelle il y aurait lieu de déduire les frais ci-après :

Redevance payée par la Compagnie........................ 175.000 »

Impositions... 40.000 »

Employés... 25.000 »

Frais divers... 25.000 »

265.000 »   265.000 »

Total général.......... 213.352 »

Il nous semble que la Ville pourrait, sur ce bénéfice, allouer à la Compagnie, à titre d'amortissement, la somme qu'elle jugerait convenable.

Pour les membres du Syndicat des marchands, marchandes et employés du Temple :

La Commission :

Le président,	*Le secrétaire,*	*Le trésorier,*
NADAL.	Vᵉ NOURTIER.	GANNAT.
HUE.	PEUVERGNE.	GORET.
ODILLARD.	PERRIN.	GRAILLONT.

N° **5.**

Proposition de M. Louis Lucipia tendant à la diminution du prix de location des places au marché du Temple (1).

Séance du mercredi 22 octobre 1890.

M. Louis Lucipia. — Le Conseil est saisi, en ce moment, de plusieurs propositions concernant le marché du Temple; je n'hésite pourtant pas à déposer une nouvelle proposition, parce que la situation de ce marché devient de plus en plus précaire et qu'une solution s'impose à bref délai.

Il s'agit ici des intérêts des marchands du Temple, de leurs employées, de tous les ouvriers et ouvrières qui travaillent pour eux.

Il s'agit aussi des finances de la Ville.

Quelques chiffres vont vous montrer que je n'exagère point lorsque je dis que la situation est précaire.

Je prends ces chiffres dans le compte d'exploitation du marché pendant les années 1884 à 1889 — 6 ans — tels qu'ils ont été constatés par l'inspecteur des caisses municipales, ainsi qu'il résulte des documents qui, sur ma demande, m'ont été communiqués par M. le préfet de la Seine :

Année 1884, recettes : 633,920 fr. 95 c.; dépenses : 280,646 fr. 79 c.; excédent des recettes : 354,274 fr. 16 c.

Année 1885, recettes : 599,822 fr. 90 c.; dépenses : 277,609 fr. 05 c.; excédent des recettes : 322,213 fr. 75 c.

Année 1886, recettes : 557,329 fr. 95 c.; dépenses : 276,919 fr. 05 c.; excédent des recettes : 280,410 fr. 90 c.

Année 1887, recettes : 498,947 fr. 05 c.; dépenses : 281,555 fr. 52 c.; excédent des recettes . 217,391 fr. 53 c.

Année 1888, recettes : 473,297 fr. 70 c.; dépenses : 282,808 fr. 65 c.; excédent des recettes : 190,489 fr. 05 c.

Année 1889, recettes : 464,301 fr. 20 c.; dépenses : 279,274 fr. 41 c.; excédent des recettes : 185,026 fr. 79 c.

---

(1) 1890. Proposition n° 638.

On le voit, tandis que les dépenses restent stationnaires, puisqu'elles sont les mêmes en 1884 et en 1889 à une différence près de 372 fr. 38 c. sur 279,000 francs, les recettes diminuent chaque année avec une persistance et une rapidité inquiétantes pour l'existence même du marché.

Alors que l'excédent des recettes est de 354,274 fr. 16 c. en 1884, il n'est plus que de 185,026 fr. 79 c., soit une différence en moins de 169,247 fr. 37 c., en 1889, c'est-à-dire environ 50 % de diminution des recettes au bout d'une période de six années.

Encore doit-on remarquer que si la diminution n'est pas aussi accentuée entre 1888 et 1889 qu'entre les autres années, cela tient évidemment à l'Exposition universelle, dont l'influence s'est fait ressentir sur tout le commerce.

Cela est si vrai que la décroissance s'accentue maintenant de jour en jour : des marchands quittent le marché, d'autres diminuent le nombre de places qu'ils occupent.

Les causes de la décadence de ce marché, autrefois si prospère, sont évidemment multiples : je ne veux pas, en ce moment, les examiner toutes. Je ne désire appeler l'attention du Conseil que sur une seule qui me semble être, à l'heure présente, la plus importante.

C'est le prix des places, dont l'abaissement s'impose si l'on veut précisément conjurer les autres causes de péril.

Jadis, dans l'ancien Temple, en 1864, le loyer de quatre places coûtait 9 fr. 80 c. par semaine — les locations se paient à la semaine, — il est aujourd'hui de 38 fr. 40 c., soit une différence en plus de 28 fr. 60 c. Ce qui fait ressortir l'augmentation annuelle à près de 1,500 francs — exactement 1,487 fr. 20 c.

De telle sorte que le loyer qui, en 1864, coûtait 509 fr. 60 c., coûte 1,996 fr. 80 c. en 1890.

Il est curieux de rappeler que ce résultat, produit par la cherté des loyers, avait été prévu il y a de longues années.

En effet, le 24 janvier 1861, M. le baron Haussmann, préfet de la Seine, communiquait à son collègue, M. Boitelle, préfet de Police, le projet de cahier des charges pour le marché du Temple à construire. Le préfet de Police, dans sa lettre du 6 avril, même année, fait cette remarque : « L'art. 9 dispose que le prix maximum de la location des places dans le nouveau marché sera « de 0 fr. 35 c. par jour et par mètre superficiel d'occupation. Tout en reconnaissant que la « question de tarif n'est pas du ressort de mon administration, je ne puis m'empêcher de faire « remarquer ici que ce prix de 0 fr. 35 c. est trois fois plus cher que le prix de location actuel, « qui n'est que de 0 fr. 11 c. par jour et par mètre, et qu'il peut être fâcheux sous bien des rap- « ports de placer les occupants du marché sous le coup d'une augmentation de loyer aussi consi- « dérable. »

Le 11 mai, M. le baron Haussmann répliqua que cette augmentation n'avait rien « d'exagéré ».

Je ne surprendrai personne en ajoutant que le préfet de Police n'insista pas et se contenta de dire : « Amen ! »

L'augmentation eut lieu à partir de 1865, lorsqu'on inaugura le marché. C'est de cette augmentation que souffrent actuellement les marchands du Temple.

Il est clair que si le taux des loyers était abaissé, quelques-uns des marchands qui s'en vont resteraient ; que ceux qui diminuent le nombre de leurs places les conserveraient ; que d'autres, enfin, demanderaient un plus grand espace.

Sous réserve expresse de l'examen des autres côtés de la question, j'ai l'honneur de déposer la proposition suivante :

« Le soussigné,

« Conformément aux engagements qu'il a pris au cours de la dernière période électorale, d'accord avec le Comité républicain radical démocratique du IIIe arrondissement qui a, avec beaucoup de soin et de dévouement, procédé à une enquête relative au marché, d'accord aussi avec la Chambre syndicale des marchands, marchandes et employées du Temple, interprète, en même temps, de vœux formulés à différentes reprises par les commerçants des quartiers des Enfants-Rouges et des Arts-et-Métiers, tant en son nom personnel qu'au nom de ses collègues du IIIe arrondissement,

« Demande à la 2e Commission, à la Commission du travail et à l'Administration de vouloir bien étudier, sans retard, les voies et moyens pour arriver à la diminution du prix de location des places au marché du Temple.

« *Signé* : Louis Lucipia. «

Renvoyée à la 2e Commission, à la Commission du travail (1) et à l'Administration.

N° **6**.

Pétition des commerçants avoisinant le Temple demandant l'ouverture du Carreau à tous les brocanteurs médaillés (2).

Paris, le 24 novembre 1890.

A MM. les membres du Conseil municipal de Paris.

Messieurs,

Les soussignés, commerçants, sous diverses professions, du 3e arrondissement ont l'honneur de vous exposer ce qu'il suit :

Jusqu'au mois de mars 1887, tous les marchands brocanteurs médaillés pouvaient sans exception vendre leurs marchandises sur le carreau du Temple.

---

(1) La Commission du travail s'en est dessaisie en faveur de la 2e Commission.

(2) Note remise sur le bureau de la 2e Commission.

A cette dernière époque, une décision du Conseil municipal interdit aux marchands brocanteurs *en boutique* l'accès du Carreau.

Cette interdiction a frappé la moitié au moins des marchands, qui ne peuvent plus aborder le Temple.

Il y a là un fait qui cause préjudice à tous les marchands établis dans le voisinage du Temple qui comptaient, avant 1887, comme clientèle tous les marchands.

C'est pourquoi, MM. les Conseillers, les soussignés viennent vous supplier de réouvrir le carreau du Temple à tous les brocanteurs médaillés sans exception, qu'ils soient ou non en boutique.

Leur exclusion ne nous paraît reposer sur aucun motif plausible.

Dans l'espoir que vous accueillerez favorablement cette demande, ont l'honneur d'être vos très respectueux serviteurs.

(Suivent 35 signatures.)

N° **7**.

Pétition adressée par les marchands et marchandes ambulants des marchés et environs de Paris à Messieurs les Conseillers municipaux de Paris (1).

Paris, décembre 1890.

Messieurs les Conseillers,

Nous soussignés, marchands et marchandes ambulants des marchés et environs de Paris, qui autrefois faisions nos approvisionnements au Carreau du Temple et qui y trouvions toutes sortes de marchandises, signalons au Conseil municipal de Paris, que nous ne pouvons plus nous y approvisionner depuis l'exclusion de ce marché des marchands brocanteurs en boutique.

Il en résulte, Messieurs les Conseillers, une grande perte pour nous ainsi que pour les nombreux travailleurs des grandes usines de Paris et des environs qui formaient notre clientèle, en leur vendant, à des prix très modérés, des marchandises d'occasion provenant du seul marché où nous pouvons, à Paris, nous approvisionner, le « Carreau du Temple ».

Aussi c'est dans l'espoir, Messieurs les Conseillers municipaux, que vous voudrez bien ouvrir les portes du Carreau du Temple aux marchands brocanteurs en boutique, seul endroit où ils peuvent vendre leurs marchandises et où nous-mêmes pouvons nous y alimenter, que nous vous adressons cette pétition.

(Suivent 125 signatures.)

---

(1) Remise sur le bureau de la 2ᵉ Commission.

N° 8.

Proposition de M. Chauvière relative aux prescriptions imposées aux marchands du Temple (1).

Séance du Conseil municipal du 10 juin 1891.

Les négociants du marché du Temple me prient d'être leur interprète auprès de l'Administration et du Conseil pour demander la fin des véritables persécutions auxquels ils sont en butte.

Depuis quelques jours, ils n'ont plus le droit de sortir de leurs magasins. Ils comprennent qu'on doit faire cesser l'excès des leurs qui allaient *littéralement* à l'assaut des passants ; mais ils demandent qu'on leur donne le droit accordé à tout commerçant de Paris de faire l'article, sans quoi le marché du Temple périclitera rapidement et la Ville, abandonnée par les commerçants, perdra, comme ailleurs, un de ses bons revenus.

Cette considération seule, croient-ils, amènera une modification nécessaire dans les mesures de rigueur employées, et, comme l'intérêt de la Ville s'identifie avec le leur, ils sont certains que le Conseil municipal et l'Administration les écouteront et leur donneront satisfaction.

Personnellement, je demande que la 2e Commission fasse, au plus tôt, une enquête.

Signé : CHAUVIÈRE.

---

(1) 1891. Proposition n° 429.

N° 9.

Renvoi à la 2° Commission d'une proposition relative à la réorganisation du marché de la friperie du Temple (M. Louis Lucipia) (1).

Séance du Conseil municipal du 8 juillet 1891.

Messieurs,

Les marchandes, marchands et employés du Temple prient la 2° Commission de vouloir bien examiner d'urgence les propositions que j'ai eu l'honneur de déposer relativement à la réorganisation de ce marché.

Leur situation particulièrement digne d'intérêt s'aggrave de jour en jour.

J'apporte une pétition couverte de 406 signatures, c'est-à-dire de la presque totalité des marchandes, marchands et employés, en faisant remarquer qu'aucune signature n'a été demandée en dehors des marchands du Temple.

Je demande le renvoi à la 2° Commission qui, je suis heureux de le dire, s'intéresse tout spécialement à cette grave question.

Le renvoi à la 2° Commission est prononcé.

Texte de la pétition.

Paris, le 1er juillet 1891.

A Messieurs les Conseillers municipaux.

Messieurs les Conseillers,

Les incidents nouveaux qui se sont produits au marché du Temple, et dont la presse s'est émue, ont pu vous donner une idée de la triste situation faite aux locataires de ce marché par le prix si élevé de la location de leurs places.

---

(1) 1891. Proposition n° 591.

La crise commerciale que nous traversons ne leur permet plus de se maintenir dans ce marché à de pareilles conditions.

. Nous avons, Messieurs les Conseillers, par une précédente pétition, appelé votre attention sur les mesures à prendre pour sauver de la ruine le peu de titulaires restant dans le marché et, par suite, l'existence de centaines d'employés, ainsi que les intérêts compromis de tout un quartier.

Notre pétition a été prise en considération et renvoyée à la 2e Commission qui, après l'avoir étudiée (nous croyons pouvoir l'affirmer), a trouvé qu'il y avait quelque chose à faire. Un rapporteur a été nommé, le président du conseil d'administration et le directeur de la Compagnie ont été convoqués et, après discussion, ont soumis à la Préfecture des propositions qui n'ont pas été jugées acceptables.

Le Syndicat des marchands, marchandes et employés du Temple a fait alors de nouvelles démarches auprès de la Compagnie, démarches qui ont eu pour résultat des modifications pouvant amener une entente entre la Ville et la Compagnie.

Nous avons adressé à la Préfecture, le 23 mai dernier, une lettre contenant le résumé de notre conversation avec MM. Brollmann et Rabalet. Nous avons depuis longtemps déjà fourni tous les renseignements pour démontrer les avantages que la Ville pourrait trouver en traitant avec la Compagnie; et, dans le cas d'une non-réussite à ce sujet, nous demandions la révision du tarif du prix des places.

Depuis, nous sommes dans une attente qui, ne pouvant plus se prolonger, nous force à venir demander une solution immédiate.

Mais en demandant cette solution, permettez-nous, Messieurs les Conseillers, de faire appel à toute votre bienveillance; la cause en vaut la peine, car, nous le répétons, il s'agit de la situation de centaines de personnes et des intérêts de tout un quartier.

Veuillez agréer, Messieurs les Conseillers, nos respectueuses salutations.

(Suivent 406 signatures.)

N° 10.

Pétition du Syndicat des marchands, marchandes et employées du marché du Temple (1).

Séance du Conseil municipal du 1er juillet 1892.

M. Louis LUCIPIA. — J'ai reçu aujourd'hui une lettre très pressante du Syndicat des marchands, marchandes et employées du marché du Temple, me demandant d'obtenir, le plus vite possible, du Conseil municipal, une réponse aux pétitions qu'ils ont adressées depuis plusieurs années.

Le Syndicat expose que la situation s'aggrave de jour en jour et menace de devenir intolérable. Le nombre des marchands qui occupaient des places diminue sans cesse.

Je demande la permission au Conseil de vouloir bien considérer cette lettre, qui m'est adressée, comme une pétition et m'autoriser ainsi à la remettre à nos collègues de la 2e Commission, à qui je fais un appel pressant pour qu'ils veuillent bien apporter l'affaire à la tribune à bref délai.

Il y a réellement urgence.

Le renvoi à la 2e Commission est prononcé.

Texte de la lettre.

Paris, le 30 juin 1892.

Monsieur le Conseiller,

Les membres de la Commission du Syndicat des marchands, marchandes et employées du Temple, devant les plaintes de plus en plus nombreuses qui leur sont adressées par les membres du Syndicat et par tous les membres en général, viennent vous solliciter, Monsieur le Conseiller,

____

(1) 1892. Pétition n° 1270.

de bien vouloir porter ces plaintes à la connaissance de la Commission chargée de statuer sur les pétitions adressées au Conseil municipal à différentes reprises.

Cette quession n'est pas nouvelle, puisque depuis six ans bientôt le Syndicat en poursuit la réalisation. Un rapporteur qui doit avoir aujourd'hui en mains les documents nécessaires a été nommé. Nous avons confiance dans son appréciation. Nous avons confiance dans la Commission qui l'a désigné pour étudier cette affaire.

Nous avons confiance dans le Conseil tout entier, dont les prérogatives doivent surtout s'attacher à soulager les infortunes imméritées.

Soyez persuadé, Mousieur le Conseiller, que ce n'est pas sans raison que nous insistons à demander une solution immédiate, notre situation est tellement critique qu'elle nous en fait un devoir.

Nos plaintes accueillies par une fin de non-recevoir seraient fatales à la presque totalité d'entre nous, mais une plus longue attente serait désastreuse.

Nous ne pouvons nous faire à l'idée que, par le refus de ce que demande le commerce, des représentants d'une ville comme Paris nous mettent dans la nécessité d'abandonner un marché destiné, depuis son origine, et ce moyennant une légère rétribution, aux petits marchands et qui, depuis vingt-sept ans qu'il a été transformé, a rapporté 200,000 francs par an à la caisse de la municipalité.

La 2ᵉ Commission, dans une précédente convocation, nous a donné à espérer une prompte solution.

Nous ne voudrions pas, par notre insistance, nous aliéner la bienveillance de certains de vos collègues ; ils voudront bien comprendre que nous y sommes absolument forcés.

Recevez, Monsieur le Conseiller, avec nos remerciements, nos plus respectueuses salutations.

Les membres de la commission du Syndicat des marchands, marchandes et employées du Temple.

(Suivent cinq signatures.)

ANNEXES II

La réglementation des Fripiers brocanteurs comprend un grand nombre d'ordonnances et d'édits royaux, de déclarations royales, d'ordonnances et de sentences de police, d'arrêtés et de circulaires administratives, et d'arrêts de la Cour de cassation.

Nous n'avons pas eu la prétention de faire un index de ces règlements administratifs et de ces décisions judiciaires. Nous avons trouvé néanmoins nécessaire de donner ci-dessous à l'état de pièces justificatives le tableau des principaux documents qui régissaient et régissent encore aujourd'hui la profession de Fripiers brocanteurs.

+ Règlement du xiiie siècle, Livre des métiers, d'Étienne Boileau (1).

+ Ordonnance de 1396 sur les marchés se tenant sur la voie publique.

Arrêt du Parlement du 13 avril 1548 au sujet d'une contestation entre les maîtres fripiers de la ville de Paris et de sa banlieue avec les maîtres menuisiers.

Arrêt du Parlement du 17 avril 1563, qui ordonne aux fripiers de Paris et des faubourgs de dépecer ou de déguiser dans la huitaine les meubles achetés en public.

+ Ordonnance de police du 18 juin 1698 relative aux achats effectués par les marchands de cette ville de Paris et faubourgs à des mineurs ou des domestiques non autorisés.

+ Sentence de police du 15 juillet 1701 contraignant les individus qui exercent un commerce dans la rue à déclarer leur domicile au commissaire du quartier et à posséder un registre d'inscription.

Édit royal de 1740 créant 20 officiers inspecteurs de police, qui devront se transporter régulièrement chez les fripiers et brocanteurs de Paris et faubourgs.

Sentence de police du 23 novembre 1742 (?) interdisant aux marchands de vin de souffrir chez eux des assemblées de brocanteurs remettant en vente des objets achetés aux enchères.

+ Sentence de police du 21 novembre 1761 sur les ventes publiques.

Édit royal du 11 mars 1776 supprimant les jurandes et corps de métier.

Édit royal du 11 août 1776 rétablissant, en les modifiant, les corps de métier; suppression du métier de fripier; liberté du brocantage.

---

(1) Le signe + indique que le document a été reproduit ci-après.

Déclaration du roi du 19 décembre 1776 portant établissement d'un syndic et d'un adjoint dans les professions déclarées libres (application aux brocanteurs).

+ Déclaration du roi du 29 mars 1778 réglementant l'exercice de la profession de brocanteur.

+ Ordonnance de police du 4 novembre 1778 relative aux brocanteurs, logeurs, etc., de Paris et de ses faubourgs.

+ Ordonnance de police du 8 novembre 1780 où sont reproduits les textes de l'ordonnance de 1778 sur les brocanteurs, etc.

+ Ordonnance de police du 4 mai 1787 concernant les ventes par autorité de justice.

+ Ordonnance de police du 4 germinal an X (25 mars 1802) sur les brocanteurs à Paris.

+ Ordonnance de police du 29 avril 1806 sur les brocanteurs et les ventes publiques à Paris.

+ Ordonnance de police du 8 février 1811 réglementant la vente au marché du Temple.

+ Ordonnance de police du 8 février 1811 sur le prix des places au marché du Temple.

+ Ordonnance de police du 25 novembre 1812 concernant les brocanteurs à Paris.

+ Ordonnance de police du 25 juillet 1818 concernant les brocanteurs à Paris.

+ Ordonnance de police du 11 juillet 1821 sur le racolage à Paris.

+ Ordonnance de police du 25 novembre 1822 concernant les brocanteurs à Paris.

+ Arrêté du 26 juillet 1826 concernant le brocantage et les brocanteurs à Paris.

+ Ordonnance de police du 5 septembre 1828 concernant les brocanteurs de Paris et du ressort de la préfecture de Police.

Circulaire du préfet de Police du 5 septembre 1827 aux commissaires de police de Paris et aux maires des communes rurales.

+ Ordonnance de police du 15 juin 1831 concernant les brocanteurs de Paris et du ressort de la préfecture de Police.

Circulaire du préfet de Police du 15 juin 1831 aux commissaires de police de Paris et aux maires des communes rurales.

+ Arrêt de la Cour de cassation du 28 avril 1832.

+ Arrêt de la Cour de cassation du 27 septembre 1851.

+ Jugement concernant la « Révision » des brocanteurs. Tribunal correctionnel de Paris (28 janvier-5 février 1852).

+ Arrêt de la Cour de cassation du 5 juillet 1860.

+ Ordonnance de police du 29 décembre 1865 concernant l'installation des brocanteurs au marché du Temple.

+ Circulaire du préfet de Police du 18 juin 1875 aux commissaires de police de Paris et des communes du ressort de la préfecture de Police.

+ Arrêt de la Cour de cassation du 1er février 1878.

+ Ordonnance de police du 29 mars 1887 concernant l'organisation de la vente au carreau du Temple.

+ Ordonnance de police du 8 août 1887 relative au carreau du Temple.

+ Cahier et médaille de brocanteur.

N° 1.

Règlement des fripiers sous Louis IX.

(Livre des métiers, d'Étienne Boileau).

ARTICLE PREMIER. — Nus ne puet estre frepier dedenz la banlieue de Paris, c'est à savoir vendeur ou acheteur de robes viez, linges ou langes, ne de nulle manière de cuirien viez ou nuef, se il n'achate le mestier du roy. Et le veut de par lou roy li mestre chamberier lou roy ou son commendement (1), auquel chamberier li rois l'a doné, tant comme il li plera. Et le vent cil chamberier a l'un plus et à l'autre mains, tant come il li semble bon.

ART. 2. — Li chamberier ou son commendement ne pueent ne ne doivent le mestier devant di vendre a nul ame que il ne soit preud'om et loial, et duquel il aient boen tesmoignage et souffisant qu'il soit preud'ome et loiax, quar au mestre qui le mestier garde, quant aucun enterz est trouvez seur un frepier, que il le tesmoigne a estre preud'om et loial; et fort chose seroit, se il le tesmoignoit a preud'ome et loiax, et il ne le connoissoit ou il ne l'eust oï tesmoignier par bone gent et par leaus.

ART. 3. — Le mestre qui garde le mestier de par le mestre chamberier du roy doit aler par devant le prevost de Paris toutes les fois qu'il en est requis, pour tesmoignier le frepier, soit povre, soit riche, qui est arestez pour aucun enterz, qui s'avoe a frepier delivrer, se ce n'est par devant le mestre du mestier et par son tesmoignage, pour les faus avoement qu'en i feit : c'est a savoir que cil qui sont arestez pour enterz dient qu'i sont frepier, et ils ne le sont pas; c'est espece de larrecin.

ART. 4. — Nus ne puet estre frepier dedenz la banlieue de Paris, se il ne jure seur seinz, par devant le mestre et par devant deux des preud'omes du mestier au moins, que il tiendra le mestier bien et loiaument aus us et aus coustumes du mestier que li preud'ome du mestier l'ont tenu et tienent encore. C'est a savoir qu'il n'achatera de larron ne de larronnesse a son escient; ne en bordel ne en taverne, se il ne set de qui; ne chose moilliée ne sanglante, se il ne set dont le sanc et la moilleure vient; ne de mesel ne de meselé dedanz la banlieue de Paris; ne nul garnement qui apartiegne a la religion, se il n'est despeciez par droite usure. Et se aucun feit encontre aucune des choses desus dites, il pert le mestier toutes les fois que il voit encontre, ne se puet, ne ne se doit plus entremetre du mestier desus dit ne pour vendre ne pour achater, devant que il ait achaté le mestier devant tout de nouvel et feit le serment en la manière desus devisée.

---

(1) Le grand chambrier, auquel appartenait le métier des fripiers, était alors le comte d'Eu. Il possédait encore le métier des gantiers et une part, avec le grand chambellan, dans les revenus des métiers des cordouaniers et des savetonniers. Son commandement, c'est-à-dire son mandataire, le remplaçait dans la surveillance du métier.

Art. 5. — Nus frepier ne puet ne ne doit drap refouler, ne achater, ne vendre drap refoulé, par son serement, ne chose tudelée, c'est à savoir chose tainte de flourin de chaudière ne de nule autre fauce tainture, c'est a savoir de fuel ne d'autre chose ; ne tendre en arc nul garnement, ne contre paroy ne en lices ; ne fere chauces de galebrun ne d'isenbrun ; ne nul garnement de feutre vendre ne achater. Et se il feit encontre aucune des choses desus dites, l'oevre est fauce et doit estre arse.

Art. 6. — Nus frepier ne puet ensousfrer lange, ne nule chause lange engarmouser, ce est a savoir de fesil, de charbon et de huile. Et se il le feit, l'oevre est fause et doit estre arse en plain marché.

Art. 7. — Toutes les choses desus dites puet prandre cil qui garde le mestier de par de mestre chamberier lou roy, en quelque lieu que il les truisse, et faire les ardoir en plain marché par devant les preudeshomes du mestier et par leur conseill, sans parler ent a prevost ne a voier.

Art. 8. — Li mestres du mestier devant dit puet prandre et arester toutes escroes, soit de cuirien, soit de lange, seur qui les truisse, dessi adonc que cil seur qui elles seront trouvées ait amené son garantisseur. Et s'il ne puet trouver son garantisseur, les escroes demeurent au mestre, ja soit ce que les escroes soient mises en chaperon ou en autre garnemens.

Art. 9. — Li frepier puent avoir tant vallès et d'aprantis come il leur plaist, et a argent et sanz argent, et a lonc terme et a court terme.

Art. 10. — Li frepier, li vallès et leur aprantis sont joustisable au mestre du mestier de toutes les choses qui a leur mestier apartienent, de quelque terre que il soient, si come de la marchandise et de la compaignie de la marchandise, ou de dette faite de la marchandise, ou de perte ou de gaaign en la marchandise, ou d'aucune autre maniere de mes pranture ou d'aucune chose appartenant à la marchandise,

Art. 11. — Se aucun du mestier devant dit se plainst d'un autre du mestier par devant le mestre, et dit qu'i ait part en aucun garnement qui ait esté (achaté) ou vendu par devant lui, il il en doit estre creuz par sa foi sanz nul autre espece de preuve, se l'autre part ne dist que al'achater cel garnement eust gent qui bien seussent la vérité de cele chose et requeissent que il en feussent oï ; que alors les devroit il, le mestre, jousticier et les tesmoings fere jurer. Et ce que il tesmoing tesmoigneroient, le mestre le devroit faire tenir et enteriner.

Art. 12. — Se aucun du mestier est ajournez devant le mestre, venir i doit ; et s'il n'i vient, il le doit amender au mestre de 4 deniers ; et se il i vient et il connoisse ou nie, il est à 4 deniers d'amende au mestre : et se il nie et il est atains, si doit il 4 deniers.

Art. 13. — Les 4 deniers d'amende prant li mestres de ceus qui connoissent aussi bien come de ceus qui nient, qui sont ataint de leur niance, pour la reson de ce que en sa joustice n'a point de despit ; ne plus n'en puet il lever l'amende que 4 deniers de l'article d'une querele, c'est a savoir d'un deffaut, d'un gagement, d'une deite conneue ou niée ou atainte.

Art. 14. — Se aucun du mestier devant dit dit vilonie ou feit vilonie au mestre du mestier ou a aucun de ses sergens ou a aucun austre, en jugement par devant le mestre amender le doit acelui que il aura dite la vilonie et au mestre, par le loial taxement du mestre. Et se il ne le veut fere, le mestre li puet defendre et conmender que il ne s'en voise hors de l'ostel, ne que il n'enporte le droit lou Roy. Et se il est si fez et si roides et si aboutiz que il ne vueille obeir au coumendement le mestre, ou paier au mestre s'amende, ou enteriner ce que il aura gagié par devant le mestre, ou venir sans ajournemens ; le mestre puet prendre toutes les choses que li fez et li roides et li aboutiz aura en plain marchié apartenant a son mestier, toutes les fois que il les trouvera enz le marchié. Et se il les resconoit ou il nule des choses apartenant a son mestier n'aportast au marchié, le mestre le devroit faire savoir au prevost de Paris; et li prevoz de Paris li doit faire oster la force et faire enteriner tout ce que aura esté fait bien et loiaument par devant le mestre du mestier de freperie, et au mestre du mestier faire amender la force qui li aura esté faite, et rendre les amendes que on li devra.

Art. 15. — Tuit li vallet Frepier, tuit li vallet Gantier et tuit li vallet Peletier doivent chascun, chascun an, 1 d. au mestre des Frepiers, a paier a la Penthecoste. Et par cel denier est il mestres tenuz a ajorner par devant lui, a la requeste de chascun vallet des mestiers devant ditz, touz ceux qui les mestiers seront, toutes les fois que ils auront mestier.

Art. 16. — Se aucun des valles devant diz ne paie le denier devant dit, li mestre puet prendre son gage ou denendre que l'en ne le mete en oevre, tant qu'il ait fait gré au mestre de s'amende.

Art. 17. — Se aucun vallet des mestiers devant diz ne vient a l'ajournement le mestre ou il n'enterine aucun des coumendemens le mestre, le mestre li puet deffendre le mestier, se il ne treuve aucune chose du sien ou il puist prendre s'amende et faire enteriner son conmendement. Et se aucun le met en oeuvre par dessus le conmendement le mestre, il est a l'amende desus devisée, et euz puet li mestres user en la manière desus devisée.

Art. 18. — Li Frepier ont part l'un a l'autre des choses que on veut et achate en leu ou ils soient, apartenant a leur mestier. Et se aucun Frepier ne peut aller en marchié, envoier il puet un vallet de son lignage, pour que il soit son aprentiz, ou sa fame ou aucun de ses enfans; et il puet partir li une des persones devant dites tant seulement en leu de lui.

Art. 19. — Cil qui crient par la vile « la cote et la chape! » ont achaté le mestier de la freperie de la manière desus devisée, et par tant pueent il vendre et achater les choses apartenant au mestier desus dit; mès il ne pueent avoir a nul Frepier de chose nule que on veut ne achat devant aus; neant plus que a un estranges, mès li Frepier pueent bien partir a eus. Mès nul Frepier ne pueent partir a nul home qu'il achat pour son user; mès en foire pueent il conmunaument partir liuns a l'autre, c'est a savoir ceus qui crient « la cote et la chape! » et li estranges au (s) Frepiers et li Frepiers au (s) estranges, et vendre et achater conmunement tant come foire duré, par paiant la coustume.

Art. 20. — Si cil qui vont criant « la cote et la chape! » par la vile de Paris voelent revenir a ce que il puissent partir aus preudeshomes du mestier devant dit, il convient que ils leisent le crier par la vile « la cote et la chape! » et que il achat tout de nouvel le mestier devant dit, et que il face le serement en la manière desus devisée.

Art. 21. — Il est deffendu a ceux qui crient « la cote et la chape! » que ils ne puissent partir avec les preudeshomes du mestier devant dit, en la manière desus devisée, pour la reson de ce qué « la cote et la chape! » vont par les ostieuz et tost ou tart, et es bordiaux et és tavernes, et ont chascun jour marchié et ventes.

ART. 22. — Se aucun qui vont criant « la cote et la chape! » voelle avoir le mestier de freperie enterinement, c'est à savoir que il voille partir en ce que on vendra et achatera euz en marchié devant dit, il convient que il achate le mestier devant dit tout de nouvel en la manière desus devisée, et que il lait a crier « la cote et la chape! »

ART. 23. — Quiconques est Frepier a Paris, il puet vendre et achater en sa meson bones denrées et loiax, par paiant la droiture au Roy.

ART. 24. — Se aucun Frepier achate aucun garnement quel que il soit, en foire voisine seant, c'est a savoir a Saint Germain des Prez, a la Saint Ladre, au Lendit et à la Saint Denis, et li garnement quel qu'il fust, hors mis le guarnement de service de Sainte Iglise, fust entercez et prouvez : li entercierres r'aurait son garnement et li Freprier r'aurait son argent, pour tant qu'il peust prouver que il eust achaté en une des foires devantes dites, tant come ele seist : et ce ont usé li preud'ome du mestier dès le tems le roi Phelippe. Et fu establi par la reson de ce que les foires sont franches de vendre et de achater et que eles sont crées sauf ales et sauf venir a touz marchanz.

ART. 25. — Au mestier de Freperie devant dite li un sont haubanier tant seulement, et li autre Frepier tant seulement, et li autre sont Frepier et haubanier ensamble.

ART. 26. — Li Frepier achate le mestier en la maniere dessus devisée : c'est a savoir que quiconques veut estre haubanier de la peleterie nueve et viez et la freperie linge ou lenge, nueve et viez, il convient qu'il soit estagier dedenz la banlieue de Paris, et que il doint au Roy pour le mestier devant dit xxv deniers de la haubanerie; et au mestre qui garde le mestier xiii deniers, et xii deniers a boivre aus compaignons. Et doit chascun haubanier du mestier devant dit vi s. et viii deniers chascun an au Roy; mès plus ne doivent il pour le mestier devant dit, ne du vendre ne de l'achater, de toulieu ne de coustume nulle, se ce n'est leur halage et leur estalage.

ART. 27. — Se aucun est haubanier et il ait achaté le hauban en la maniere desus devisée, il puet estre Frepier et vendre et achater toutes les choses desus dites : c'est a savoir peleterie viez et nuève, et freperie viez et nueve, linge ou lange viez ou nuève, et quirien viez ou nuef, faire le puet franchement sans achater le mestier, par paiant le toulieu que les choses devant dites doivent. Mès il ne partirait pas au vendre ne a l'achater nule des choses desus dites avec les compaignons du mestier, c'est a savoir avecques ceus qui seroient Frepier ou avecques ceus qui seraient haubaniers.

ART. 28. — Li Frepiers partissent du mestier de freperie avecque touz ceus qui l'achatent, quel que il soient, pour qu'il l'achatent pour revendre, soit Frepier ou autre.

ART. 29. — Li Frepier qui ne sont pas haubanier partissent avecques touz ceux qui achatent pour revendre, se ce n'est avecques les haubaniers ne partissent il pas, se il n'avoies les denrées ançois marchandées sans lessier les ou il meissent en la main au haubanier.

ART. 30. — Le mestre du mestier devant dit ne puet ne ne doit nullui contraindre d'achater le mestier de freprerie ne de haubanerie ; mès il ne partirait pas es choses vendues et achatées, si comme il es dit devant, avecques ceus du mestier.

Art. 31. — Ceus qui vont criant « la cote et la chape! » parmi la vile de Paris et autre maniere de gent, ne sai quele ont establi un marchié de nouvel en lieu et en oevre soupeçonneuse : c'est a savoir à Saint Severin, la ou la place n'est nue moult grans, et de nuiz, c'est a savoir a puis vespres sonans dessi a chandoiles alumans. Li quel marchié seroit a oster, se il plaisait au Roy, quar sa droiture i est enpirée, si en sont moult de gens domagiez en moult de manieres, quar on i vent les choses soupeçonneuses et mal prises, et i achatent moult de gens mauveises denrées malgré leur de ceus qui mauveisement les ont prises.

Art. 32. — Li preud'ome du mestier devant dit doivent le gueit et la taille et les autres redevances que li autre bourgois de Paris doivent au Roy.

Art. 33. — Uns qui ait passé lx ans, ne cil aus quex leur fames gisent d'enfant, tant come elles gisent, ne nul qui soit sainiez se il n'a esté semons ançois que il se feist sainnier, ne nul qui soit hors de la vile se il n'a esté semons avant qu'il alast hors de la vile, ne doivent point de guait. Mès il le doivent faire savoir à celui qui le gueit garde de par lou Roy, par leur sergens et par leur voisins.

Art. 34. — Et dient li preud'ome du mestier qu'il sont grevé de ce que, puis x ans enença, ceux qui gardent le gueit de par lou Roy ne voelent pas recevoir l'ensoigne des choses desus dites par ceux du mestier, par leur voisins ou par leurs sergens, ançois voelent et font venir leur fames en propre parsone, soient beles soient ledes, soient vieilles ou jeunes, ou foibles ou grosses, pour leur seigneur ensoigner : laquele chose est moult vilaine que une fame soit et siée Chasteliet dessi a queuvre feu tant que li gueiz est livrez ; et dont s'en veit a tel eure parmi tel ville comme Paris est, toute seule entre li son garçon ou sa garce, ou sanz l'un ou sanz l'autre, parmi rues foraines, dessi a son ostel : et en ont esté auccun mal, auccun pechié, aucune vilonie faite pour la raison de tel essoignement.

Pour la quel chose li preud'ome du mestier devant dit voudroient deprier et requerre la debonéireté du Roy se il li pleust qui li essoigne feust essoignée par leur vallés, par leur chamberiere ou par leur voisin (1).

---

(1) *Le liore des métiers.* Édition aite pour la ville de Paris, par MM. de Lespinasse et Bonnnardot.

N° 2.

Ordonnance de police de 1396

Qui desfend d'embarrasser la voie publique :

Desfend aussy aux marchands de Paris, d'occuper les places destinées aux marchands forains ;

Desfend aux marchands forains de vendre ailleurs qu'aux Halles, et lieux accoutumés ;

Et desfend aux marchands de beurre, de les mélanger n'y de leur donner couleur de soucy ou autre.

25 novembre 1396.

Le samedy vingt-cinquième jour de novembre, l'an mil trois cent quatre vingt seize, fut crié ce qui suit :

Pour ce qu'il est venu à notre conqnoissance que plusieurs Chapelliers, Selliers, Lormiers, Doubletiers, Chaussetiers, Cordouenniers, Huchetiers, Rotisseurs, Revendeurs de gaiges et plusieurs autres ont accoutumés d'empechier la voyerie de Paris, tellement que en plusieurs lieux et places de Paris, le peuple ne peut passer que a très grand peine, combien que par plusieurs fois desfenses leur aient esté faites sous paine de 1 x sols Parisis que chacun retraie les choses en son hostel :

Pourquoy la voyerie du Roy notre Sire ne demeure empeschié ou préjudice du Roy notre dit Seigneur, et de la chose publique ;

Nous desfendons à tous de par le Roy notre Sire et Nous, que sur la dite peine de Lx. sols aucun desdits mestiers et marchandises ou autres, n'empesche ou soit si hardy d'empescher ou destourber en aucune maniàre la ditte voyerie.

Item, que nuls marchands de Paris qui aient accoutumé de porter et mettre leurs marchandises et denrées ès halles de Paris, ès lieux et places accoustumées à mettre et porter leurs dittes denrées et marchandises, n'empeschent ou soient si osez ni hardis d'empeschier les lieux et places des marchans forains, sur paine de perdre leurs denrées.

Et pareillement, desfendons à tous marchands forains, que leurs denrées ils ne vendent ailleurs que ès halles et autres lieux notables accoustumés à vendre icelle denrées, sur laditte paine.

Item, desfendons à tous vendans Beurre frès et sallé, que leurs dits beurres ils ne meslent ne donnent couleur de soucy ne autres herbes en fleurs, mais les vendent séparement sans mesleure : Et aussi qu'ils ne vendent beurre viez avecques beurre nouvel, sur paine d'amende voulentaire.

Escript soubz nostre signet, L'an et jour dessusdits.

N° 3.

Ordonnance de police de 1698

Qui contient règlement pour prévenir les vols et principalement ceux des domestiques et des enfants (1) :

18 juin 1698.

De par le Roy et M. le prévôt de Paris ou M. son lieutenant général de Police.

Sur ce qui nous a été remontré par le procureur du Roy :

Que la facilité qu'on trouve à vendre dans les boutiques de plusieurs marchands et artisans de cette ville, les choses qu'on y porte sans être connu, a toujours esté considérée comme l'une des principales causes des vols domestiques et des autres vols qui se commettent, tant de jour que de nuit ;

Que même cette liberté excessive qui ne contribue pas peu au libertinage et à la débauche des enfants de famille, a esté souvent réprimée, soit par les règlements généraux, soit par des condamnations particulières, et que dans cette vue les ordonnances de police des 15 janvier 1369, 13 février 1385, 25 novembre 1396 et 12 avril 1548, ont défendu à tous marchands et artisans d'acheter aucunes choses, si ce n'est de personnes connues ou ayant caution de connoissance, à peine de répondre des choses volées en leurs propres et privez noms et d'être punis comme receleurs ;

Que pour plus grand précaution il a esté enjoint aux marchands merciers, aux orfèvres et aux fripiers par leurs statuts et par les arrêts et règlements de tenir registres exacts et fidels de toutes les choses qui leur sont vendues, et des noms et demeures de ceux qui les ont exposées en vente ;

Qu'il est aussy enjoint aux teinturiers de tenir un semblable registre des étoffes qu'on leur apporte, tant pour éviter les déguisements, que pour prévenir les méprises qui pourraient arriver lors qu'on vient chercher ces étoffes après qu'elles ont passé par la teinture ;

Qu'enfin pour se précautionner contre les vols de plomb et d'estain, d'autant plus fréquents qu'il est plus rare et plus difficile d'en assurer la preuve, il a esté desfendu par les ordonnances et statuts de plombiers du 23 août 1646, à toutes personnes autres que les maîtres de cette profession, d'acheter, fondre et mettre en culots aucuns plombs, à tous marchands d'en vendre autrement qu'en navettes fabriquées dans les pays étrangers, et à tous vitriers, bimblotiers et autres, d'en acheter en morceaux ailleurs que chez les maîtres plombiers à peine de confication et de 400 livres d'amende.

---

(1) Collection Lamoignon. Archives de la préfecture de Police.

Et comme l'inexécution de ces ordonnances, non seulement cause l'impunité de la plus part des vols, mais donne lieu à plusieurs personnes sans qualité et d'une conduite très suspecte de s'ériger en revendeuses publiques, et d'acheter sous ce titre ou sous celuy des vendeuses à la toilette, toutes sortes de hardes et de marchandises, même de porter par les rues et dans les maisons des creusets ou moules, dans lesquels plusieurs particuliers sans aveu fondent librement le plomb, l'estain et l'argent qui leur sont présentez : il est également juste et nécessaire pour la sûreté publique de rappeler le souvenir et l'observation de ces anciens règlements, en obligeant tous les bourgeois, marchands et artisans de cette ville et fauxbourgs et même des lieux prétenducs et privilégiés à s'y conformer exactement.

Pour quoy requérant y être pourvu. Nous, faisant droit sur la remontrance du procureur du Roy :

Ordonnons que les statuts, ordonnances et règlements concernant le commerce et la sûreté publique seront exécutés selon leur forme et teneur.

Et en conséquence, faisons très expresses inhibitions et deffenses à tous marchands et artisans de cette Ville et fauxbours, même à ceux qui demeurent dans l'étendue des lieux privilégiés ou prétendus tels, d'acheter aucunes hardes, meubles, linges, livres, bijoux, plomb, vaisselles et autres choses des entants de famille ou des domestiques sans un consentement exprès et par écrit de leur père, mère ou tuteurs, et de leurs maistres ou maîtresses.

Leur faisons semblables desfenses d'en acheter d'aucune personne dont le nom ou la demeure ne leur soient connus, ou qui ne leur donne caution et répondant de connoissance ; le tout à peine de 400 livres d'amende, et de répondre en leurs propres et privez noms des choses volées ; même en cas de récidive d'estre punis comme recéleurs.

Deffendons pareillement et sous les mêmes peines à toutes personnes sans qualité de s'entremettre dans lesdites ventes ou reventes.

Enjoignons aux marchands merciers et aux orfèvres, aux fripiers, tapissiers, fourbisseurs, potiers d'estain, plombiers, et chaudronniers, vendeurs de vieux fers, et à tous autres marchands et artisans, qui achetent, changent ou revendent de vieux meubles ou de vieilles hardes, de vieux livres et de la vaisselle, des armes, des tableaux, des bijoux et toute autre chose de semblable qualité, ou qui achètent ces mêmes choses neuves d'autres personnes que des artisans qui les fabriquent ou des marchands qui en font commerce, d'en tenir bon et fidèle registre, et d'y exprimer en détail, chaque chose vendue, troquée ou changée, les noms, qualités et demeures des personnes qui les auront exposées en vente, et les jours qu'elles leur auront esté apportées. Enjoignons aux teinturiers de tenir de semblables registres des vieilles hardes ou étoffes qui leur sont données à teindre, lesquels registres ils seront tenus de représenter aux commissaires des quartiers et aux maîtres et gardes ou jurez de leur corps de communauté toutes les fois qu'ils en seront requis ;

Comme aussi faisons très expresses inhibitions et desfenses à toutes personnes autres que les maîtres plombiers d'acheter, fondre et mettre en culots aucuns plomb ; à tous marchands et à tous autres que les plombiers d'en vendre en table, culots, morceaux ou autrement, si ce n'est en navettes fabriquées dans les païs étrangers, et marquées de la marque des bureaux des fermes du Roy ; à tous vitriers, bimblotiers, balanciers, pottiers de terre, chaudronniers, fondeurs et tous autres, d'en acheter en morceaux ailleurs que chez lesdits maîtres plombiers ; et à toutes personnes autres que les maîtres potier d'estain d'acheter de l'étain en morceaux. D'en achetter en vaisselle ou autrement, si ce n'est dans les boutiques de ceux qui ont droit d'en vendre, ou aux ventes publiques faites par autorité de justice, et d'en fondre ou faire fondre sous quelque prétexte que ce soit, le tout à peine contre chacun des contrevenans de 400 livres d'amende et de punition corporelle en cas de récidive. Desfendons à toutes personnes de porter par les rues ou par les maisons, des creusets, moules, ny autres outils, pour y fondre et dissoudre l'argent, l'estain, le plomb ou aucun autre métal, à peine de semblable amende et du carcan.

Mandons aux commissaires du Châtelet de tenir la main à l'exécution de la présente ordonnance ; et afin que personne n'en prétende cause d'ignorance, ordonnons qu'elle sera leue, publiée et affichée par tous les carrefours, places publiques et autres lieux accoutumés de cette Ville et fauxbourgs de Paris, et exécutée nonobstant oppositions ou appellations quelconques et sans préjudice d'icelles.

Ce fut fait et donné par messire Marc-René de Voyer de Paulmy d'Argenson, chevalier conseiller du Roy en ses conseils, maître des Requêtes ordinaire de son hôtel et lieutenant-général de police de la Ville, prévôté et vicomté de Paris, le dix-huitième jour de juin mil six cent quatre-vingt-dix-huit.

Signé : DE VOYER D'ARGENSON, ROBERT GAUDION, greffier.

L'ordonnance cy-dessus a esté lue et publiée à haute et intelligible voix, à son de trompe et cry public en tous les lieux ordinaires et accoutumés, par moy Marc-Antoine Pasquier, juré-crieur ordinaire du Roy en la ville, prévôté et vicomté de Paris accompagné de Claude Mattelin, Louis Ambezar et Nicolas Ambezar, jurez-trompettes, le vingt-cinquième jour de juin mil six cent quatre-vingt-dix-huit, à ce que personne n'en prétendre cause d'ignorance ; et affichée ledit jour ès lieux.

Signé : PASQUIER.

N° 4.

Sentence de police de 701

Qui porte que les crieurs de vieux passements d'or et d'argent, les crieurs de vieux chapeaux et les colporteurs de mercerie appelés haut à bas, seront tenus d'avoir des registres pour y écrire leurs achats et leurs ventes.

15 juillet 1701.

De par le roy et M. le prévost de Paris ou M. son lieutenant général de Police,

Sur le rapport qui nous a été fait à l'audience de police par Me Louis Regnard l'aîné, commissaire au Châtelet de Paris, qu'au préjudice des règlements de police qui ordonnent à toutes personnes dont le commerce consiste à vendre ou acheter des vieux passements d'or et d'argent, et à tous colporteurs en jouaillerie et mercerie, appellés vulgairement haut-à-bas à tenir des registres de leurs ventes et achats, pour y avoir recours en cas de besoin, et connoître par cette vérification, s'ils n'achètent que des gens connus et domiciliés :

Cette partie de la police, quoique une des plus importantes pour prévenir les vols et assurer la découverte des récélements, a été tellement négligée que la pluspart des particuliers affectent de ne tenir aucun registre, et sous prétexte qu'ils n'ont aucun domicile certain, ne font pas de difficulté d'acheter tant des fils de famille et des gens de livrée, que de tous ceux qui se présentent toutes sortes de marchandises, même des dentelles et des étoffes d'or et d'argent, sans s'informer de qui elles viennent.

Que parmy ces colporteurs luy commissaire a principalement remarqué Louis Poinou, maître boutonnier à Paris, Charles Collet et Louis Petit aussi maîtres boutonniers, qui se mêlent d'acheter à toutes mains des vieux passements d'or et d'argent, Jean Padelain et Antoine Thadée, qui colportent et la mercerie et la jouaillerie, en criant haut-à-bas, auxquels ayant demandé la représentation de leurs registres, ils luy ont déclaré qu'ils n'en avoient point, et qu'ils n'étoient point dans cet usage. Ce qui l'auroie obligé de les faire assigner par devant nous en cette audience, par exploic de Jean Pacle, huissier de police, du quatorze du présent mois à la requête du procureur du roy.

Sur quoy nous, après avoir ouy le dit commissaire en son rapport, les dits particuliers en leurs deffenses et les gens du roy en leurs conclusions,

Avons ordonné que les arrêts et règlements de police seront exécutés selon leur forme et teneur; et en conséquence que toutes personnes dont le commerce consiste à vendre ou acheter des vieux passements d'or et d'argent, crieuses de vieux chapeaux, colporteurs de mercerie et jouaillerie appelés vulgairement haut-à-bas, et tous autres généralement quelconques, seront tenus d'avoir des registres paraphés, lesquels contiendront jour par jour successivement et sans interruption leurs achats et ventes, ensemble les noms et domicile de ceux qui les auront vendus.

Leur faisons très expressses desfenses d'en acheter des fils de famille, des gens de livrée, n'y d'aucunes personnes non domiciliées ny connues, à peine de cinq cents livres d'amende, et tous dépens, dommages et intérêts, et de punition corporelle s'il y échoie.

Ordonnons en outre que dans huitième du jour de la publication de la présente ordonnance; ils seront tenus de déclarer à l'un des commissaires du quartier, ou ils feront alors leurs demeures, leur nom, et leur domicile actuel avec indication précise de la chambre qu'ils occuperont, dont les commissaires feront mention dans un registre séparé pour y avoir recours toutes fois et quantes; et donneront à chacun des dits particuliers un extrait de l'article qui les concerne.

Enjoignons aux dits colporteurs de porter toujours le dit extrait et de le représenter aux Commissaires toutes les fois qu'ils en seront par eux requis, comme aussi de les avertir du changement de leur domicile à chaque mutation, et de se faire inscrire sur le registre de celuy dans le quartier duquel ils iront loger, dont leur sera par luy délivré un semblable extrait qui fera mention de leur dernier domicile; le tout à peine de cinq ceus livres d'amende, d'estre réputté vagabond et gens sans aveu et de punition exemplaire.

Et sera notre présente sentence lue publiée et affichée dans les carrefours, places publiques et autres lieux ordinaires et accoutumés, a ce que nul n'en puisse prétendre cause d'ignorance.

Ce fut fait et donné par Messire Marc-René de Voyer de Paulmy d'Argenson, chevalier, conseiller du Roy en ses conseils, maistre des requestes ordinaire de son hotel et lieutenant général de police de la Ville, prévosté et vicomté de Paris, le quinzieme jour de juillet mil sept cent-un.

Signé : DE VOYER D'ARGENSON et TAUXIER l'aîné, greffier.

La sentence cy dessus a été lue et publiée à haute et intelligible voix, à son de trompe et cry public, en tous les lieux ordinaires et accoutumés par moy, Marc-Antoine Pasquier, juré crieur ordinaire du Roy, en la dite ville, prévôté et vicomté de Paris, demeurant rue du Milieu de l'hôtel des Ursins, accompagné de Claude Mattelin, Louis Ambezar, et Nicolas Ambezar jurez trompettes, le deuxieme jour d'aoust mil sept cent-un, à ce que personne n'en prétende cause d'ignorance et affichée le dit jour et lieux.

Signé : PASQUIER.

N° 5.

Sentence de police de 1761

Qui fait deffenses aux tapissiers, fripiers, brocanteurs et revendeurs de s'emparer du devant des tables où se font les ventes publiques, leur enjoint d'en laisser l'approche libre aux bourgeois, etc.

Du 21 novembre 1761.

A tous ceux qui ces présentes lettres verrons ; Alexandre de Ségur, chevalier, seigneur de France et autres lieux, prévôt de Paris, salut, scavoir faisons :

Que vu par nous, Antoine-Raymond-Jean Gualbert Gabriel de Sartine, conseiller du Roy en ses conseils, lieutenant-général de police de la Ville, prévôté et vicomté de Paris, la requête à nous présentée par les doyens-syndics et communauté des huissiers commissaires-priseurs vendeurs de biens-meubles, au Châtelet de Paris es contenant ; que quoique par plusieurs sentences en forme de règlement, notamment par celles des 13 juin 1721 et 15 décembre 1727, il ait été fait défenses aux tapissiers, fripiers, brocanteurs, revendeurs et revendeuses et autres gens fréquentant les ventes publiques de troubler ni d'insulter les officiers qui y procèdent et les personnes qui s'y présentent pour enchérir et acheter ; néanmoins il n'est que trop fréquent que les gens qui par état suivent les ventes publiques, s'emparent des tables destinées à cet effet, et en éloignent les bourgeois qu'ils injurient, méprisent les meubles exposés en vente afin de les avoir à vil prix, et les lottissent entr'eux, au mépris des dispositions de ces sentences, ce qu'ils ne feroient pas si les supplians avoient le droit, pour empêcher ces abus de faire arrêter sur-le-champ les contrevenans, soit pour les faire constituer prisonniers, ou au moins pour les conduire chez le premier commissaire, à l'effet de constater le trouble ; mais comme par lesdites sentences il n'a été accordé aux supplians que la faculté de dresser des procès-verbaux des contraventions, tous resté dans l'impunité et dans le désordre, la plupart des réfractaires étant sans ressources et souvent inconnus des officiers, la poursuite en deviendroit dans le premier cas infructueuse et dans le second impossible aux supliens auxquels ces sortes de gens échappent dès qu'ils paroissent vouloir verbaliser ; et ce n'est que lorsque les officiers connoissent les perturbateurs qu'ils peuvent user de cette voye, parce que l'insigne fidélité de ceux dont ils sont connus n'est jamais décelée, et c'est ce qui enhardit les inconnus et les insolvables ; quant aux autres, la confiance qu'ils ont que les supliants ne voudroient pas faire sur eux mêmes les frais d'une poursuite judiciaire par la voye de l'information toujours dispendieuse joint au peu d'effet que font contre eux des défenses de récidive lorsqu'il y échoit, fait qu'ils ne mettent aucun frein à leurs manœuvres et narguent continuellement et les officiers et les bourgeois ; d'ailleurs, il faudroit autant de poursuites qu'il y auroit de perturbateurs, chacun d'eux n'étant tout au plus intimidé que lorsqu'il y a un jugement contre lui, et les autres secouant le joug des défenses générales jusqu'à ce qu'ils soient personnalisés. La sentence rendue par monsieur le lieutenant criminel le 21 may 1751, au profit d'André de la Ville, l'un des supliants, en est une preuve, puisqu'elle n'a produit aucun effet, quoiqu'elle ait été imprimée et affichée et conséquemment rendue publique. Et comme il est interessant, tant pour le public que pour faciliter les fonctions des suplians, de maintenir l'exécution des règlements qui contienent lesdites sentences au sujet des ventes publiques, c'est la raison pour laquelle les supliens nous ont donné leur dite requête à ce qu'il nous plut sur ce, leur pourvoir de la manière portée en ladite réquête signée pour Méry Barré jeune, et répondue de notre ordonnance du 9 de ce mois de soit montré au procureur du Roy ; vu aussi lesdites sentences des 13 juin 1721 et 15 décembre 1727 ensemble les conclusions du procureur du Roy. Nous, ouy et ce, requérant le procureur du Roy, ordonnons que les dites sentences susdatées seront exécutées selon leur forme et teneur, et en conséquence faisons défenses à tous tapissiers, fripiers, brocanteurs, revendeurs et revendeuses de s'emparer du devant des tables où se font les ventes publiques, leur enjoignons d'en laisser l'aproche libre aux bourgeois et autres personnes qui se présenteront et de ne point mépriser les meubles hardes et effets qui seront exposés en vente, ni injurier ceux qui enchérirons sur eux, non plus que les huissiers qui procèderont aux dites ventes, et en cas de contravention, autorisons les dits huissiers à faire arrêter et conduire les contrevenants chez le premier commissaire pour être par lui du tout dressé procès-verbal, et sur le vu d'icelui, après qu'il nous en aura sur-le-champ référé, suivant l'exigence du cas être statué ce qu'il appartiendra. Enjoignons en outre aux officiers du guet et de police de prêter main-forte et d'assister les huissiers priseurs qui procèderont aux ventes lorsqu'ils en seront par eux requis relativement à l'espèce dont il s'agit. Et sera notre présente ordonnance imprimée, lue, publiée et affichée partout où besoin sera, et exécutée nonobstant opposition ou appellation quelconques et sans y préjudicier. En témoin de ce nous avons fait sceller ces présentes qui furent faites et jugées par nous, juge-sindic, le samedi vingt unième jour de novembre, mil sept cent soixante un. Collationné, Vimont, signé Lafontaine ; scellé le 24 novembre 1761, signé Sauvage.

La dite ordonnance a été lue et publiée à haute et intelligible voix, à son de trompe et cry public, dans tous les marchés, carrefours et lieux accoutumés de la ville de Paris, par Philippe Rouveau, juré-crieur du Roy et de la dite Ville, prévoté et vicomté de Paris, et huissier à verge au Châtelet, en présence de Louis-François et Claude-Louis Ambezar, jurés-trompettes, à ce que les tapissiers, fripiers, brocanteurs, revendeurs et revendeuses et autres n'en prétendisent cause d'ignorance, le 23 décembre 1761.

N° 6.

Déclaration du Roi de 1778

Portant règlement pour les fripiers, brocanteurs, exécutée le 22 mai suivant.

Donnée à Versailles le 29 mars 1778. (Registrée en Parlement le 22 mai 1778).

Louis, par la grâce de Dieu, roi de France et de Navarre, à tous ceux qui ces présentes lettres verront : Salut.

Par l'art. ii de notre édit du mois d'août 1776, Nous avons permis à toutes personnes d'exercer librement les commerces, métiers et professions compris en la liste annexée audit édit ; et par notre déclaration du 19 décembre suivant, Nous avons, entr'autres dispositions, ordonné qu'il serait établi un Syndic et un adjoint dans chacune desdites professions. Celle de frippiers-brocanteurs, achetant et vendant dans les rues, halles et marchés, ayant été comprise au nombre de ces professions déclarées libres, Nous avons cru que, pour prévenir les entreprises que les brocanteurs pourroient faire sur le commerce des maîtres et marchands-frippiers, réunis à la communauté des tailleurs d'habits, Nous devions déterminer d'une manière précise les droits dont lesdits brocanteurs pourroient jouir, et les conditions auxquelles ils y seroient admis. A ces causes, et autres à ce Nous mouvant, Nous avons, par ces présentes signées de notre main, dit, déclaré et ordonné, disons, déclarons et ordonnons, voulons et nous plaît ce qui suit :

Article premier. — Tous ceux ou celles qui voudront, à l'avenir, exercer la profession de fripier-brocanteur seront tenus, conformément à l'art. 2 de notre édit du mois d'août 1776, et de notre déclaration du 19 décembre suivant, de se faire préalablement inscrire, si fait n'a été, tant sur les livres de la police que sur ceux tenus par le syndic de ladite profession à peine de confiscation de leurs marchandises, de tels dommages et intérêts qu'il appartiendra, et de dix livres d'amende envers nous.

Art. 2. — Il sera délivré par le lieutenant-général de police, à chacun d'eux, une plaque ou médaille de cuivre numérotée, duquel numéro mention sera faite dans les certificats d'enregistrement, laquelle médaille ils seront tenus de porter sur eux et en évidence, tant qu'ils exerceront ladite profession, sans pouvoir la céder, ni même prêter à aucun autre, sous peine de dix livres d'amende, et d'être déchus de leurs droits et privés de ladite médaille.

Art. 3. — Chaque brocanteur sera tenu de déposer, pour sûreté de la valeur de ladite médaille, entre les mains de celui qui sera préposé par le lieutenant-général de police, la somme de six livres, laquelle lui sera restituée, sans aucun frais, en rapportant ladite médaille.

Art. 4. — Les maîtres de l'ancienne communauté des frippiers, et ceux de la nouvelle communauté des tailleurs-frippiers, ainsi que leurs veuves, qui cesseront de tenir boutiques, seront admis, par préférence, au nombre desdits brocanteurs, en se conformant par eux aux réglemens concernant ladite profession.

ART. 5. — Les fripiers-brocanteurs pourront acheter et vendre librement dans les rues, halles et marchés toutes sortes de marchandises de friperies, meubles et ustensiles de hasard, qu'ils porteront sur leurs bras, sans qu'ils puissent les déposer ni étaler en place fixe ; le tout sous les peines portées à l'art. 2.

ART. 6. — Exceptons des marchandises que lesdits brocanteurs auront la faculté de vendre, celles qui seront neuves, quoique achetées de hasard, les armes offensives et défensives, et enfin les matières d'or et d'argent, sauf les vieux galons ou vieilles hardes brodées ou tissues d'or et d'argent qu'ils pourront acheter et revendre.

ART. 7. — Défendons formellement auxdits fripiers-brocanteurs, sous les peines portées en l'art. 2, de tenir boutique, échoppe ou magasin des marchandises qu'ils ont la faculté d'acheter et revendre, ni même d'en faire commerce dans le lieu de leur domicile ou ailleurs, que dans les rues, halles et marchés ; leur permettons néanmoins de reporter chez eux les marchandises qu'ils n'auront pas pu vendre dans la journée, même de les raccommoder, sans néanmoins pouvoir employer aucun ouvrier ni compagnon, autres que leurs femmes et enfants.

ART. 8. — Les règlemens de police concernant l'achat et la revente des effets et marchandises de hasard, seront exécutés par les frippiers-brocanteurs, selon leur forme et teneur, et sous les peines y portées, ainsi qu'ils l'étaient ou ont dû l'être par les anciens maîtres frippiers. Si donnons en mandement à nos amés et féaux conseillers les gens tenant notre cour de Parlement à Paris, que ces présentes ils ayent à enregistrer, et le contenu en icelles garder, observer et exécuter, suivant leur forme et teneur et nonobstant toutes choses à ce contraires ; car tel est notre plaisir ; en témoin de quoi nous avons fait mettre notre scel à ces dites présentes. Donné à Versailles le vingt-neuvième jour du mois de mars, l'an de grâce mil sept cent soixante-dix-huit,, et de notre règne le quatrième.

Signé : LOUIS. *Et plus bas* : par le roi AMELOT. Et scellée du grand sceau de cire jaune.

Registrée, oui et ce requérant le procureur général du Roi, pour être exécutée selon la forme et teneur ; et copie collationnée envoyée au Châtelet de Paris, pour y être lue, publiée et registrée : enjoint au substitut du procureur général du Roi d'y tenir la main, et d'en certifier la Cour dans le mois, suivant l'arrêt de ce jour.

A Paris, en Parlement, la Grand'Chambre et Tournelle assemblées, le vingt-deux mai mil sept cent soixante-dix-huit.

Signé : DUFRANE.

N° **7.**

Ordonnance de police de 1778

Concernant la sûreté publique.

Du 4 novembre 1778.

Sur ce qui nous a été remontré par le Procureur du Roi, qu'aux approches de l'Hiver où les crimes et délits deviennent plus fréquens, il lui paraît nécessaire de prendre toutes les mesures capables de procurer le repos et la tranquillité des citoyens ; que s'il est des moyens que les Officiers de Justice et de Police peuvent employer pour prévenir le désordre, les Habitans de cette Ville doivent y concourir par l'exacte observation des Ordonnances de Police ; que dans cette vue il croit du devoir de son ministère de leur rappeller les principales dispositions des Règlemens concernant la Sûreté de cette Ville et Fauxbourgs : pourquoi y être requiert par nous pourvu.

Nous, faisant droit sur le réquisitoire du Procureur du Roi, ordonnons que les Édits, Déclarations du Roi, Arrêts, Ordonnances et Règlemens de Police concernant la Sûreté publique, seront exécutés selon leur forme et teneur ; et en conséquence :

Article premier. — Faisons très expresses inhibitions et défenses à tous marchands et artisans de cette ville et faubourg, même à ceux qui demeurent dans l'étendue des lieux privilégiés, ou prétendus privilégiés, d'acheter aucunes hardes, meubles, linges, livres, bijoux, plomb, vaisselle et autre chose à des enfants de famille, ou des domestiques, sans un consentement exprès et par écrit de leurs pères, mères ou tuteurs, et de leurs maîtres ou maîtresses ; leur faisons semblables défenses d'en acheter d'aucunes personnes dont le nom et la demeure ne leur soient connus, ou qui ne leur donnent caution ou répondent d'une qualité non suspecte ; et à toutes personnes sans qualité de s'entremettre dans lesdites ventes et reventes ; le tout à peine de quatre cents livres d'amende, et de répondre en leur propre et privé nom des choses volées, et même d'être poursuivis extraordinairement si le cas y échet.

Art. 2.— Enjoignons aux marchands merciers, quincailliers, orfèvres, jouailliers, bijoutiers, horlogers, fripiers, tapissiers, fourbisseurs, potiers d'étain, fondeurs plombiers, chaudronniers, vendeurs de vieux fers, et à tous autres marchands et artisans qui achètent et revendent, changent et trafiquent de vieux meubles, linges, hardes, bijoux, vaisselle, tableaux, armes, plomb, étain, cuivre, ferraille et autres effets et marchandises de hasard, ou qui achètent les mêmes choses neuves, d'autres personnes que des artisans qui les fabriquent ou des marchands qui en font le commerce, d'avoir et tenir chacun deux registres, sur lesquels ils inscriront, jour par jour, de suite, sans aucun blanc ni rature, les noms, surnoms, qualités et demeures de ceux de qui ils achèteront et avec qui ils trafiqueront ou échangeront des effets et marchandises de hasard, ensemble la nature, la qualité et le prix desdites marchandises, conformément à l'ordonnance du commissaire ancien préposé pour la police de leur quartier, qui sera mise en tête de chacun desdits registres, lesquels seront de lui cotés et paraphés par premier et dernier feuillets, et seront tenus lesdits marchands de représenter lesdits registres au moins une fois le mois, savoir : l'un, audit commissaire ancien, et l'autre à l'inspecteur de police de leur quartier ; à l'effet d'être chaque fois paraphés par le commissaire et visés par l'inspecteur ; le tout, à peine, contre chacun des contrevenants, ou refusants, de quatre cents livres d'amende, et même de plus grande peine.

Art. 3. — Toutes personnes, dont le commerce consiste à acheter de vieux passements d'or et d'argent, brocanteurs, crieurs de vieux chapeaux, colpolteurs de merceries ou jouailleries, appelés vulgairement haut-à-bas, revendeurs et revendeuses, seront également tenus d'avoir un registre coté et paraphé par le commissaire ancien de leur quartier, de porter journellement sur eux ledit registre, d'y inscrire les hardes, linges, nippes et autres choses qu'ils achèteront, et les noms et demeures des vendeurs, et de faire viser ledit registre au moins une fois la semaine par l'inspecteur de police du quartier ; en tête duquel registre, seront les noms, demeures et signalements desdits revendeurs et revendeuses, lesquels, en cas de changement de demeure, en feront leur déclaration, tant au commissaire ancien et à l'inspecteur du quartier qu'ils quitteront qu'à ceux du quartier dans lequel ils iront demeurer ; le tout à peine de cent livres d'amende. même de prison.

Art. 4. — Seront aussi tenus les revendeurs et revendeuses de représenter leurs registres, même les effets, hardes et autres choses qu'ils auront achetés, aux commissaires, inspecteurs et autres officiers de police, toutes les fois qu'ils en seront requis, à peine de saisie et confiscation des hardes et effets qu'ils auront celés, et de 50 livres d'amende.

Art. 5. — Tous particuliers, de quelque qualité qu'ils soient, qui donneront à loyer en maison ou chambres garnies, seront tenus d'avoir deux registres, sur chacun desquels ils inscriront, jour par jour, les noms, pays, qualités et professions de ceux qu'ils recevront dans leurs maisons, ou qu'ils prendront en pension ; pour en remettre un, tous les mois, entre les mains du commissaire distribué dans leur quartier, à l'effet d'être par lui signé et visé, et de garder l'autre pour le représenter aux inspecteurs de police qui l'examineront et viseront et le dateront, à chacune de leurs visites, le tout, à peine de 300 livres d'amende, contre les logeurs, pour chaque contravention ; la présente disposition sera exécutée à l'égard de toutes personnes logeant des ouvriers de toute profession par chambrée.

Art. 6. — Enjoignons à tous ceux qui viendront loger en cette ville, soit à l'auberge ou en chambre garnie, de déclarer, aux aubergistes ou logeurs, leurs véritables noms et surnoms, leurs qualités, le pays dont ils sont originaires, et le sujet de leur voyage, et ce, sous peine de prison et de procéder, ainsi qu'il appartiendra, contre ceux qui auraient usé de quelques déguisements.

Art. 7. — Défendons à toutes personnes de porter par les rues ou par les maisons, des creusets, moules, et autres outils pour fondre et dissoudre l'argent, l'étain, le plomb, ou tout autre métal. Faisons pareillement défenses à tous ceux qui, par état ou profession, n'ont pas le droit de fondre lesdits métaux, d'avoir, dans leurs maisons, les creusets, moules et outils à ce destinés, à moins qu'ils ne soient autorisés à en faire commerce, et ce, sous telles peines qu'il appartiendra.

Art. 8. — Défenses sont faites à tous serruriers, taillandiers et autres ouvriers travaillant à la forge, ferrailleurs, revendeurs et crieurs de vieille ferraille, et à toutes autres personnes, telles qu'elles soient, d'exposer en vente et débiter aucune clef vieille ou neuve, séparément de la serrure pour laquelle ladite clef aura été faite, sous peine de 100 livres d'amende, pour la première fois; et de prison, en cas de récidive, même d'être poursuivis extraordinairement, suivant l'exigence des cas.

Art. 9. — Faisons pareillement défenses à tous compagnons et apprentis serruriers et autres ouvriers en clefs, de travailler, forger et limer des clefs et des serrures hors les boutiques de leurs maîtres, en quelque lieu que ce puisse être, et d'y avoir des outils ; ainsi qu'à tous particuliers de les recevoir à cet effet dans leurs maisons et logements, sous peine de prison contre les dits compagnons, apprentis, serruriers et ouvriers en fer, et d'amende contre les dits particuliers qui les recevront chez eux à cet effet ; et seront tenus les propriétaires et principaux locataires qui auraient lesdits ouvriers logés dans leurs maisons, dès qu'ils seraient instruits qu'ils travaillent chez eux aux dits ouvrages, d'en faire leur déclaration chez le plus prochain commissaire, ou au bureau de la sûreté établi à la police ; lesquelles déclarations, ainsi que toutes autres déclarations concernant les vols et délits publics, seront reçues sans frais, suivant l'usage accoutumé ; le tout, sous peine d'amende contre lesdits propriétaires et principaux locataires.

Art. 10. — Ne pourront les ferrailleurs, revendeurs et crieurs de vieux fers avoir des étaux et limes chez eux, limer, faire limer ou réparer aucunes clefs dans leurs boutiques, maisons ou ailleurs, sous peine d'amende pour la première fois, et de prison en cas de récidive. Ne pourront également les maîtres serruriers, ferrailleurs, taillandiers et autres ouvriers travaillant à la forge, travailler et faire travailler dans les derrières de leurs maisons et autres lieux non apparents, à peine d'amende et de telle autre punition qu'il appartiendra.

Art. 11. — L'Édit du mois de décembre 1666 sera exécuté ; en conséquence, toute fabrique, débit, port et usage de pistolet de poche, soit à rouet, baïonnettes, poignards, couteaux en forme de poignards, dagues, bâtons et cannes à dard, épées, baïonnettes et ferrements, autres que ceux qui sont ferrés par le bout, seront et demeureront prohibés à toutes personnes de quelque qualité et condition qu'elles soient, à peine, contre les fourbisseurs, armuriers, couteliers et marchands qui les fabriqueraient et débiteraient, de confiscation desdites armes, de cinq cents livres d'amende et d'interdiction de leur maîtrise, pendant un an, pour la première fois et de privation d'icelle, en cas de récidive ; et, à l'égard des compagnons travaillant en chambre, à peine de prison, même de plus grande punition. Faisons défenses à tous ouvriers, artisans et autres personnes, si elles n'en ont le droit et qualité, de porter épées, cannes ou bâtons ou autres armes, à peine d'être poursuivis extraordinairement, et punis suivant la rigueur des Ordonnances.

Art. 12. — Enjoignons aux maîtres en chirurgie et à tous autres exerçant la chirurgie à Paris, d'écrire les noms, surnoms, qualités et demeures des personnes qui seront blessées, soit de nuit, soit de jour, et qui auront été conduites chez eux pour y être pansées, ou qu'ils auront été panser ailleurs, et d'en informer incontinent le commissaire de police du quartier, ainsi que de la qualité et des circonstances de leurs blessures, sous peine de trois cents livres d'amende, d'interdiction et même de punition corporelle, le tout conformément aux règlements.

Art. 13. — Les vidangeurs qui trouveront des objets suspects, argenteries et autres effets, dans les lieux communs des maisons, en feront leur déclaration, dans le même instant, à l'un des commissaires du quartier dans l'étendue duquel les fosses d'aisances seront situées, à peine contre lesdits vidangeurs de 300 livres d'amende.

Art. 14. — Faisons défenses à tous cabaretiers, taverniers, limonadiers, vinaigriers, vendeurs de bière, d'eau-de-vie et de liqueurs au détail, d'avoir leur boutique ouverte, ni de recevoir aucunes personnes chez eux, et d'y donner à boire, passé dix heures du soir, depuis le 1er novembre jusqu'au 1er avril, et depuis le 1er avril jusqu'au 1er novembre, après onze heures.

Leur défendons pareillement de recevoir chez eux, aucunes femmes de débauche, vagabonds, mendiants, gens sans aveu et filoux ; le tout à peine de 100 livres d'amende.

Art. 15. — Enjoignons à tous propriétaires et principaux locataires des maisons de cette ville et faubourgs, de quelque état et conditions qu'ils soient, de tenir les portes de leurs maisons fermées pendant la nuit ; leur défendons de les laisser ouvertes après huit heures du soir, depuis le 1er novembre jusqu'au dernier mars, et après dix heures, depuis ledit jour dernier mars jusqu'au 1er novembre, à peine de 100 livres d'amende contre chacun des contrevenants, et sous plus grande peine, en cas de récidive.

Art. 16. — Mandons aux Commissaires au Châtelet, ee enjoignons aux Inspecteurs et Officiers de Police, du Guet, de la Garde, et à tous autres qu'il appartiendra, de tenir la main à l'exécution de la présente Ordonnance, qui sera imprimée, lue, publiée et affichée dans cette Ville et Faubourgs, dans les Villages de la Banlieue, et par-tout ailleurs où besoin sera.

Ce fut fait et donné par Nous Jean-Charles-Pierre Le Noir, Chevalier, Conseiller d'État, Lieutenant Général de Police de la Ville, Prévôté et Vicomté de Paris, le quatre Novembre mil sept cent soixante-dix-huit.

Le Noir.

Moreau.

Morisset, greffier.

L'ordonnance ci-dessus a été lue et publiée à haute et intelligible voix, à son de trompe et cri public, en tous lieux et endroits ordinaires et accoutumés, par moi, Philippe Rouveau, Huissier à Verge et de Police au Châtelet de Paris, et seul Juré-Crieur ordinaire du Roi et des Cours et Juridictions de la Ville, Prévôté et Vicomté de Paris, y demeurant rue Aubry-le-Boucher, au Vase d'Or, vis à vis Saint Josse, soussigné, accompagné de C. L. Ambezar, J. L. Ambezar, Jurés Trompettes de sa Majesté, y demeurant rue du Faubourg Saint-Denis, Paroisse de Saint Laurent, le 7 Novembre 1778, et affichée ledit jour esdits lieux et autres où besoin a été, à ce personne n'en prétende cause d'ignorance.

Signé : Rouveau.

N° 8.

Ordonnance de police de 1780.

Concernant la sûreté publique, renouvelant celles du 18 juin 1698 et du 4 novembre 1778 (1).

8 Novembre 1780.

Sur ce qui nous a été remontré par le Procureur du Roi, que les Ordonnances et Règlements de Police, concernant la Sûreté publique, ne sauraient être remis trop souvent sous les yeux des habitants de cette Capitale, afin que par leur exactitude à s'y conformer, surtout aux approches de l'hiver, ils puissent concourir à prévenir les crimes et délits, plus communs en cette saison ; pourquoi y être requiert par nous pourvu.

Nous, faisant droit sur le réquisitoire du Procureur du Roy, ordonnons que les Édits, Déclarations du Roy, arrêts, Ordonnances et Règlements de Police concernant la Sûreté publique seront exécutés selon leur forme et teneur ; en conséquence :

Article premier. — Faisons très expresses inhibitions et défenses à tous marchands et artisans de cette ville et faubourgs, même à ceux qui demeurent dans l'étendue des lieux privilégiés, d'acheter aucunes hardes, meubles, linges, bijoux, plomb, vaisselle et autre chose, des enfants de famille ou des domestiques, sans un consentement exprès et par écrit de leurs pères, mères ou tuteurs, et de leurs maîtres ou maîtresses ; leur faisons semblables défenses d'en acheter d'aucunes personnes dont le nom et la demeure ne leur soient connus, ou qui ne leur donnent caution et répondent d'une qualité non suspecte, et à toutes personnes sans qualité, de s'entremettre dans lesdites ventes et reventes ; le tout à peine de 400 livres d'amende et de répondre, en leur propre et privé nom, des choses volées, et même d'être poursuivis extraordinairement, si le cas y échet.

Art. 2. — Enjoignons aux marchands merciers, quincailliers, orfèvres, bijoutiers, horlogers, fripiers, tapissiers, tapissiers, fourbisseurs, potiers d'étain, fondeurs, plombiers, chaudronniers-vendeurs de vieux fers, et à tous autres marchands et artisans qui achètent et revendent, changent et trafiquent de vieux meubles, linges, hardes, bijoux, vaisselle, tableaux, armes, étain, plomb, cuivre, ferrailles et autres effets et marchandises de hasard, ou qui achètent les mêmes choses neuves, d'autres personnes que des artisans qui les fabriquent ou des marchands qui en font commerce, d'avoir et tenir chacun deux registres sur lesquels ils inscriront, jour par jour, de suite et sans aucun blanc ni rature, les noms, surnoms, qualités et demeure de ceux de qui ils

---

(1) Collections d'ordonnances et du musée Carnavalet. 1780, tome II, p. 357

achèteront et avec qui ils trafiqueront ou échangeront des effets et marchandises de hasard, ensemble la nature, la qualité et le prix desdites marchandises conformément à l'ordonnance du commissaire ancien préposé pour la police de leur quartier, qui sera mise en tête de chacun desdits registres, lesquels seront de lui cotés et paraphés par premier et dernier feuillet, et seront ténus lesdits marchands de repré enter lesdits registres au moins une fois le mois, savoir : l'un audit commissaire ancien et l'autre à l'inspecteur de police de leur quartier, à l'effet d'être chaque fois paraphés par le commissaire et visés par l'inspecteur, le tout à peine, contre chacun des contrevenants ou refusants, de 400 livres d'amende, et même de plus grande peine.

Art. 3. — Toutes personnes dont le commerce consiste à acheter de vieux passements d'or et d'argent, brocanteurs, crieurs de vieux chapeaux, colporteurs de merceries ou joailleries, appelés vulgairement *haut-à-bas*, revendeurs et revendeuses, seront également tenus d'avoir un registre coté et paraphé par le commissaire ancien de leur quartier ; de porter journellement sur eux eux ledit registre ; d'y inscrire les hardes, linges, nippes et autres choses qu'ils achèteront, et les noms et demeures des vendeurs, et de faire viser ledit registre, au moins une fois par semaine par l'inspecteur de police du quartier, en tête duquel registre seront les noms, demeures et signalement desdits revendeurs et revendeuses, lesquels, en cas de changement de demeure, en feront leur déclaration, tant au commissaire ancien et à l'inspecteur du quartier dans lequel ils iront demeurer ; le tout à peine de 100 livres d'amende, même de prison.

Art. 4. — Seront aussi ténus lesdits revendeurs et revendeuses de représenter leurs registres, même les effets, hardes et autres choses qu'ils auront achetées, aux commissaires, inspecteurs et autres officiers de police, toutes les fois qu'ils en seront requis, à peine de saisie et confiscation des hardes et effets qu'ils auront célés, et de 50 livres d'amende.

Art. 5. — Tous particuliers, de quelque qualité qu'ils soient, qui donneront à loyer en maisons ou chambres garnies, seront ténus d'avoir deux registres, sur chacun desquels ils inscriront, jour par jour, les noms, pays, qualités et professions de ceux qu'ils recevront dans leurs maisons, ou qu'ils prendront en pension, pour en remettre un tous les mois entre les mains du commissaire distribué dans leur quartier à l'effet d'être par lui signé et visé, et de garder l'autre pour le représenter aux inspecteurs de police, qui l'examineront et viseront, et le dateront à chacune de leurs visites. La présente disposition sera exécutée à l'égard de toutes personnes logeant des ouvriers de toute profession par chambrée.

Art. 6. — Enjoignons à tous ceux qui viendront loger en cette ville, soit à l'auberge ou en chambres garnies, de déclarer aux aubergistes ou logeurs leurs véritables noms, surnoms, leurs qualités, le pays dont ils sont originaires et ce sous peine de prison, et de procéder ainsi qu'il appartiendra, contre ceux qui auront usé de quelque déguisement.

Art. 16. — Ordonnons au surplus, conformément aux dispositions de l'Edit du mois de Décembre 1666, enregistré au Parlement, que la Police Générale sera faite par les officiers ordinaires du Châtelet en tous lieux prétendus privilégiés, ainsi que les autres quartiers de la Ville, sans aucune différence ni distinction, et qu'à cet effet le libre accès leur y sera donné sans préjudice de la police particulière qui doit y être faite par les officiers desdits lieux, et de la préférence en cas de concurrence.

Art. 17. — Mandons aux Commissaires au Châtelet, et enjoignons aux Officiers de Police et à tous autres qu'il appartiendra, de tenir la main à l'exécution de la présente ordonnance, qui sera imprimée, lue, publiée et affichée dans cette Ville et Faubourgs, dans les Villages de la Banlieue, et partout ailleurs au besoin sera.

Ce fut fait et donné par Nous, Jean-Charles Pierre Lenoir, Chevalier Conseiller d'État, Lieutenant Général de Police de la Ville, Prévôté et Vicomté de Paris, le 8 Novembre 1780.

Le Noir. Moreau.

Menaid, greffier.

L'ordonnance ci-dessus a été lue et publiée à haute et intelligible voix à son de trompe et cri public, en tous lieux et endroits ordinaires et accoutumés par moi, Philippe Rouveau, Huissier à verge, etc.

N° 9.

Ordonnance de police de 1787.

Contenant règlement pour maintenir le bon ordre dans les ventes qui se font par autorité de justice (1) (du 4 mai 1787 ; homologuée en Parlement le 24 mai).

Sur ce qui nous a été remontré par le procureur du roi que les règlements et ordonnances de police qui ont eu pour objet d'assurer la tranquillité et le bon ordre qui doivent régner dans les ventes publiques d'effets mobiliers, d'en bannir les fraudes qui s'y pratiquent, et de maintenir dans les bornes de la décence ceux qui les fréquentent par état, notamment les brocanteurs et revendeuses, étant négligés par les uns et peut-être inconnus des autres : il serait nécessaire d'en renouveler les dispositions et de les réunir sous un seul point de vue, et même d'en expliquer quelques-unes d'une manière plus étendue, afin d'arrêter le cours d'une foule d'abus également contraires à l'ordre public et préjudiciables à l'intérêt des propriétaires.

Qu'en effet, il est venu à la connaissance dudit procureur que nombre de brocanteurs et autres marchands sans crédit fréquentent les ventes, n'y viennent que dans le dessein d'être nuisibles ; qu'ils s'associent entre eux pour se faire adjuger à vil prix les meubles et effets exposés en vente ; qu'à cet effet ils s'emparent du devant des tables destinées à exposer les effets ; qu'ils en éloignent les bourgeois et les injurient ; et qu'ensuite ils partagent à titre de revision le bénéfice qui doit résulter de leur connivence et de leur fraude ; que ceux qui ne sont point de leur association ou qui s'opposent à leurs mauvaises intentions, sont exposés à leurs injures et à leurs emportements qu'ils ne distinguent ni marchands ni bourgeois, cherchant toujours à écarter ceux qui leur font obstacle ; que si, cependant, ils se trouvent contrebalancés par un nombre de personnes bien intentionnées, ils menacent de quitter la vente où ils se trouvent, provoquent les autres marchands

---

(1) *État de Paris en 1789*, pages 458, 459, 460 et 461.

à la quitter, et se retirent, en effet, sans égard pour les représentations de l'huissier-priseur qui procède à la vente; que lorsqu'il s'agit de recevoir des enchères, des particuliers insolvables s'empressent de couvrir lesdites enchères pour acheter à crédit; et, si l'huissier-priseur fait quelques observations à ce sujet, une multitude de voix s'élèvent pour assurer que celui qui se présente est solvable, sans que personne veuille répondre de sa solvabilité; que si l'huissier-priseur se permet de retenir les effets qu'il vient d'adjuger à un particulier qui ne paie pas comptant et dont la solvabilité ne lui est pas connue, alors ces marchands et brocanteurs malintentionnés prennent le fait et cause de l'adjudicataire, se répandent en propos indécents contre l'huissier-priseur, et veulent en quelque sorte lui faire violence par leurs emportements et leurs clameurs; que souvent même, sans avoir aucun droit à un effet qui vient d'être adjugé à une personne qui leur est étrangère, ils le lui arrachent des mains avec violence sous le prétexte qu'ils ont mis la dernière enchère; et, quoique ce prétexte soit faux, ils ne manquent jamais d'être soutenus dans leurs prétentions par leurs complices; qu'indépendamment de toutes ces fraudes et manœuvres, les brocanteurs et marchands sans crédit se comportent avec la plus grande indécence dans les ventes, qu'ils se répandent en invectives les uns contre les autres, et souvent même contre les intéressés à la chose; qu'ils jettent sans aucune précaution les habits, linges, hardes ou effets précieux, en affectant si c'est nuit de les faire tomber sur les lumières pour les éteindre; et, si ce sont des bijoux, de chercher à les détériorer, soit pour les avoir à meilleur compte, soit pour porter un préjudice notable à ceux qui pourraient en être les derniers enchérisseurs; que de là il résulte beaucoup de confusion et de désordre dans les ventes, ce qui donne lieu à des rixes et même à des vols fréquents.

A ces causes, vu les sentences et ordonnances de police des 13 juin 1721, 15 décembre 1727, 21 mai 1751, 21 novembre 1761, 12 septembre 1767 et 17 mars 1769, et l'arrêt du Parlement du 18 décembre 1764, qui homologue l'ordonnance de police dudit jour 21 novembre 1761, et tout considéré :

Nous, faisant droit sur la réquisition du procureur du roi, ordonnons :

Article premier. — Que les arrêts et règlements du parlement, sentences et ordonnances de police, seront exécutés suivant leur forme et teneur; et, en conséquence, faisons défenses à tous marchands tapissiers, fripiers, brocanteurs et brocanteuses, revendeurs et revendeuses, et chaudronniers, de former dorénavant entre eux, sous le titre de lotissement, revendage ou revision, ou sous tel autre titre ou dénomination que ce soit ou puisse être, aucune association qui ait pour objet de se procurer un gain illicite sur les marchandises, meubles et effets mobiliers exposés dans les ventes publiques et qui leur seront adjugés, à peine de 500 livres contre chacun des contrevenants, dont la moitié appartiendra au dénonciateur, de déchéance de la maîtrise à l'égard de ceux qui seront maîtres, et, à l'égard des privilégiés, de destitution de leurs privilèges.

Art. 2. — Leur faisons pareillement défenses de lotir, revider ou revendre entre eux les marchandises, meubles et effets dont ils se seront rendus adjudicataires, soit dans les cabarets et maisons particulières, soit dans tout autre lieu que ce puisse être, et ce, sous les mêmes peines que dessus, et, en outre, à peine de saisie et confiscation desdites marchandises, meubles et effets.

Art. 3. — Leur défendons, en outre, de s'emparer du devant des tables où se font les ventes et de pratiquer aucunes manœuvres pour en accaparer les effets et se les faire adjuger à vil prix; leur enjoignons de laisser l'approche des tables libres aux bourgeois et aux autres personnes qui se présenteront, et de ne point mépriser (1) et détériorer les meubles et effets qui seront exposés en vente, ni injurier ceux qui enchériront sur eux, à peine de 100 livres d'amende et de toutes pertes, dépens, dommages et intérêts envers qui il appartiendra.

ART. 4. — Enjoignons auxdits marchands (2)........... de se comporter avec décence et tranquillité ; leur faisons défense d'injurier et insulter les officiers qui procèdent auxdites ventes et d'exciter aucuns troubles ni aucunes rixes et émeutes, à peine de 200 livres d'amende contre chacun des contrevenants, même de plus grande peine, si le cas y échet.

ART. 5. — En cas de contravention aux art. 1 et 2 de la présente ordonnance, enjoignons aux huissiers-priseurs qui auront procédé aux ventes de dresser procès-verbaux des noms et demeures des contrevenants, et des infractions et contraventions qui auront été par eux commises, et qui viendront à la connaissance desdits huissiers-priseurs, lesquels procès-verbaux ils feront signer par les parties qui auront requis la vente, ou autres personnes présentes, pour iceux communiqués au procureur du roi, être par lui requis et par nous statué et ordonné ce qu'il appartiendra ; et lors desdits procès-verbaux, autorisons lesdits huissiers-priseurs à saisir les effets qui pourraient se trouver en revendage, lotissement, révision ou revente, à y établir séquestre aux frais de la chose, même de les faire enlever pour les séquestrer, à l'effet de quoi leur permettons de requérir, si besoin est, aide et main-forte de la garde.

ART. 6. — Comme aussi, en cas de contravention aux articles 3 et 4, autorisons les huissiers-priseurs qui procéderont aux ventes, à faire arrêter sur le champ les délinquants s'il y a lieu : à l'effet de quoi, tous officiers du guet et de police prêteront main-forte et assisteront lesdits huissiers-priseurs lorsqu'ils en seront par eux requis, lesquels officiers du guet et de police pourront dans lesdits cas s'introduire avec main-forte dans les maisons et endroits où l'on procédera aux ventes sur la première réquisition des huissiers-priseurs et sans qu'il soit besoin de l'assistance d'un commissaire, à la charge néanmoins par lesdits huissiers-priseurs de dresser procès-verbal des contraventions dans la forme prescrite par l'article ci-dessus, et de faire conduire les contrevenants et délinquants chez le premier commissaire pour être par lui pareillement dressé procès-verbal et statué provisoirement ce qu'il appartiendra.

ART. 7. — Mandons aux commissaires au Châtelet et enjoignons aux officiers de police de tenir la main à l'exécution de la présente ordonnance, qui sera lue, publiée et affichée dans tous les lieux ordinaires et accoutumés de la ville, faubourgs et banlieue de Paris et partout ailleurs où besoin sera, et notamment dans les lieux où se feront les ventes, à l'effet de quoi il sera posé un tableau sur lequel sera attaché un exemplaire de la présente ordonnance, après néanmoins qu'elle aura été homologuée en la Cour. Pourquoi le procureur du roi se pourvoira.

Ce fut fait et donné par nous, Louis Thiroux de Crosne, chevalier, conseiller du roi en ses conseils, maître des requêtes honoraire en son hôtel, lieutenant-général de police de la ville, prévôté et vicomté de Paris, le 4 mai 1787. Signé de Crosne et de Flandre de Brunville en la minute des présentes.

Délivré par nous, Alexandre Moreau, avocat en Parlement, greffier des chambres civile et de police au Châtelet de Paris et soussigné. Pour expédition collationnée et conforme à la minute demeurée en notre possession, cejourd'hui, 14 mai 1787.

Signé : MOREAU.

______

(1) C'est-à-dire : déprécier, dépriser.
(2) Suit l'énumération de l'article 1er.

N° 10.

Ordonnance de l'an X

Concernant les brocanteurs de Paris (1).

Paris, le 4 germinal an X (25 mars 1802).

Le préfet de Police,

Vu les art. 2, 10, 22 et 32 de l'arrêté des consuls du 12 messidor an VIII,

Ordonne ce qui suit:

Article premier. — Nul ne pourra faire l'état de brocanteur sans une permission spéciale du préfet de Police. (*Déclaration du 29 mars 1778, art. 1er.*)

Art. 2. — Dans le délai d'un mois, à compter du jour de la publication de la présente ordonnance, les brocanteurs se présenteront à la préfecture de Police pour s'y faire enregistrer et obtenir la permission exigée par l'article précédent, à peine de confiscation de leurs marchandises et de 10 francs d'amende. (*Déclaration précitée, même article.*)

Art. 3. — Il ne sera accordé de permission qu'à ceux qui sauront lire et écrire et qui justifieront :

1° De leur domicile à Paris, au moins depuis un an ;

2° D'un certificat de bonne conduite, signé de trois témoins dont un sera membre du bureau de bienfaisance ou de deux membres dudit bureau. Ce certificat devra être visé par le commissaire de police de la division sur laquelle les réclamants résideront.

Art. 4. — Tout brocanteur est tenu d'avoir une plaque de cuivre sur laquelle sera gravé le mot « Brocanteur », avec le n° de la permission.

Il portera la plaque sur son habit, d'une manière apparente. (*Déclaration précitée, art. 2.*)

Art. 5. — Il est défendu aux brocanteurs de céder, vendre ou prêter leurs plaques et permissions, sous les peines portées par les règlements de police.

Art. 6. — Il est enjoint aux brocanteurs de représenter leurs permissions toutes les fois qu'ils en seront requis par les commissaires de police, les officiers de paix et les préposés de la préfecture de Police.

Art. 7. — Tout brocanteur devra avoir un registre coté et parafé par le commissaire de police de sa division, sur lequel il inscrira exactement, jour par jour, sans aucun blanc ni rature, les objets qu'il aura achetés et vendus. (*Ordonnance du 8 novembre 1780, art. 2.*)

Art. 8. — Il est défendu aux brocanteurs d'acheter des hardes, meubles, linges, livres, bijoux et autres objets des enfants et des domestiques, à moins d'un consentement par écrit de leurs pères, mères, tuteurs ou des personnes qu'ils servent.

Il est également défendu aux brocanteurs d'acheter des effets quelconques des personnes dont les noms et domiciles ne leur seraient pas parfaitement connus.

Le tout à peine de 400 francs d'amende et de répondre, en leur propre et privé nom, des effets volés. (*Ordonnance précitée, art. 1er et 2.*)

Art. 9. — Les brocanteurs ne pourront acheter ni vendre des marchandises neuves, des matières d'or et d'argent, à l'exception toutefois des vieux galons ou vieilles hardes brodées ou tissus d'or et d'argent. (*Déclaration du 29 mars 1778, art. 6.*)

Art. 10. — Les brocanteurs sont tenus de porter leurs marchandises sur leurs bras et à découvert, sans pouvoir les déposer ni étaler en place fixe. (*Déclaration précitée, art. 5.*)

Art. 11. — Il est défendu aux brocanteurs de se rassembler dans les halles, marchés et places publiques et de s'arrêter dans les rues.

Art. 12. — Il sera pris, envers les contrevenants aux dispositions ci-dessus, telles mesures de police administrative qu'il appartiendra, sans préjudice des poursuites à exercer contre eux devant les tribunaux, conformément aux lois et aux réglements de police qui leur sont applicables.

Art. 13. — La présente ordonnance sera imprimée, publiée et affichée.

Elle sera transmise aux maires de Paris, présidents des bureaux de bienfaisance.

Les commissaires de police, les officiers de paix, le commissaire des halles et marchés et les autres préposés de la Préfecture sont chargés, chacun en ce qui le concerne, de tenir la main à son exécution.

Le général commandant d'armes de la place de Paris est requis de leur faire prêter main-forte au besoin.

Le préfet de Police,
Signé : Dubois.

N° 11.

Ordonnance de 1806

Concernant les brocanteurs et les ventes publiques.

Paris, le 29 avril 1806.

LE CONSEILLER D'ÉTAT, chargé du IVe arrondissement de la police générale de l'empire, préfet de police, et l'un des commandants de la Légion d'honneur,

Vu les art. 2, 10 et 32 de l'arrêté du 12 messidor an VIII;

Et l'art. 5 de la loi du 27 ventôse, an IX, portant établissement de commissaires-priseurs vendeurs de meubles à Paris,

ORDONNE CE QUI SUIT :

ARTICLE PREMIER. — Les permissions accordées aux brocanteurs, en exécution de l'ordonnance du 4 germinal an X, sont et demeurent annulées.

ART. 2. — Les brocanteurs qui ont obtenu lesdites permissions, et qui voudront les faire
renouveler pour continuer d'exercer leur état, se feront enregistrer à la préfecture de police
avant le 1er juin prochain.

ART. 3. — Ceux qui n'ont point encore exercé l'état de brocanteur et qui voudront l'exercer
à l'avenir, devront préalablement en obtenir la permission, à peine de confiscation de leurs
marchandises et de 10 francs d'amende (*Déclaration du 29 mars 1778*).

Ces permissions seront présentées au commissaire de police de la division du domicile, qui y
apposera son visa.

ART. 4. — Il ne sera accordé de permission qu'à ceux qui sauront lire et écrire et qui justifieront : de leur domicile à Paris depuis un an; d'un certificat du bureau de bienfaisance constatant qu'ils n'ont pas d'autre moyen d'existence; d'un certificat de bonne conduite signé de
deux membres du même bureau ou de trois témoins dont les signatures seront légalisées par le
commissaire de police qui donnera aussi son avis.

ART. 5. — Les brocanteurs représenteront leur permission aux commissaires de police, aux
commissaires-priseurs, aux officiers de paix et aux préposés de la préfecture de Police, toutes les
fois qu'ils en seront requis.

ART. 6. — Ils continueront de porter ostensiblement une plaque de cuivre indicative de leur
état et du numéro de leur permission.

Art. 7. — Il est défendu aux brocanteurs de vendre ou prêter à qui que ce soit leur plaque ou leur permission.

Ceux qui n'auront pas obtenu le renouvellement de leur permission, ou qui abandonneront volontairement leur état, déposeront leur plaque à la Préfecture de police.

Art. 8. — Les brocanteurs continueront aussi d'avoir un registre et d'y inscrire jour par jour, et sans blanc ni rature, les objets qu'ils vendent ou achètent.

Ce registre doit être sur papier timbré, coté et paraphé par un commissaire de police (*Ordonnance du 8 novembre 1780*).

Art. 9. — Il est défendu aux brocanteurs d'acheter ou vendre des marchandises neuves, ni des matières d'or et d'argent autres que vieux galons ou vieilles hardes brodées ou tissues d'or et d'argent (*Déclaration du 29 mars 1778*).

Art. 10. — Il est défendu aux brocanteurs d'acheter de personnes dont les noms et domiciles leur sont inconnus; de celles qui sont sous la puissance d'autrui et des enfants ou domestiques, sans un consentement par écrit des pères, mères, tuteurs ou maîtres, à peine de 400 francs d'amende, et de répondre en leur propre et privé nom des effets volés (*Ordonnance du 8 novembre 1780*).

Art. 11. — Les brocanteurs pourront se réunir tous les jours dans l'enclos du Temple, et tous les dimanches, jusqu'à midi, sur le quai de Gèvres, entre les bornes et le trottoir.

Il leur est défendu de se rassembler ailleurs, notamment dans les rues de la Ferronnerie, Saint-Honoré, des Arcis et du Temple.

Art. 12. — Les brocanteurs sont tenus de porter leurs marchandises à découvert.

Il leur est défendu de s'arrêter dans les rues.

Art. 13. — Les brocanteurs, les fripiers et tous autres marchands fréquentant habituellement les ventes publiques, seront tenus de laisser un libre accès aux particuliers qui se présenteront pour enchérir.

Ils ne pourront s'emparer exclusivement du devant des tables, et il leur est fait défense de dériser les objets exposés en vente (*Arrêt du 24 mai 1787*).

Art. 14. — Il est défendu aux fripiers, brocanteurs et autres, fréquentant les ventes publiques, de former aucune association pour se faire adjuger les objets mis en vente, et de lotir, revider ou revendre entre eux les marchandises, meubles et effets dont ils se seront rendus adjudicataires, à peine de 500 francs d'amende et de confiscation des marchandises et effets (*Arrêt du 24 mai 1787*).

Art. 15. — En cas de troubles, rixes ou émeutes, les commissaires-priseurs, chargés par l'art. 5 de la loi du 27 ventôse an IX de la police dans les ventes, feront arrêter et conduire les délinquants à la Préfecture de police.

Ils pourront, en cas de besoin, requérir l'assistance d'un commissaire de police.

Art. 16. — L'ordonnance du 4 germinal an X continuera de recevoir son exécution en tout ce qui n'y est pas dérogé par la présente.

Art. 17. — Les contraventions seront constatées par des procès-verbaux qui seront adressés au Préfet de police.

Art. 18. — Il sera pris envers les contrevenants telles mesures de police administrative qu'il appartiendra, sans préjudice des poursuites à exercer contre eux par devant les tribunaux.

Art. 19. — La présente ordonnance sera imprimée, publiée et affichée.

Elle sera notifiée aux membres de la chambre des commissaires-priseurs.

Les commissaires de police, l'inspecteur général du IVe arrondissement de la police générale de l'empire, les officiers de paix et tous les préposés de la Préfecture de police sont chargés de tenir la main à son exécution.

Le conseiller d'État, préfet de Police,

Signé : Dubois.

N° 12.

Ordonnance de 1811

Concernant la vente des vieux linges et hardes sur le marché établi dans l'enclos du Temple.

Paris, le 8 février 1811.

Nous,

Étienne-Denis Pasquier, chevalier de la Légion d'honneur, baron de l'Empire, conseiller d'État, chargé du quatrième arrondissement de la police générale, préfet de police du département de la Seine et des communes de Saint-Cloud, Sèvres et Meudon du département de Seine-et-Oise, etc.,

Vu : 1° l'arrêté du Gouvernement du 29 vendémiaire an XI et le décret impérial du 16 mars 1807, portant que les marchés aux vieux linges et hardes qui se tiennent sur le carreau des Innocents et à la place aux Veaux seront transférés dans l'enclos du Temple ;

Vu aussi les art. 2 et 32 de l'arrêté du Gouvernement du 12 messidor an VIII ;

Ordonnons ce qui suit :

Article premier. — En exécution de l'arrêté du Gouvernement du 29 vendémiaire an XI et du décret impérial du 16 mars 1807, les marchands fripiers, les marchands de vieilles hardes, de vieux linges et chiffons, qui étaient sur le carreau des Innocents et à la place aux Veaux, seront transférés sur le marché établi dans l'enclos du Temple.

Art. 2. — Cette translation aura lieu le 18 du présent mois de février.

Art. 3. — Les places du marché du Temple seront tirées au sort.

Art. 4. — Les marchands qui vendent sur le carreau des Innocents désigneront douze d'entre eux, et les marchands déjà établis sur le marché du Temple en désigneront six pour être présents au tirage.

Il en sera dressé procès-verbal par le commissaire de police de la division des Marchés.

Art. 5. — A compter du même jour, 18 février, il est défendu de vendre des objets de friperie, du vieux linge et des chiffons sur le marché des Innocents et à la halle aux Veaux.

Art. 6. — Il est pareillement défendu aux marchands fripiers, colporteurs, brocanteurs et autres marchands de vieilles hardes et linges de se rassembler dans les rues adjacentes au marché du Temple et sur tous autres points de la voie publique.

Art. 7. — Les marchands fripiers seront placés séparément des marchands de vieux linges et chiffons.

Art. 8. — Le marché tiendra tous les jours, depuis le lever jusqu'au coucher du soleil.

Il est défendu d'y apporter de la lumière.

Art. 9. — Il est défendu d'exposer en vente des hardes ou des marchandises neuves quelconques.

Les marchands qui contreviendront à cette défense seront privés de leurs places.

Art. 10. — Il est défendu d'étaler des marchandises dans les passages réservés pour la circulation du public.

Art. 11. — Il est défendu à tous marchands et colporteurs de crier leurs marchandises dans le marché.

Art. 12. — Les personnes qui occuperont des places sur le marché seront tenues de mettre au devant de leurs étalages un écriteau portant leurs noms et demeures.

Art. 13. — Les contraventions seront constatées par des procès-verbaux, qui nous seront adressés.

Art. 14. — Il sera pris envers les contrevenants aux dispositions ci-dessus telles mesures de police administrative qu'il appartiendra, sans préjudice des poursuites à exercer contre eux devant les tribunaux, conformément aux lois et règlements.

Art. 15. — La présente ordonnance sera imprimée, publiée et affichée.

Les commissaires de police et notamment celui de la division du Temple, l'inspecteur général du quatrième arrondissement de la police générale de l'Empire, les officiers de paix, le commissaire des halles et marchés et les autres préposés de la préfecture de Police sont chargés, chacun en ce qui le concerne, de tenir la main à son exécution.

Le conseiller d'État, préfet de Police,
Baron Pasquier.

N° 13.

Ordonnance de 1811

Concernant la fixation et la perception du prix des places au marché du Temple.

Paris, le 8 février 1811.

Nous,

Étienne-Denis Pasquier, chevalier de la Légion d'honneur, baron de l'Empire, conseiller d'État, chargé du quatrième arrondissement de la police générale; préfet de police du département de la Seine et des communes de Saint-Cloud, Sèvres et Meudon du département de Seine-et-Oise, etc.,

Vu :

1° L'art. 2 de l'arrêté de son excellence le ministre de l'Intérieur, du 20 octobre 1810, relatif à la location des places sur le marché du Temple;

2° Les art. 13 et 14 du décret du 21 septembre 1807,

ORDONNONS ce qui suit :

ARTICLE PREMIER. — L'art. 2 de l'arrêté précité, concernant le prix à percevoir au profit de la Ville, pour la location des places sur le marché du Temple, sera imprimé, publié et affiché avec la présente ordonnance.

ART. 2. — La perception du prix des places sera faite par le préposé sur le marché.

ART. 3. — Le prix sera payé par semaine et d'avance.

Le produit en sera versé, chaque semaine, dans la caisse du receveur principal de la ville de Paris.

ART. 4. — Les commissaires de police des divisions du Temple et des Marchés, et le commissaires des Halles et marchés seront chargés de tenir la main à l'exécution de la présente ordonnance.

Le conseiller d'État, préfet de Police,

Baron PASQUIER.

————————

N° 14.

Ordonnance de 1812

Concernant les brocanteurs parisiens.

Paris, le 25 novembre 1812.

Nous, Étienne-Denis Pasquier, officier de la Légion d'honneur, baron de l'Empire, conseiller d'État, chargé du IV° arrondissement de la Police générale, préfet de police du département de la Seine et des communes de Saint-Cloud, Sèvres et Meudon du département de Seine-et-Oise, etc. ;

Vu les art. 2, 10, 22 et 32 de l'arrêté du Gouvernement du 12 messidor an VIII ;

Ordonnons ce qui suit :

Article premier. — Nul ne peut exercer l'état de brocanteur dans la ville de Paris sans notre permission spéciale. (*Déclaration du 29 mars 1778, art. 1er.*)

Art. 2. — Dans un mois, à compter de la publication de la présente ordonnance, toutes les permissions accordées jusqu'à ce jour, aux brocanteurs domiciliés à Paris, seront et demeureront annulées.

En conséquence, les brocanteurs déposeront leurs anciennes permissions et leurs médailles à la préfecture.

Art. 3. — Dans le même délai, les brocanteurs qui voudront continuer leur état, se feront enregistrer à la préfecture pour obtenir une nouvelle permission.

Art. 4. — Les brocanteurs qui auront une nouvelle permission, obtiendront, en même temps, la remise de leur médaille.

Art. 5. — Ceux auxquels il n'aura pas été accordé de nouvelle permission ne pourront continuer d'exercer leur état, à peine de confiscation de leurs marchandises et d'amende. (*Déclaration du 29 mars 1778, art. 1er.*)

Art. 6. — Il ne sera accordé de permission qu'aux brocanteurs sachant lire et écrire.

Ils devront justifier, par un certificat du commissaire de police de leur quartier, délivré sur l'attestation de deux citoyens, qu'ils sont domiciliés à Paris, au moins depuis un an, et qu'ils sont avantageusement connus.

Art. 7. — Les médailles des brocanteurs porteront leurs noms, les lettres initiales de leurs prénoms, et le numéro des permissions qu'ils auront obtenues.

Art. 8. — Les brocanteurs devront porter ces médailles sur leur vêtement, et d'une manière apparente. (*Déclaration du 29 mars 1778, art. 2.*)

Art. 9. — Il est défendu aux brocanteurs de céder, vendre ou prêter, à qui que ce soit, leurs permissions ou leurs médailles.

Ils en feront le dépôt à la préfecture de Police lorsqu'ils cesseront d'exercer leur état.

En cas de décès, ce dépôt sera fait par leurs héritiers.

Art. 10. — Les brocanteurs continueront d'avoir un registre pour inscrire exactement, et jour par jour, les hardes, linge, nippes et autres objets qu'ils achètent, ainsi que les noms et demeures des personnes qui leur en proposent la vente.

Ce registre portera en tête les noms, demeure et signalement du brocanteur auquel il appartiendra.

Il sera coté et paraphé par le commissaire de police du quartier, et lui sera présenté tous les mois, pour être examiné et visé. (*Ordonnance de police, du 8 novembre 1780, art. 3.*)

Art. 11. — Il est enjoint aux brocanteurs de représenter leurs permissions, même les effets, hardes et autres objets qu'ils auront achetés ou échangés, aux commissaires de police, aux officiers de paix et aux préposés de la préfecture, toutes les fois qu'ils en seront requis ; à peine d'amende et de saisie et confiscation des hardes et effets par eux celés (*Même ordonnance, art. 4.*)

Art. 12. — Les brocanteurs ne peuvent vendre, acheter ou échanger que des marchandises neuves, ainsi que des matières d'or et d'argent ; si ce n'est de vieux galons ou de vieilles hardes brodées ou tissues d'or ou d'argent. (*Déclaration du 29 mars 1778, art. 6.*)

Art. 13. — Il est défendu aux brocanteurs d'acheter des soldats leurs armes et leur équipement, à peine de confiscation, de 3,000 francs d'amende et d'emprisonnement. (*Loi du 28 mars 1793, art. 5.*)

Art. 14. — Il leur est également défendu de vendre et d'acheter des armes offensives, dangereuses, cachées et secrètes ; telles que fusils et pistolets à vent, poignards, couteaux en forme de poignard, bayonnettes, pistolets de poche, épées en bâtons, bâtons à ferremens, autres que ceux qui sont ferrés par le bout ; sous les peines prononcées par la déclaration du 23 mars 1728. (*Décrets impériaux des 2 nivôse an 14 et 12 mars 1806.*)

Art. 15. — Les brocanteurs doivent porter leurs marchandises sous le bras et à découvert, sans pouvoir les déposer ou étaler en place. (*Déclaration du 29 mars 1778, art. 5.*)

Art. 16. — Il leur est défendu de se rassembler sur la voie publique, sur les quais, ponts, halles et marchés, excepté sur la place de la Rotonde, au-devant des abris du marché du Temple, sans néanmoins pouvoir y étaler ni colporter.

Art. 17. — Il sera pris envers les contrevenants telles mesures de police administrative qu'il appartiendra, sans préjudice des poursuites à exécuter contre eux devant les tribunaux.

Art. 10. — La présente ordonnance sera imprimée, *publiée* et affichée,

Les commissaires de police, l'inspecteur général de police, les officiers de paix et les préposés de la préfecture sont chargés, chacun en ce qui les concerne, de tenir la main à son exécution.

Le conseiller d'État, préfet, baron de l'Empire,
Signé : Pasquier.

Par le conseiller d'État, préfet,

Le secrétaire général, chevalier de l'Empire,
Signé : Pus.

N° 15.

Ordonnance de 1818

Concernant les brocanteurs de Paris.

Paris, le 25 juillet 1818.

Nous, ministre d'État, préfet de Police,

Informé que l'ordonnance de Police, en date du 25 novembre 1812, relative aux brocanteurs-marchands d'habits de la ville de Paris, ne reçoit pas sa pleine et entière exécution, et que quelques-unes des dispositions qu'elle renferme sont oubliées ou méconnues;

Considérant qu'il importe au maintien du bon ordre et à la régularité de ce genre de commerce, de rappeler les dispositions de l'ordonnance précitée, pour qu'elles soient désormais ponctuellement observées;

Vu les art. 2, 10, 22 et 32 de l'arrêté du Gouvernement du 12 messidor an VIII;

Ordonnons ce qui suit :

Article premier. — Nul ne peut excercer l'état de brocanteur dans la ville de Paris sans notre permission spéciale. (*Déclaration du 29 mars 1778, art. 1er*).

Art. 2. — Dans un mois, à compter de la publication de la présente ordonnance, toutes les permissions accordées jusqu'à ce jour, aux brocanteurs domiciliés à Paris, seront et demeureront annulées, si elles n'ont été visées, dans le même délai, par les commissaires de police de leurs quartiers respectifs.

Ces visa ne seront accordés que sur la représentation de la patente dont chaque brocanteur devra être pourvu pour l'année 1818.

Art. 3. — Les permissions délivrées ne sont valables que pour un an.

Art. 4. — Elles seront renouvelées chaque année.

Art. 5. — Ceux auxquels il n'aura pas été accordé de nouvelle permission, ne pourront continuer d'exercer leur état, à peine de confiscation de leurs marchandises et d'amende. (*Déclaration du 20 mars 1778, art. 1er*).

Art. 6. — Il ne sera accordé de permission qu'aux brocanteurs sachant lire et écrire.

Il devront justifier, par un certificat du commissaire de police de leur quartier, délivré sur l'attestation de deux citoyens, qu'ils sont domiciliés à Paris, au moins depuis un an, et qu'ils sont avantageusement connus.

Art. 7. — Les médailles des brocanteurs porteront leurs noms, les lettres initiales de leurs prénoms, et le numéro des permissions qu'ils auront obtenues.

Art. 8. — Les brocanteurs devront porter ces médailles sur leur vêtement, et d'une manière apparente. (*Déclaration du 29 mars 1778, art. 2.*)

Art. 9. — Il est défendu aux brocanteurs de céder, vendre ou prêter, à qui que ce soit, leurs permissions ou leurs médailles.

Il en feront le dépôt à la préfecture de Police lorsqu'ils cesseront d'exercer leur état.

En cas de décès, ce dépôt sera fait par les héritiers.

Art. 10. — Les brocanteurs continueront d'avoir un registre timbré pour inscrire exactement, et jour par jour, les hardes, linge, nippes et autres objets qu'ils achètent, ainsi que les noms et demeures des personnes qui leur en ont fait la vente.

Ce registre portera en tête les noms, demeure et signalement du brocanteur auquel il appartiendra.

Il sera coté et paraphé par le commissaire de police du quartier, et lui sera présenté tous les mois, pour être examiné et visé. (*Ordonnance de police du 8 novembre 1780, art. 3.*)

Le commissaire de police ne donnera ce visa qu'après s'être fait exhiber la quittance du droit de patente de l'année.

Art. 11. — Il est enjoint aux brocanteurs de représenter leurs permissions, même les effets, hardes et autres objets qu'ils auront achetés ou échangés, aux commissaires de police, aux officiers de paix et aux préposés de la Préfecture, toutes les fois qu'ils en seront requis, à peine d'amende et de saisie, et confiscation des hardes par eux célés. (*Même ordonnance, art. 4.*)

Art. 12. — Les brocanteurs ne peuvent vendre, acheter ou échanger que des marchandises de friperies, meubles et ustensiles de hasard.

Il leur est défendu de vendre, acheter ou échanger des marchandises neuves, ainsi que des matières d'or et d'argent, si ce n'est de vieux galons ou de vieilles hardes brodées ou tissues d'or et d'argent. (*Déclaration du 20 mars 1778, art. 6.*)

Art. 13. — Il est défendu aux brocanteurs d'acheter des soldats leurs armes et leur équipements, à peine de confiscation, de 3,000 francs d'amende et d'emprisonnement. (*Loi du 28 mars 1793, art. 5.*)

Art. 14. — Il leur est également défendu de vendre et d'acheter des armes offensives, dangereuses, cachées et secrètes ; telles que fusils et pistolets à vent, poignards, couteaux en forme de poignard, bayonnettes, pistolets de poche, épées en bâtons, bâtons à ferrements, autres que ceux qui sont ferrés par le bout, et des armes de guerre montées ou non montées ; sous les peines prononcées par la déclaration du 23 mars 1728. (*Décrets des 2 nivôse an XIV et 12 mars 1806, et ordonnance du Roi du 24 juillet 1816.*)

Art. 15. — Les brocanteurs doivent porter leurs marchandises sous le bras et à découvert, sans pouvoir les déposer ou étaler en place. (*Déclaration du 29 mars 1778, art. 5.*)

Art. 16. — Il leur est défendu de se rassembler sur la voie publique, sur les quais, ponts, halles et marchés, excepté sur la place de la Rotonde, au-devant des abris du marché du Temple, sans néanmoins pouvoir y étaler ni colporter.

Art. 17. — Il est expressément défendu aux détaillans et détaillantes placés au marché du Temple, de quitter leur place pour aller au devant des brocanteurs et propriétaires d'effets à vendre, d'en acheter dans les rues, dans les allées, dans les cabarets et ailleurs qu'au marché, et aux ventes publiques. (*Loi des 16-24 août 1790, titre XI, art. 3, § 3.*)

Art. 18. — Il sera pris envers les contrevenants aux dispositions ci-dessus, telles mesures de *police administrative* qu'il appartiendra, sans préjudice des poursuites à exercer contre eux devant les tribunaux, conformément aux lois et réglements.

Art. 19. — La présente ordonnance sera imprimée et affichée.

Les commissaires de police, l'Inspecteur général de police, les officiers de paix, les préposés de la Préfecture, et notamment le préposé spécial du marché du Temple, ainsi que les délégués des brocanteurs, sont chargés, chacun en ce qui le concerne, de tenir la main à son exécution.

Le ministre d'État, préfet de Police,
Signé : Comte ANGLÈS.

Par son excellence :

Le secrétaire général,
Signé : FORTIS.

N° 16.

Ordonnance de 1821

Sur le racolage.

Nous, ministre d'État, préfet de Police,

Considérant que le racolage exercé sur plusieurs points de la voie publique, notamment sur les quais de Gesvres, de la Mégisserie et Lepelletier, et dans les environs des marchés du Temple et Saint-Jacques-la-Boucherie, pour vendre aux passants de vieux chapeaux, des souliers ou des hardes, trouble l'ordre en embarrassant le passage, et en occasionnant entre les agents employés à ce racolage des rixes et des disputes auxquelles prennent part les passants et dont il importe de prévenir le retour ;

En vertu de la loi des 16 et 24 août 1790, titre 11 ;

Et de l'arrêté du Gouvernement du 12 messidor an VIII (1er juillet 1800),

Ordonnons ce qui suit :

Article premier. — Il est expressément défendu à tout particulier de parcourir les quais de la Mégisserie, de Grève et Lepelletier, les environs des marchés du Temple et Saint-Jacques-la-Boucherie, et tous autres points de la voie publique, ou d'y stationner à l'effet d'y racoler les passants et de leur vendre des chapeaux, des souliers, des hardes, etc., en les entraînant dans les boutiques et autres lieux où l'on fait commerce de ces marchandises.

Il est également défendu à tout marchand d'envoyer sur la voie publique, des femmes de journée ou tout autre agent pour leur amener des acheteurs en exerçant le racolage.

Art. 2. — Les contraventions seront constatées tant contre les racoleurs et racoleuses que contre les marchands pour le service desquels ils seraient employés, par des procès-verbaux ou des rapports qui nous seront transmis pour être déférés au tribunal compétent.

Art. 3. — La présente ordonnance sera imprimée et affichée.

Les commissaires de police, l'inspecteur général de police et les officiers de paix, les chefs de services extérieurs et les préposés de la préfecture de Police sont chargés de tenir la main à son exécution.

Elle sera adressée à M. le Colonel commandant la gendarmerie royale de Paris pour en assurer l'exécution par tous les moyens qui sont à sa disposition.

Le ministre d'État, préfet de Police,

Signé : Comte Anglès.

N° 17.

Ordonnance de 1822

Concernant les brocanteurs de Paris.

Paris, le 15 novembre 1822.

Nous, préfet de Police,

Informé que les ordonnances de police, en date des 25 novembre 1811 et 25 juillet 1818, relatives aux brocanteurs, marchands d'habits de la ville de Paris, ne reçoivent pas leur pleine et entière exécution, et que quelques-unes des dispositions qu'elles renferment sont méconnues ou oubliées ;

Considérant qu'il importe au maintien du bon ordre et à la régularité de ce genre de commerce, de rappeler les dispositions des ordonnances précitées, pour qu'elles soient désormais ponctuellement observées ;

Vu les art. 2, 10, 22 et 32 de l'arrêté du Gouvernement du 12 messidor an VIII (1er juillet 1800),

ORDONNONS ce qui suit :

ARTICLE PREMIER. — Nul ne peut exercer l'état de brocanteur dans la ville de Paris sans notre permission spéciale. (*Déclaration du 29 mars 1778, art. 1er.*)

ART. 2. — Dans un mois, à compter de la publication de la présente ordonnance, toutes les permissions accordées jusqu'à ce jour aux brocanteurs domiciliés à Paris, seront et demeureront annulées, si elles n'ont été visées, dans le même délai, par les commissaires de police de leurs quartiers respectifs.

Ces visas ne seront accordés que sur la patente dont chaque brocanteur devra être pourvu pour l'année courante.

ART. 3. — Les permissions délivrées ne seront valables que pour un an.

ART. 4. — Elles seront renouvelées chaque année.

ART. 5. — Ceux auxquels il n'aura pas été accordé de nouvelle permission ne pourront continuer d'exercer leur état, à peine de confiscation de leur marchandise et d'amende. (*Déclaration du 29 mars 1778, art. 1er.*)

ART. 6. — Il ne sera accordé de permission qu'aux brocanteurs sachant lire et écrire.

Ils devront justifier, par un certificat du commissaire de police de leur quartier, délivré sur l'attestation de deux citoyens, qu'ils sont domiciliés à Paris, au moins depuis un an, et qu'ils sont avantageusement connus.

Art. 7. — Les médailles des brocanteurs porteront leurs noms, les lettres initiales de leurs prénoms, et le numéro des permissions qu'ils auront obtenues.

Art. 8. — Les brocanteurs devront porter ces médailles sur leurs vêtements, et d'une manière apparente. (*Déclaration du 29 mars 1778, art. 2.*)

Art. 9. — Il est défendu aux brocanteurs de céder, vendre ou prêter, à qui que ce soit, leurs permissions ou leurs médailles.

Ils en feront le dépôt à la préfecture de Police lorsqu'ils cesseront d'exercer leur état.

En cas de décès, le dépôt sera fait par leurs héritiers.

Art. 10. — Les brocanteurs continueront d'avoir un registre timbré pour inscrire exactement, et jour par jour, les hardes, linge, nippes et autres objets qu'ils achètent, ainsi que les noms et demeures des personnes qui leur en ont fait la vente.

Ce registre portera en tête les noms, demeure et signalement du brocanteur auquel il appartiendra.

Il sera coté et paraphé par le commissaire de police du quartier, et lui sera présenté tous les mois, pour être examiné et visé. (*Ordonnance de police du 8 mai 1780, art. 3.*)

Le commissaire de police ne donnera le visa qu'après s'être fait exhiber la quittance du droit de patente de l'année prise à Paris.

Art. 11. — Il est enjoint aux brocanteurs de représenter leurs permissions, même les effets, hardes et autres objets qu'ils auront achetés ou échangés, aux commissaires de police, aux officiers de paix et aux préposés de la Préfecture, toutes les fois qu'ils en seront requis, à peine d'amende et de saisie, et confiscation des objets par eux celés. (*Même ordonnance, art. 4.*)

Art. 12. — Les brocanteurs ne peuvent vendre, acheter ou échanger que des marchandises de friperies, meubles et ustensiles de hasard.

Il leur est défendu de vendre, acheter ou échanger des marchandises neuves, ainsi que des matières d'or et d'argent, si ce n'est de vieux galons ou de vieilles hardes brodées ou tissues d'or ou d'argent. (*Déclaration du 20 mars 1778, art. 6.*)

Art. 13. — Il est défendu aux brocanteurs d'acheter, des soldats, leurs armes et leur équipement, à peine de confiscation, de trois mille francs d'amende et d'emprisonnement. (*Loi du 28 mars 1773, art. 5.*)

Art. 14. — Il leur est également défendu de vendre et d'acheter des armes offensives, dangereuses, cachées et secrètes, telles que fusils et pistolets à vent, poignards, couteaux en forme de poignard, baïonnettes, pistolets de poche, épées en bâtons, bâtons à ferrements, autres que ceux qui sont ferrés par le bout, et les armes de guerre montées ou non montées ; sous les peines prononcées par la déclaration du 23 mars 1728. (*Décrets des 2 nivôse an XIV et 12 mars 1806, et ordonnance du roi du 24 juillet 1816.*)

Art. 15. — Les brocanteurs doivent porter leurs marchandises sous le bras et à découvert, sans pouvoir les déposer ou étaler en place. (*Déclaration du 29 mars 1778, art. 5.*)

Art. 16. — Il leur est défendu de se rassembler sur la voie publique, sur les quais, ponts, halles et marchés, excepté sur la place de la Rotonde, au devant des abris du marché du Temple, sans néanmoins pouvoir y étaler, ni colporter.

Art. 17. — Il est expressément défendu aux détaillants et détaillantes placés au marché du Temple de quitter leur place pour aller au devant des brocanteurs et propriétaires d'effets à vendre, d'en acheter dans les rues, dans les allées, dans les cabarets, et ailleurs qu'au marché et aux ventes publiques. (*Loi du 16-24 août 1790, titre XI, art. 3, § 8.*)

Art. 18. — Il sera pris envers les contrevenants aux dispositions ci-dessus telles mesures de police administrative qu'il appartiendra, sans préjudice des poursuites à exercer contre eux devant les tribunaux, conformément aux lois et règlements.

Art. 19. — La présente ordonnance sera imprimée et affichée.

Les sous-préfets des arrondissements de Saint-Denis et de Sceaux, les maires des communes rurales du ressort de la préfecture de Police et leurs adjoints, les commissaires de police, le chef de la police centrale, les officiers de paix, les agents de la préfecture de police, et notamment l'officier de paix ayant la police du marché du Temple, ainsi que les délégués des brocanteurs, sont chargés, chacun en ce qui le concerne, de tenir la main à son exécution.

Le préfet de Police,

Signé : G. DELAVAU.

N° 18.

Arrêté de 1826

Concernant le brocantage et les brocanteurs.

Paris, le 18 juillet 1826.

Nous, conseiller d'État, préfet de Police,

Informé que l'ordonnance de police du 15 novembre 1822, relative au brocantage et aux brocanteurs, marchands d'habits ambulants de la ville de Paris, ne reçoit pas son entière exécution et que plusieurs des dispositions qu'elle renferme, notamment celles des articles 4, 8, 9, 10, 12 et 15, sont oubliées ou méconnues ;

Considérant qu'il importe au maintien du bon ordre, de la sûreté publique et à la régularisation de ce genre de commerce, de prendre toutes les mesures convenables pour réprimer les abus et contraventions qui nous ont été signalés, et assurer la stricte exécution des ordonnances précitées;

Vu les articles 2, 10, 22 et 32 de l'arrêté du gouvernement du 12 messidor an VIII (1er juillet 1800),

ARRÊTONS ce qui suit:

ARTICLE PREMIER. — A dater du 20 août prochain, toutes les permissions et médailles délivrées jusqu'à ce jour aux brocanteurs résidant à Paris, seront et demeureront annulées.

Les brocanteurs qui voudront continuer cette profession, et ceux qui, à l'avenir, désireront l'exercer, devront adresser leurs demandes à la préfecture de Police; ces demandes feront connaître les noms, prénoms et profession des demandeurs, leur âge, lieu de naissance et département; ainsi que leur demeure à Paris.

ART. 2. — Les médailles des brocanteurs seront en cuivre; elles porteront leurs noms, les lettres initiales de leurs prénoms et le numéro des permissions qu'ils auront obtenues.

Elles seront, à l'avenir, de la forme indiquée ci-contre.

ART. 3 — L'officier de paix chargé de la surveillance du marché du Temple est également chargé de celle des marchés Saint Jacques et Saint-Germain, sous le rapport du brocantage et des brocanteurs.

Il fera conjointement avec ou un plusieurs délégués de fréquentes rondes dans Paris, pour constater les contraventions aux dispositions de l'ordonnance du 15 novembre 1822 et du présent arrêté, et traduire les brocanteurs contrevenants devant les commissaires de police.

ART. 4. — Les articles de notre ordonnance du 15 novembre 1822, auxquels il n'est point dérogé par le présent arrêté, continueront d'être exécutés.

Le conseiller d'État, préfet de Police,
Signé : G. DELAVAU.

N° 19.

Ordonnance de 1828

Concernant les brocanteurs de Paris et du ressort de la préfecture de Police.

Paris, le 5 septembre 1828.

Nous, Préfet de Police,

Considérant que les règlements relatifs aux brocanteurs sont susceptibles de plusieurs modifications essentielles et exigent quelques développements propres à en assurer la stricte et entière exécution ;

Vu la déclaration du 29 mars 1778, l'ordonnance de police du 8 novembre 1780, les art. 2, 10, 22, 30 et 32 de l'arrêté du Gouvernement du 12 messidor an VIII (1er juillet 1800), l'arrêté du 3 brumaire an IX (25 octobre suivant) et la décision du ministre de la Police générale du 25 fructidor an IX (12 septembre 1801),

Ordonnons ce qui suit :

Article premier. — Nul ne peut exercer l'état de brocanteur, dans la ville de Paris et dans les communes rurales du ressort de la préfecture de Police, sans notre permission spéciale (*décl. du 29 mars 1778, article premier*).

Art. 2. — Dans le mois qui suivra la publication de la présente ordonnance, les brocanteurs résidant, soit à Paris, soit dans les communes rurales du ressort de la préfecture de Police, devront se pourvoir de cette permission si déjà ils n'en sont porteurs.

Ces permissions seront par eux présentées sans délai au visa des commissaires de police ou aux maires du lieu de leur domicile.

Art. 3. — Tous ceux qui voudront exercer l'état de brocanteur, et qui ne seront point encore pourvus de la permission mentionnée à l'article premier, adresseront leurs demandes à la préfecture de Police. Ces demandes feront connaître les noms, prénoms et professions des demandeurs, le lieu de leur naissance et leur demeure.

Art. 4. — Les permissions ne seront valables que pour l'année dans laquelle elles auront été délivrées ; elles seront renouvelées au commencement de chaque année, si d'ailleurs rien ne s'y oppose, sur la production de l'ancienne permission et sur celle de la patente ou du certificat d'exemption de patente dont chaque brocanteur doit être pourvu.

Art. 5. — Ceux auxquels il n'aura pas été accordé de nouvelles permissions ne pourront continuer d'exercer leur état (*déclaration du 29 mars 1778, article premier*).

Art. 6. — Il ne sera accordé de permission qu'aux individus sachant lire et écrire assez lisiblement pour tenir le livre de police dont il sera fait ci-après mention.

Elle pourra être refusée à ceux qui ne justifieraient pas d'un an de résidence dans le lieu où ils désireront exercer ou qui ne présenteraient pas, sous le rapport de la probité et des mœurs, les garanties réclamées par l'ordre et la sûreté publique.

Art. 7. — Les brocanteurs porteront, d'une manière apparente, une médaille en cuivre qui leur sera délivrée à la préfecture de Police et sur laquelle seront frappés leur nom, les initiales de leurs prénoms et le numéro de leur permission (*déclar. du 29 mars 1778, art. 2*).

La médaille des brocanteurs résidant hors Paris portera de plus ces mots : Cantons ruraux.

Art. 8. — Il est défendu aux brocanteurs de céder, vendre, prêter ou engager, à qui que ce soit, leurs permissions ou leurs médailles (*déclar. du 29 mars 1778, art. 2*).

Lorsque les brocanteurs renonceront à leur état ou s'absenteront du lieu de leur résidence, ils seront tenus de déposer leurs permissions et médailles, ceux de Paris à la préfecture de Police, ceux des communes rurales entre les mains des commissaires de police ou maires de leurs communes respectives, qui les transmettront à la préfecture de Police.

En cas de décès, le dépôt en sera fait par leurs héritiers ou ayants cause.

Art. 9. — Les brocanteurs continueront d'avoir un registre timbré pour inscrire exactement jour par jour, sans aucun blanc, rature, surcharge ni interligne, les hardes, linges, nippes et autres objets qu'ils achèteront, ainsi que les noms et demeures des vendeurs.

Ce registre, qui sera coté et paraphé par le commissaire de police ou maire du lieu de la résidence du brocanteur, portera en tête les nom, prénoms, demeure et signalement de celui-ci, ainsi que le numéro de sa médaille.

Il sera, tous les mois, examiné et visé par ces fonctionnaires sur le vu de la patente de l'année ou du certificat d'exemption du droit de patente. (*Ord. de police du 8 nov. 1780, art. 3.*)

Art. 10. — Les brocanteurs qui changeront de demeure en feront la déclaration, non seulement à la préfecture de Police, mais aussi aux commissaires de police ou maires du lieu de leur ancienne et de leur nouvelle résidence. (*Ord. de police du 8 nov. 1780, art. 3.*)

Ces fonctionnaires leur donneront acte, sur leur livre timbré, de cette déclaration.

Art. 11. — Il est enjoint aux brocanteurs d'être constamment porteurs de leurs permission, patente et livre timbré; ils devront les représenter, ainsi que les effets, hardes ou autres objets qu'ils auront achetés ou échangés, à toute réquisition des maires, commissaires de police, officiers de paix et préposés à la préfecture de Police. (*Ord. de police du 8 nov. 1780, art. 4.*)

Art. 12. — Les brocanteurs ne peuvent vendre, acheter ou échanger que des marchandises de friperie, meubles et ustensiles de hasard.

Il leur est défendu de vendre, acheter ou échanger des marchandises neuves, ainsi que des matières d'or et d'argent, si ce n'est de vieux galons ou de vieilles hardes brodées ou tissues d'or ou d'argent. (*Déclar. du 29 mars 1778, art. 6.*)

Art. 13. — Défense leur est faite d'acheter aux enfants des hardes, meubles, linges, livres, bijoux et autres objets quelconques, à moins d'un consentement par écrit et en bonne forme de leurs pères, mères ou tuteurs. (*Ord. du 8 nov. 1780, art. 1.*)

Il leur est expressément interdit d'acheter aux soldats leurs armes et effets d'habillement et d'équipement. (*Loi du 28 mars 1793 et ord. du roi du 24 juillet 1816.*)

Art. 14. — Il leur est également défendu de vendre et d'acheter des armes prohibées, tels (*sic*) que fusils et pistolets à vent, poignards, stylets, tromblons, couteaux en forme de poignard, baïonnettes, pistolets de poche, cannes à épée, à dard ou plombées, etc. etc., et des armes de guerre montées ou non montées. (*Déclar. du 23 mars 1728; décret des 2 niv. an XIV, 12 mars 1806 et ord. du roi du 24 juillet 1816.*)

Art. 15. — Il est défendu aux brocanteurs de tenir boutique, échoppe, ou magasin de marchandises qu'ils ont la faculté d'acheter et de revendre, même d'en faire commerce dans le lieu de leur domicile; ils doivent les porter sous le bras et à découvert, sans pouvoir les déposer ou étaler en place fixe. (*Déclar. du 29 mars 1778, art. 5 et 7.*)

Art. 16. — Il leur est également interdit de se rassembler sur la voie publique, sur les quais, ponts, halles et marchés pour y faire leur commerce.

Défense formelle leur est faite de se livrer à aucun trafic, de faire aucun achat ou vente, de conclure aucun marché dans les cabarets, estaminets et autres lieux publics. (*Déclar. du 29 mars 1778, art. 5.*)

Ceux de Paris pourront se réunir sur la seule place de la Rotonde, au-devant des abris du marché du Temple, depuis onze heures du matin jusqu'à deux heures de relevée, sans néanmoins pouvoir y étaler, ni colporter.

Art. 17. — Il sera pris envers les contrevenants aux dispositions ci-dessus telles mesures de police administrative qu'il appartiendra, sans préjudice des poursuites à exercer contre eux devant les tribunaux, conformément aux lois et règlements précités et aux dispositions du Code pénal.

Art. 18. — La présente ordonnance sera imprimée et affichée dans Paris et dans les communes rurales du ressort de la préfecture de Police.

Les sous-préfets des arrondissements de Saint-Denis et de Sceaux, les maires des communes rurales et leurs adjoints, le chef de la police municipale, les commissaires de police, les officiers de paix, les agents de la préfecture de police, et notamment le commissaire de police ayant la surveillance des marchés du Temple, Saint-Jacques-la-Boucherie et Saint-Germain, sont chargés, chacun en ce qui le concerne, de tenir la main à son exécution.

Le préfet de police,
Signé : Debelleyme.

N° **20**.

Ordonnance de 1831

Concernant les brocanteurs de Paris et du ressort de la préfecture de Police.

Paris, le 15 juin 1831.

Nous, conseiller d'État, préfet de Police,

Considérant que plusieurs dispositions des réglements concernant les brocanteurs ne sont pas exactement observées ;

Que d'autres ne sont pas en harmonie avec le principe de la liberté d'industrie consacré par la loi du 17 mars 1791 ;

Considérant aussi qu'il importe de faire connaître aux personnes qui exercent ou veulent exercer l'état de brocanteur quelles sont les obligations qui leur sont imposées, dans l'intérêt de l'ordre public, par les lois, décrets et ordonnances actuellement en vigueur ;

Vu la déclaration du 23 mars 1728, celle du 29 mars 1778, l'ordonnance de police du 8 novembre 1780, le décret du 28 mars 1793, les art. 2, 10, 22, 30 et 32 de l'arrêté du Gouvernement du 12 messidor an VIII, l'arrêté du 3 brumaire an IX et la décision du ministre de la Police générale du 15 fructidor an IX,

Ordonnons ce qui suit :

Article premier. — Personne ne peut exercer l'état de brocanteur, dans la ville de Paris et dans les communes rurales du ressort de la préfecture de Police, sans s'être préalablement fait inscrire sur les registres ouverts à cet effet à ladite préfecture. (*Déclaration du 29 mars 1778, art. 1er.*)

Art. 2. — L'impétrant devra être muni de sa patente ou d'une lettre portant décharge du droit de patente et d'un certificat de domicile et d'individualité.

Ce certificat sera délivré par les commissaires de police à Paris et dans les communes rurales où il en existe, et par les maires dans les autres communes.

Art. 3. — Le déclarant recevra un *bulletin d'inscription* qu'il sera tenu de faire viser une fois par an (*du 1er avril au 30 juin*) à la préfecture de Police, où il justifiera de sa patente ou d'un certificat d'exemption du droit de patente.

Ce visa ne donnera lieu à aucuns frais.

Art. 4. — Les permissions délivrées depuis le 1er janvier de la présente année jusqu'à ce jour tiendront lieu du bulletin d'inscription mentionné en l'art. 3, jusqu'à ce qu'elles soient d ns le cas d'être renouvelées.

Elles seront alors échangées contre un bulletin qui ne sera plus soumis qu'à la formalité du visa annuel, comme il est dit ci-dessus.

Celles qui ont été délivrées antérieurement au 1er janvier 1831 devront être échangées, dans le délai de *deux mois*, contre des bulletins d'inscription.

Dans les trois jours de la date de leur délivrance, les bulletins d'inscription devront être présentés par les titulaires au visa du commissaire de police du lieu de leur domicile ou à celui du maire dans les communes où il n'existe pas de commissaire de police.

ART. 5. — Les brocanteurs porteront, d'une manière apparente, une médaille en cuivre qui leur sera délivrée à la préfecture de Police, et sur laquelle seront gravés leur nom, les initiales de leurs prénoms et le numéro de leur bulletin d'inscription. (*Déclaration du 29 mars 1778, art. 2.*)

La médaille des brocanteurs résidant hors de Paris portera ces mots : *Cantons ruraux.*

ART. 6. — Il est défendu aux brocanteurs de céder, vendre, prêter ou engager, à qui que ce soit, leurs bulletins d'inscription ou leurs médailles. (*Déclaration du 29 mars 1778, art. 2.*)

Lorsque les brocanteurs renonceront à leur état ou s'absenteront du lieu de leur résidence, ils seront tenus de déposer leurs bulletins d'inscription et médailles, savoir :

Ceux de Paris, à la préfecture de Police ;

Ceux des communes rurales, entre les mains des commissaires de police ou des maires de leurs communes respectives, lesquels les transmettront à la préfecture de Police.

En cas de décès, le dépôt en sera fait par leurs héritiers ou ayants cause.

ART. 7. — Les brocanteurs continueront d'avoir un registre timbré pour inscrire exactement, jour par jour, sans aucun blanc, rature, surcharge ni interligne, les hardes, linges et autres objets qu'ils achèteront, ainsi que les noms et demeures des vendeurs.

Ce registre, qui sera coté et paraphé par le commissaire ou maire du lieu de la résidence du brocanteur, portera en tête les nom, prénoms, âge, demeure et signalement de celui-ci, ainsi que le numéro de sa médaille.

Il sera tous les mois examiné et visé par ces fonctionnaires sur le vu de la patente de l'année ou du certificat d'exemption du droit de patente. (*Ordonnance de police du 8 novembre 1780, art. 3.*)

ART. 8. — Les brocanteurs qui changeront de demeure en feront la déclaration, non seulement à la préfecture de Police, mais aussi aux commissaires de police ou maires du lieu de leur ancienne et de leur nouvelle résidence. (*Ordonnance de police du 8 novembre 1780, art. 3.*)

Ces fonctionnaires leur donneront acte, sur leur livre timbré, de cette déclaration.

ART. 9. — Il est enjoint aux brocanteurs d'être constamment porteurs de leurs bulletins d'inscription, patente et livre timbré ; ils devront les représenter, ainsi que les effets, hardes et autres objets qu'ils auront achetés ou échangés, à toute réquisition des maires, commissaires de police, officiers de paix et agents de la préfecture de Police. (*Ordonnance de police du 8 novembre 1780, art. 4.*)

30

Art. 10. — Il est défendu aux brocanteurs d'acheter aux enfants des hardes, meubles, linges, livres, bijoux et autres objets quelconques, à moins d'un consentement par écrit en bonne forme de leurs pères, mères ou tuteurs. (*Ordonnance de police du 8 novembre 1780, art. 1er.*)

Il leur est expréssément interdit d'acheter aux soldats leurs armes et effets d'habillement et d'équipement. (*Loi du 28 mars 1793 et Ordonnance royale du 24 juillet 1816.*)

Art. 11. — Il leur est également défendu de vendre et d'acheter des armes prohibées, telles que fusils et pistolets à vent, poignards, stylets, tromblons, couteaux en forme de poignard, baïonnettes, pistolets de poche, cannes à épée, à dard ou plombées, etc., et des armes de guerre montées ou non montées. (*Déclaration du 23 mars 1728, décret du 2 nivôse an XIV* (12 mars 1806) et *Ordonnance royale du 24 juillet 1816.*)

Art. 12. — Les brocanteurs sont tenus de porter leurs marchandises à découvert sans pouvoir les déposer ou étaler sur la voie publique. (*Déclaration du 29 mars 1778, art. 5.*)

Art. 13. — Il est interdit aux brocanteurs de se rassembler sur les quais, ponts, halles et marchés et sur les autres points de la voie publique pour y faire leur commerce.

Ceux de Paris pourront se réunir sur la seule place de la Rotonde au devant des abris du marché du Temple, depuis *onze heures du matin jusqu'à deux heures de relevée,* sans pouvoir néanmoins y former aucun étalage.

Art. 14. — L'ordonnance de police du 5 septembre 1828 est rapportée.

Art. 15. — Il sera pris envers les contrevenants telles mesures administratives qu'il appartiendra, sans préjudice des poursuites à exercer contre eux devant les tribunaux, conformément aux lois et règlements précités et aux dispositions du Code pénal.

Art. 16. — La présente ordonnance sera imprimée et affichée dans Paris et dans les communes rurales du ressort de la préfecture de Police.

Les sous-préfets des arrondissements de Saint-Denis et de Sceaux, les maires des communes rurales et leurs adjoints, le chef de la Police municipale, les commissaires de police, les officiers de paix et les agents de la Préfecture sont chargés, chacun en ce qui le concerne, de tenir la main à son exécution.

Le conseiller d'État, préfet de Police,

VIVIEN.

Par e conseiller d'État, préfet :

Le secrétaire général,

BILLIG.

N° 21

Arrêt de la Cour de cassation de 1832.

Arrêt qui déclare n'y avoir lieu à statuer sur la demande en règlement de juges du procureur du Roi près le Tribunal de Nantes, à l'occasion du conflit survenu dans les poursuites exercées contre le nommé Nicolas Soyer, fripier, prévenu de contravention à un règlement de la mairie de Nantes (1).

Du 28 avril 1832.

Ouï M. Brière, conseiller, en son rapport et M. Préteau de Pény, avocat-général, en ses conclusions;

Vu de nouveau la requête du procureur du Roi près le tribunal de première instance de Nantes, tendante à ce qu'il soit réglé de juges dans le procès du sieur Nicolas Soyer, fripier, demeurant à Nantes, tant devant le tribunal de simple police de Nantes que devant le tribunal correctionnel de la même ville, qui se sont successivement déclarés incompétents pour connaître de la contravention à un arrêté de la mairie de Nantes, dont était prévenu le sieur Soyer;

Vu le jugement du tribunal de simple police de la ville de Nantes, du 24 novembre 1831, par lequel ce tribunal se déclare incompétent pour connaître de la contravention du sieur Soyer, fripier, à un arrêté du maire de la ville de Nantes, du 30 avril 1817, approuvé par le préfet du département de la Loire-Inférieure, le 28 mai suivant, qui, par son art. 7, enjoint aux horlogers, bijoutiers, *fripiers*, brocanteurs, revendeurs, etc., de tenir exactement un registre coté et paraphé par la police, des objets de hasard qu'ils auront achetés ou revendus, sous peine, d'après l'art. 9 dudit arrêté, d'être poursuivis devant le tribunal de police.

Ledit jugement d'incompétence fondé sur le principal motif que cet arrêté ne se rattache à aucune des attributions conférées aux corps municipaux par l'art. 3 du titre XI de la loi du 25 août 1790, et référé dans l'art. 46, § 2, de la loi du 22 juillet 1791, laquelle n'autorise que la publication des anciens règlemens pour toutes autres matières que celles qu'elle attribue aux corps municipaux; lesquels anciens règlemens n'ont pu être produits au procès pour la légalité de leur application;

Vu le jugement correctionnel du Tribunal de 1re instance de Nantes, du 14 décembre suivant, par lequel ce tribunal, saisi par le ministère public, s'est pareillement déclaré incompétent, par le motif que le sieur Soyer, poursuivi pour contravention à un règlement de police, ne l'est, ni comme auteur, ni comme complice, d'aucun délit de la compétence du tribunal de police correctionnelle;

Lesquels jugemens ci-dessus datés n'ont été attaqués en temps de droit, et ont acquis l'autorité de la chose jugée;

---

(1) Bulletin de la Cour de cassation. — Criminel, année 1832, page 22.

Vu l'arrêt interlocutoire rendu par la Cour, le 23 février dernier, et la lettre adressée au Procureur du Roi près le Tribunal de 1re instance de Nantes, le 31 mars suivant, par le maire de Nantes, en exécution dudit arrêté, portant en substance que la mairie de Nantes n'a pas cru sortir des attributions qui lui sont confiées par l'art. 3 du titre XI de la loi du 24 août 1790 et l'art. 46 de la loi du 22 juillet 1791, en publiant l'arrêté du 30 avril 1817, d'après une ordonnance du lieutenant-général de police de Paris, du 4 novembre 1778, renouvelée par la préfecture de police, les 26 avril 1806 et 25 juillet 1818, sur le même objet, basée sur une déclaration du 28 mars 1778 et une ordonnance du 8 novembre 1780 ; qu'au surplus, toutes les recherches faites dans les archives de la mairie n'ont pu procurer aucune loi ou acte ayant force de loi antérieur à 1790, su·' lesquels aurait pu être fondé l'arrêté dont il s'agit ;

Sur qnoi, attendu que les ordonnances du lieutenant-général de police de la ville de Paris, du 4 novembre 1778 et 8 novembre 1780, ne s'étendaient pas, pour leur exécution, hors le ressort du Châtelet de Paris ; que le préfet de police de la même ville, en renouvelant ces ordonnances en 1806 et 1818, a usé du droit qui lui était conféré par l'art. 46 de la loi du 22 juillet 1791, mais n'a pu ni entendu étendre l'exécution au-delà du territoire dont la police est confiée à sa surveillance ;

Que la déclaration du Roi, non du 28, mais du 29 mars 1778, enregistrée au parlement de Paris le 22 mai suivant, établit un règlement pour l'exercice de la profession de fripier-brocanteur ;

Que la plupart de ses dispositions ne paraissent pour leur exécution applicables qu'à la ville de Paris ; que si l'art. 8 porte que : « Les règlemens de police concernant l'achat et la revente « des effets et marchandises de hasard seront exécutés par les fripiers-brocanteurs, selon leur « forme et teneur, sous les peines y portées, ainsi qu'ils l'étaient ou ont dû l'être par les anciens « maîtres fripiers », cette déclaration maintient les anciens règlemens sous ce rapport, mais n'en n'établit aucun ;

Attendu qu'il est reconnu par le maire de Nantes qu'il n'existe aucun règlement en cette partie qui ait autorité dans la ville de Nantes, et dont il ait pu rappeler l'exécution ; que dès lors, quelque sages et prévoyantes que soient les mesures de police prescrites par son règlement de police du 30 avril 1817, les tribunaux ne peuvent, dans la mesure de leurs attributions, du moins en ce qui concerne les fripiers de la ville de Nantes, appliquer des peines aux contraventions contre ledit règlement, à moins qu'il ne résulte de cette contravention un délit ou crime dont les auteurs pussent être poursuivis, soit comme auteurs, soit comme complices, d'après les dispositions du code pénal, ce qui ne se présente pas dans l'espèce présente :

La Cour déclare que, dans l'état, il n'y a pas lieu de statuer par réglement de juges, ni à prononcer aucun renvoi.

N° 22.

Arrêt de la Cour de cassation de 1851.

N'est pas obligatoire l'arrêté municipal qui prescrit aux marchands-brocanteurs d'une commune de tenir un registre destiné à l'enregistrement de leurs achats.

Rejet du pourvoi du commissaire de police remplissant les fonctions du ministère public près le Tribunal de simple police de Colmar (Haut-Rhin), contre un jugement rendu par ledit tribunal, le 27 mai dernier, en faveur du sieur Léopold, dit Aron Kahn (1).

Du 27 septembre 1851.

Ouï le rapport de M. le conseiller de GLOS, et les conclusions de M. l'avocat général PLOUGOULM ;

Attendu que si un arrêté du maire de Colmar, en date du 17 novembre 1817, approuvé par le préfet du Haut-Rhin, prescrit à tout brocanteur d'avoir un registre pour y inscrire les objets qu'il aura achetés, cette disposition ne se rattache à aucune des attributions conférées aux corps municipaux par l'art. 3, titre XI de la loi du 24 août 1790 ;

Attendu que si le nommé Léopold, dit Aron Kahn, marchand de ferrailles, a été cité devant le tribunal de simple police comme prévenu d'avoir acheté deux pièges à taupes sans les inscrire sur un registre à ce destiné ;

Attendu que ce tribunal, en déclarant que le fait ne présentait ni délit, ni contravention, et en renvoyant le prévenu des fins de la plainte, n'a violé aucune loi ;

Attendu, d'ailleurs, que le jugement attaqué est régulier dans sa forme,

La Cour rejette, etc.

____

(1) *Bulletin de la Cour de cassation.* — Criminel. — Année 1851 (page 635).

N° 23.

Jugement correctionnel de 1852.

Extraits de la Gazette des tribunaux des 29 janvier et 5 février 1852.

TRIBUNAL CORRECTIONNEL DE PARIS (7ᵉ Ch.)

Présidence de M. d'Herbelot.

Audience du 28 janvier 1852.

COALITION — ENTRAVE A LA LIBERTÉ DES ENCHÈRES.

Cinquante-sept personnes.

Depuis longtemps de graves abus se sont introduits dans les ventes publiques du Mont-de-piété et de l'hôtel des Commissaires-priseurs, comme dans celles qui ont lieu au domicile des particuliers. Un concert s'est établi entre les marchands qui fréquentent ces adjudications, pour empêcher la concurrence de les porter à leur véritable valeur. Ils s'entendent pour ne pas enchérir les uns sur les autres, et, quand un concurrent se présente, ils cherchent à l'éloigner par diverses manœuvres : ils se pressent autour des tables pour en défendre l'accès, s'emparant des objets exposés afin qu'on ne puisse les examiner, suscitant même des disputes, et, s'il est nécessaire pour décourager les étrangers, poussant contre eux les enchères au delà du prix raisonnable des choses.

Après chaque vente, les marchands coalisés se réunissent pour faire entre eux une nouvelle adjudication qu'on appelle révision ou revidage. Ils apportent à la masse les objets achetés ; chacun indique sur un morceau de papier la valeur qu'il leur suppose ; la totalité reste au plus offrant ; les autres se partagent au prorata de leurs mises proposées la somme qui représente la différence entre le chiffre de l'adjudication publique et celui de la révision. Ce dernier est presque toujours supérieur et donne un bénéfice à diviser. Mais, s'il arrive qu'une perte soit éprouvée sur les articles poussés contre un concurrent, le marchand qui est obligé de les garder reçoit de ses compagnons une indemnité.

C'est sous l'inculpation de faits de cette nature que comparaissent devant le Tribunal les individus ci-dessous nommés et qualifiés (*suivent les noms*).

Ils sont prévenus :

1° D'avoir, en 1848, 1849 et 1850, dans les adjudications de la propriété des choses mobilières, faites au Mont-de-piété, à l'hôtel des Commissaires-priseurs, ou au domicile de divers particuliers, écarté les enchérisseurs par dons et promesses;

2° D'avoir, aux mêmes époques, dans les adjudications faites au Mont-de-piété, à l'hôtel des Commissaires-priseurs ou au domicile de divers particuliers, par réunion et coalition des principaux acheteurs, tendant à ne pas enchérir les uns sur les autres et à se partager les bénéfices de cette manœuvre à l'aide d'une opération dite révision, et par d'autres moyens frauduleux, opéré la baisse des prix de marchandises mises en vente au-dessous des cours qu'aurait déterminés la concurrence naturelle en titre de commerce;

D... et H... d'avoir, en outre, étant brocanteurs, négligé d'avoir un livre de police daté et paraphé pour inscrire leurs ventes et achats.

Mes Chaix-d'Est-Ange, Perrin, Halphen et Duez jeune sont assis au banc de la défense.

Les témoins sont entendus.

Louis-François Bar, à Montrouge.

M. le président : Dites-nous quels étaient vos rapport avec la société.

Le témoin : Mes rapports avec la société consistaient à lui faire concurrence.

D. Quels moyens employait la société pour écarter la concurrence?

R. Plusieurs. D'abord, la société s'empare des premières places, en sorte que les articles mis en vente lui viennent d'abord; s'il se trouve dans un lot un article de valeur, ils ne le font pas passer, ils le gardent et ne laissent circuler que les choses sans valeur; en sorte que les particuliers, les bourgeois, entendant le prix de l'enchère, et ne voyant que ce que l'on veut bien leur montrer, croient déjà que l'enchère est trop élevée et ne surenchérissent pas.

Il y a ensuite le moyen des renfoncements. Celui-là, je le connais beaucoup personnellement; on me l'a souvent appliqué. Je suis ce que ces messieurs appellent un roucouleur; c'est un mot qui n'est pas dans le dictionnaire, du moins avec l'application qu'on m'en fait, mais enfin c'est le terme; si bien que, lorsque je vais à une vente pour faire concurrence à la société, on tâche d'abord de ne pas me laisser arriver tel ou tel objet de valeur, dont on voit que j'ai envie ; que si je réclame à haute voie pour qu'on me le fasse passer, alors, aussitôt que je vais pour examiner l'objet, je reçois un renfoncement, un coup de poing dans le dos, ou une poussée ou un croc-en-jambe. Enfin, on me bouscule, on me jette par terre. Voilà comme je vois la marchandise; le temps que je me débarbouille de tout ça, le lot est adjugé.

M. le président : Avez-vous pu distinguer les auteurs de ces mauvais traitements?

Le témoin : C'est très difficile, l'individu placé derrière moi reste fort tranquille; la poussée vient du troisième ou quatrième, quelquefois de plus loin, en sorte que ceux qui sont auprès de moi et qui sont des sociétaires ont toujours été censés poussés par d'autres; ainsi, rue de Vaugirard, à une vente, un poignard garni en diamant était mis à l'enchère; la société l'examine d'abord; je demande qu'on me le fasse passer; je finis par l'obtenir. Pendant que je l'examinais, on place auprès de moi deux chenets en fonte, et au moment où je vais mettre une enchère, voilà une poussée; les chenets tombent sur moi, me brisent la jambe.

M. le président : Reconnaissez-vous, parmi les prévenus, les auteurs de ces faits de violences?

Le témoin : Non, Monsieur; du reste, à l'époque où ceci est arrivé, j'ai porté plainte.

M. le substitut : Il y a deux sociétés?

Le témoin : Oui, Monsieur, il y a la petite et la grande; la grande société est composée des bijoutiers, des gens qui font les affaires importantes ; la petite société est pour l'achat des hardes, des objets peu importants; et puis il y a entre ces deux sociétés d'autres individus, qu'on appelle les auxiliaires; ceux-là, on s'en sert au besoin; quand on n'a pas besoin d'eux, on les met à la porte, ce sont des petits haricotiers. (*On rit.*)

Le témoin, se tournant vers l'auditoire : Ce n'est pas bien risible, c'est le mot; il n'est pas dans le dictionnaire, mais c'est le mot.

M. le substitut : Les signataires du règlement sont de la grande société?

R. Oui, Monsieur.

D. Par qui pensez-vous que les chenets dont vous venez de parler aient été jetés dans vos jambes?

R. Oh! par la grande, la petite n'avait aucun intérêt à cela.

D. N'arrive-t-il pas que des membres de la grande société font offres à des membres de la petite pour les empêcher de surenchérir?

R. Oui, une enchère pourrait faire du tort à la grande société ; on dit au sociétaire de la petite qui veut surenchérir : « Ne renchérissez pas, nous vous ferons votre petit bénéfice. »

D. Quelle était la valeur de l'objet en brillants que vous alliez surenchérir quand on vous a jeté des chenets dans les jambes?

R. Il a été adjugé 17 ou 1,800 francs; j'en ai offert 3,000 francs de bénéfice.

D. On est dans l'usage de donner, sur certaines affaires, quelque chose au crieur; ne serait-ce pas la récompense de la préférence donnée à la grande société?

R. On doit la vérité à la justice : c'est vrai; ainsi, je demande à voir tel objet : il fait semblant de ne pas entendre, et on ne me fait rien passer.

M. Alexandre, commissaire-priseur.

D. Savez-vous qu'il existe entre divers marchands qui fréquentent les ventes une association ?

R. Cette association se manifeste à nous d'une manière évidente, par des signes extérieurs, mais nous ne pouvons savoir s'il existe entre ces individus des statuts.

D. N'est-il pas de notoriété publique que si un particulier, ce qu'ils appellent un « bourgeois », se présente dans une vente pour se rendre adjudicataire, les associés cherchent à l'écarter par tous les moyens possibles?

R. Nous sommes persuadés qu'il y a entente entre eux pour écarter les individus qui ne sont pas de leur société; des mauvais traitements ont été exercés quelquefois sur des particuliers, et les auteurs de ces mauvais traitements ont été arrêtés. Dernièrement encore, dans une vente au Mont-de-piété, ce fait est arrivé.

D. N'arrive-t-il pas que, dans certains cas, des individus non-associés se joignent à la société ?

R. Oui, quand les associés ne sont pas nombreux à la vente. Mais, du reste, ceux-ci leur font une guerre acharnée pour les obliger à se mettre de la société.

M. le président : C'est là précisément où est la coalition ; ils les obligent à se mettre avec eux.

M° *Chaix-d'Est-Ange* : Vous avez parlé d'actes de violences qui auraient été commis contre des personnes ne faisant pas partie de la société. Pourriez-vous dire au Tribunal dans quelle catégorie de marchands ces faits se produisent ; est-ce chez les bijoutiers, chez les marchands de diamants, chez les marchands d'habits ?

Le témoin : Les marchands de diamants se conduisent généralement bien.

M. le président : Ainsi cette catégorie de marchands ne donne lieu à aucun désordre ; mais n'y a-t-il pas entre eux une entente mieux organisée qui permet plus de modération ?

Le témoin : Oui, je le crois.

M. le substitut : Et les bijoutiers ?

R. Les bijoutiers se conduisent moins bien ; mais il y a une grande différence d'eux avec les marchands d'habits.

M. le président : Ainsi la gradation est celle-ci ; plus la vente est précieuse dans la matière qui la compose, et moins il y a de violences.

M. le substitut : Le revidage n'est-il pas fait par les marchands de diamants avec plus d'ordre que par les autres catégories ?

R. Nous ne pouvons pas savoir cela.

M. le président : La question de M. le substitut a de l'importance : on a trouvé chez le président de l'association des notes de revidage portant des signatures, mentionnant des répartitions de bénéfices.

R. Nous avons entendu parler de cela, mais nous n'avons jamais vu aucune pièce.

M. Seigneur, commissaire-priseur. Le témoin donne des explications semblables à celles données par son confrère ; il ajoute qu'il a depuis longtemps condamné ces associations qui, suivant lui, sont un mal.

Plusieurs autres témoins confirment ce qui a été dit précédemment sur les associations d'acheteurs dans les ventes.

M° *Chaix*, à M. Génevoi, commissaire-priseur, témoin à décharge. — Les associations de marchands de diamants font-elles tort aux enchères ?

R. Les révisions sont tantôt nuisibles, tantôt avantageuses ; si les ventes étaient livrées aux particuliers, elles seraient moins avantageuses. La coalition existe, les associés s'entendent pour acheter ; cette entente est souvent utile, car, s'il se trouve à la vente ce qu'ils appellent des *guerriers*, des concurrents qui leur font la guerre, cette concurrence fait du bien à la vente.

M. le président : C'est là l'affaire, ils font la guerre aux acheteurs libres.

R. Au profit de la vente.

M *Chaix* : Nous reconnaissons l'association ; nous en rechercherons les conséquences.

M. Manheim, expert aux ventes. Ce témoin explique, suivant lui, le but de l'aàsociation des marchands entre eux, qui est de réunir ceux reconnus pour faire des acquisitions importantes qu'un seul ne pourrait pas faire.

M. le substitut : Nous avons entre les mains trente-cinq feuilles de révision, de 100, 150, 200 fr.; faut-il des associés pour faire des acquisitions de cette importance ?

R. Il est certain qu'un seul peut faire une acquisition de ce prix.

M. le substitut Dupré-Lassalle soutient la prévention.

Le tribunal, après avoir entendu les avocats des prévenus, remet à huitaine pour prononcer le jugement.

———

Audience du 4 février 1852.

Dans notre numéro du 29 janvier dernier, nous avons rendu compte des débats de cette affaire. Le Tribunal a rendu aujourd'hui le jugement suivant :

Le Tribunal donne défaut contre les prévenus non comparants ; statuant à l'égard de tous les autres prévenus comparants :

« Attendu que le principe de la loi en matière d'enchères publiques est d'ouvrir à toute personne une libre concurrence, en telle sorte que les objets mis en vente obtiennent le prix le plus élevé auquel ils peuvent parvenir légitimement ; que ce principe est fondé, non seulement sur la moralité, mais encore sur l'intérêt général ; qu'en effet, lorsqu'il s'agit de vente de biens de mineurs ou de vente après faillite, après décès ou par autorité de justice, il importe que le résultat de ces ventes soit aussi avantageux que possible pour désintéresser les créanciers et donner au vendeur une juste représentation de la chose mise en vente ;

« Attendu que le seul moyen d'obtenir cette concurrence et de parvenir au juste prix est d'exiger, comme le veut la loi, que les enchères soient produites publiquement au moment de la vente, qui s'opère sous la surveillance de l'officier ministériel préposé à ces sortes d'opérations ;

« Attendu que toute réunion, association, coalition de marchands ou autres, destinée à se rendre maîtresse des enchères en éloignant les enchérisseurs isolés, soit au moyen d'une concurrence irrésistible, soit en leur suscitant des obstacles matériels dans l'examen des objets mis en vente, soit en s'engageant réciproquement à ne pas surenchérir les uns sur les autres, est une atteinte portée à la liberté des enchères ;

« Attendu que si, dans certains cas, et lorsqu'il s'agit d'un objet d'un prix très élevé et de nature à dépasser les ressources personnelles de chacun, il peut être permis de former une association spéciale et dans le but déterminé de faire en commun cette acquisition, il est impossible d'admettre une association permanente destinée à opérer, dans toutes les ventes, quelque médiocre qu'en soit l'importance, lorsque surtout cette association est formée, non pas pour rester propriétaire de l'objet mis en vente, mais pour le soumettre à une nouvelle enchère, dans des conditions particulières et favorables aux seuls associés ; qu'une association, en décourageant la libre concurrence, a pour but définitif de déprécier la chose vendue en la faisant obtenir à un prix inférieur à celui de la valeur réelle ; que c'est là un des moyens d'opérer la baisse factice des marchandises que l'article 419 a voulu réprimer ;

« Attendu que cette vérité ressort de l'opération à laquelle se livrent tous les marchands associés, à l'issue des ventes publiques, opération connue sous le nom de révision ou de revidage ; qu'en effet cette révision n'est autre chose qu'une nouvelle mise aux enchères de l'objet vendu publiquement, mais dans des conditions telles, que ceux-là seuls qui font partie de la société peuvent profiter du bénéfice de cette nouvelle enchère ;

« Attendu que vainement prétendrait-on que, dans certains cas, des étrangers à ces associations ayant été admis à la révision, cette opération prenait alors un caractère de libre concurrence ; qu'en effet, et d'abord, il faut reconnaître qu'en principe, la révision ainsi opérée, hors de la vue et de la surveillance de l'officier ministériel, est dépourvue de toutes les garanties que la loi a voulu créer, mais, en outre, qu'il est constant en fait que toute personne n'a pas le droit d'assister et de prendre part à cette révision, mais bien seulement, ainsi que cela a eu lieu dans l'espèce pour la femme R..., qu'on a quelquefois admis des étrangers aux sociétés dont on avait acheté l'abstention aux enchères par la promesse de les faire participer au bénéfice de la révision ;

« Attendu que la révision est un aveu et une constatation manifeste du défaut de sincérité des premières enchères dans quelques conditions que cette révision se présente, soit qu'elle ait lieu pour couvrir la perte supportée par la société, au moyen d'une concurrence élevée contre elle, par un acheteur isolé, et qui lui a fait payer l'objet vendu au-delà du prix qu'elle voulait y mettre, soit qu'on y procède, ainsi que cela a lieu le plus souvent, pour partager le bénéfice résultant de la nouvelle enchère clandestine à laquelle les associés se livrent entre eux et qui a pour but de faire atteindre à l'objet vendu la valeur réelle ; qu'à ce double point de vue, la révision n'est qu'une revente destituée des garanties légales ;

« Attendu, d'ailleurs, que la plus-value ne profitant, en définitive, qu'aux associés, n'est autre qu'un bénéfice obtenu au préjudice d'un vendeur ; qu'il est, dès lors, évident que la révision ou le revidage altèrent la sincérité des ventes publiques et nuisent essentiellement au vendeur en le dépouillant à vil prix de sa chose ;

« Attendu que la baisse forcée de cette chose est produite, lors de la vente publique, par les coalisés qui ont pris l'engagement de ne pas surenchérir les uns sur les autres ; que cet engagement se trouve textuellement énoncé dans les statuts de la société dont Boties paraît être le chef, et qui ont été saisis chez lui (art. 10 des statuts) ; qu'ainsi le fait ne saurait être douteux pour le Tribunal ;

« Attendu que la révision ou le revidage n'est que la mise à exécution de cette coalition ayant pour but d'écarter les enchérisseurs ; qu'à ce titre, le fait d'avoir participé à une opération de cette nature est une infraction aux dispositions des art. 412 et 419 du Code pénal ;

« Attendu qu'il résulte du procès-verbal dressé à la date du 13 août 1850, comme aussi des différents documents saisis au domicile de plusieurs des prévenus, et notamment de B..., T... et H..., que tous ces prévenus ont pris part à des opérations plus ou moins nombreuses;

« Attendu qu'il résulte des documents du procès qu'en différentes circonstances le nommé L. H... a été écarté des enchères publiques, soit par ledit B... personnellement, soit par les différentes sociétés de révision, moyennant une prime à lui remise par les susénoncés, qui ont ainsi acheté son abstention;

« Attendu qu'il résulte des mêmes documents que M..., pour obtenir de la femme R... qu'elle ne se présentât pas à une vente publique en concurrence avec lui-même, l'a admise à un partage ou révision;

« Attendu que tous les faits constituent encore d'une manière évidente le délit prévu et puni par les art. 412 et 419;

« Attendu que vainement les prévenus voudraient se retrancher derrière l'exception de bonne foi; qu'en effet il est constant, en fait, et il résulte des documents saisis que, postérieurement au 13 août 1850, date du procès-verbal dressé contre T..., D..., C... et H..., et lors duquel ils ont été mis en état d'arrestation, les prévenus ont procédé à de nombreuses opérations de révision ou revidage; que ce procès-verbal était à leur égard un avertissement qui, en leur donnant connaissance du délit commis par quelques-uns d'entre eux, devait au moins pour l'avenir les rendre plus circonspects, ce qui repousse virtuellement l'exception opposée;

» Attendu, néanmoins, qu'il est juste de reconnaître que les faits sont la conséquence d'un long abus, lequel était presque dégénéré en usage admis dans les ventes publiques; que d'ailleurs, et sous tous autres rapports, les prévenus n'ont aucun antécédent de nature à faire suspecter leur probité en dehors des actes relevés à leur charge; que c'est là une circonstance que le tribunal doit prendre en considération;

« Attendu, en ce qui touche la contravention spéciale à D... et H..., qu'il résulte de l'instruction et des aveux des prévenus qu'ils ont exercé le brocantage en achetant pour revendre sans être munis de livre de police ni de patente de brocanteur; qu'ils ont ainsi contrevenu à l'ordonnance du 8 novembre 1780;

« Attendu qu'il résulte des documents du procès que les ci-après nommés ont pris part, savoir: B. à 44 opérations de révision, B. et V. à 36, F. à 35, M. et P. à 33, R. à 20, H. et F. à 29, B. et M. à 27, L. et L. à 26, T. à 24, N. à 23, D. à 20, C. à 19, Joseph B. à 17, F., F., Charles M. à 16, W. à 15, Félix M. à 13, R. à 12, B. et B. à 11, B. et L. à 10, H., L. et H. à 8, B., H., T. et T. à 7, B., B., S., D., et T. a 6, D., P., F. et F. à 5, A. et D. à 4, B., P., N., F. dit L. à 3, W. à 2, C. à 1; que C. et D. ont été arrêtés en flagrant délit, et qu'enfin M. a été écarté par dons et promesses de la dame R...;

« Qu'en outre, D. et H. ont contrevenu à l'ordonnance du 8 novembre 1780 sur le brocantage,

« Délit et contravention connexes;

« Attendu que ces faits tombent sous l'application des art. 412 et 419 du Code pénal; que ce dernier article, emportant la peine la plus forte, doit être seul appliqué;

« Admettant néanmoins l'existence de circonstances qui permettent au tribunal de faire aussi l'application de l'art. 463,

« Condamne B. à 200 francs d'amende, tous les autres prévenus chacun à 100 francs d'amende, et tous solidairement aux dépens. »

N° 24.

Arrêt de la Cour de cassation de 1860.

L'autorité municipale n'a pas le droit d'imposer aux marchands brocanteurs l'obligation d'avoir un registre destiné à l'inscription de leurs achats, mais les maires peuvent, en vertu de l'article 46 de la loi du 22 juillet 1791, rappeler les citoyens à l'observation des règlements anciens qui existent dans la localité. Si donc un arrêté municipal rappelle régulièrement à l'exécution d'un règlement ancien ayant cet objet, cet arrêté est légal et obligatoire, et la contravention qui y est commise est passible des peines de l'article 471, n° 15, du Code pénal.

Annulation, sur le pourvoi du Ministère public près le tribunal de simple police de Bordeaux, du jugement rendu par ce tribunal, le 13 avril 1860, en faveur du sieur Faux (1).

Du 5 juillet 1860.

La Cour,

Ouï M. Zangiacomi, conseiller, en son rapport, et M. l'avocat général Guyho, en ses conclusions;

Vu les articles 3, titre XI, de la loi du 16-24 août 1790, 46 de la loi du 22 juillet 1791, et 471, § 15, du code pénal;

Attendu que, si le droit d'imposer aux marchands brocanteurs l'obligation d'avoir un registre destiné à l'inscription de leurs achats ne rentre pas dans les attributions de l'autorité municipale, les maires trouvent dans l'article 46 de la loi du 22 juillet 1791, qui les autorise à rappeler les citoyens à l'observation des lois de police, le pouvoir de publier de nouveau les dispositions de cette nature qui ont autorité dans les lieux soumis à leur juridiction;

Attendu que l'arrêté du maire de Bordeaux, en date du 7 décembre 1846, qui prescrit aux marchands brocanteurs de cette ville la tenue du registre dont s'agit, ne fait que remettre en vigueur le règlement de police de Bordeaux du 12 juin 1859, y ayant conservé force de loi, qui fait défense aux fripiers, etc......... « de rien acheter sans inscrire sur leurs registres leurs achats..... » Qu'il suit de là que ledit arrêté du 5 décembre 1846 a été pris par le maire dans les limites de ses attributions, et qu'ainsi, en lui refusant la sanction de l'article 471, § 15, du code pénal, le tribunal de police a tout à la fois violé ledit article, en ne l'appliquant pas, et les dispositions ci-dessus visées;

Casse et annule le jugement rendu, le 13 avril dernier, en faveur du sieur Faux, par le tribunal de simple police de Bordeaux; et, pour être statué sur la prévention, renvoie ledit Faux, avec les pièces de la procédure, devant le tribunal de simple police du canton de Blanc.

---

(1) *Bulletin de la Cour de Cassation.* — Criminel. — Année 1860, page 262.

N° 25.

Ordonnance concernant l'installation des brocanteurs au marché du Temple.

Paris, le 29 décembre 1865.

Nous, préfet de Police.

Vu :

1° L'arrêté des consuls du 12 messidor an VIII ;

2° L'ordonnance de police du 15 juin 1831, concernant les brocanteurs, art. 12, § 2 ;

3° La lettre de M. le Sénateur, préfet de la Seine, en date du 27 de ce mois, par laquelle il nous informe que le premier étage du marché du Temple sera désormais affecté, moyennant un droit d'entrée, à la réunion des marchands brocanteurs qui s'installent, chaque jour, aux abords dudit marché,

Ordonnons ce qui suit :

Article premier. — A partir du 2 janvier 1866, les marchands brocanteurs ne pourront se réunir, pour opérer leurs ventes, que dans le local situé au premier étage du marché du Temple.

Art. 2. — Défense expresse leur est faite de se rassembler ou de stationner sur les emplacements précédemment affectés *au carreau* du brocantage, ni sur toute autre partie de la voie publique de Paris.

Art. 3. — Défense leur est faite également d'opérer aucune transaction dans les boutiques et salles de marchands de vins ou autre établissement de même nature.

Art. 4. — Le second paragraphe de l'art. 13 de l'ordonnance de police du 15 juin 1831 est abrogé.

Il n'est dérogé en rien aux autres dispositions de ce règlement.

Art. 5. — L'inspecteur général des Halles et marchés, le chef de la Police municipale, les commissaires de police et les agents sous leurs ordres, sont chargés, chacun en ce qui le concerne, d'assurer l'exécution de la présente ordonnance, qui sera imprimée, publiée et affichée.

Le préfet de Police,

Signé : Boitelle.

N° 26.

Circulaire de 1875

Adressée aux commissaires de police de Paris et des communes du ressort de la préfecture de Police.

Paris, le 18 juin 1875.

Messieurs,

L'ordonnance de police du 15 juin 1831 impose aux brocanteurs l'obligation de tenir un registre destiné à constater leurs achats et ventes.

Mon administration attache à la stricte exécution des dispositions de cette ordonnance une importance qui est justifiée par la nécessité de suivre les objets volés afin d'atteindre les coupables que protège trop souvent la négligence ou la complicité des brocanteurs.

Il est donc indispensable que ces derniers ne se contentent pas de tenir le registre obligatoire, mais qu'ils apportent un soin particulier à la description des objets qu'ils y inscrivent et à l'indication des personnes de qui ils tiennent ces objets ou à qui ils les cèdent.

Ce registre tenu jour par jour, sans blanc ni rature, surcharge ou interligne, doit être soumis au visa mensuel du commissaire de police du quartier, qui a mission de s'assurer de la régularité des écritures, de relever les contraventions existantes et de rechercher dans les objets inscrits la trace de ceux dont la disparition lui aurait été signalée. Cependant je viens de constater que la plupart d'entre vous se déchargent de cette partie si utile de leurs attributions en permettant à des employés subalternes de viser en leur lieu et place les registres des brocanteurs.

Dans ces conditions le visa est apposé sans examen et ne constitue plus qu'une opération dérisoire.

Il me suffira, sans doute, d'appeler votre attention sur les conséquences que peut entraîner un pareil oubli de cette partie de la tâche qui vous est imposée pour que l'abus qui vous est indiqué cesse immédiatement.

Je vous invite, Monsieur, à tenir compte, avec le plus grand soin, des observations qui précèdent et dont je désire que vous m'accusiez réception.

Je crois devoir ajouter que, conformément à l'une des recommandations qui sont contenues dans la circulaire du 15 juin 1831, sur la matière, vous devez refuser le visa de leurs livres aux brocanteurs dont les bulletins d'inscription n'auront pas été visés avant le 1er juillet de chaque année et leur retirer leur médaille et leur bulletin, que vous transmettrez au 4e bureau de la 1re division de mon administration.

Recevez, Messieurs, l'assurance de ma parfaite considération.

Le préfet de Police,

Signé : L. Renault.

N° **27.**

Arrêt de la Cour de cassation de 1878.

L'ordonnance du lieutenant de police du 8 novembre 1870 subsiste dans toutes ses dispositions non contredites par le Code pénal ou par une loi postérieure et notamment dans les articles 2 et 3 (art. 484 du Code pénal).

L'ordonnance publiée le 15 juin 1831 par le préfet de Police, laquelle a rappelé les dispositions de cet ancien règlement, n'a pas eu pour effet de changer la pénalité qu'il édictait.

Les brocanteurs qui ne se soumettent pas à ces dispositions sont donc passibles des peines prononcées par l'ordonnance de 1780, et non de celles qu'édicte l'article 471, n° 15, du Code pénal.

Le brocanteur en boutique condamné à 100 francs d'amende en vertu de l'article 3 de ladite ordonnnance, tandis qu'il aurait dû être condamné à 400 francs d'amende en vertu de l'article 2 qui lui était applicable, ne peut demander la cassation de l'arrêt qui l'a condamné, en se faisant un grief de l'application d'une peine inférieure à celle qu'il avait encourue, et qui d'ailleurs est justifiée par l'article 411 du Code d'instruction criminelle.

Rejet du pourvoi de Jean-Pierre Delion contre un |arrêt rendu, le 30 juin 1877, par la Cour d'appel de Paris, chambre correctionnelle, qui l'a condamné à 100 francs d'amende (1).

Du 1er février 1878.

La Cour,

Ouï M. le conseiller SALLANTIN, en son rapport ; Mᵉ BRUGNON, avocat, en ses observations, et M. l'avocat général LACOINTA, en ses conclusions ;

Sur l'unique moyen du pourvoi, tiré de la violation de l'article 471 § 15 du Code pénal, en ce que l'arrêt attaqué aurait appliqué au demandeur la pénalité de l'ordonnance du lieutenant de police du 8 novembre 1780, alors que la contravention qui lui était imputée n'était passible que de la peine édictée par l'article 471 du Code pénal :

Attendu qu'il résulte de l'arrêt attaqué que le nommé Delion, établi à Paris, comme brocanteur en boutique, n'a pas inscrit sur son registre l'achat par lui fait d'une petite voiture provenant de vol, et qui lui avait été vendue par le nommé Labbé ; qu'à la suite de cette contravention, il a été condamné à 100 francs d'amende, par l'application de l'article 3 de l'ordonnance du lieutenant de police du 8 novembre 1780 ;

Attendu que, les dispositions de cet ancien règlement ayant été rappelées dans une ordonnance publiée le 15 juin 1831 par le préfet de Police, Delion prétend que la contravention qu'il a commise doit être réprimée, non par l'ordonnance du 8 novembre 1780, mais par celle du

---

(1) *Bulletin des arrêts de la Cour de Cassation.* — Criminel, année 1878, page 56-58.

15 juin 1831, et qu'il aurait dès lors encouru la peine de police portée par l'article 471 § 15 du Code pénal ;

Attendu qu'en publiant un ancien règlement du lieutenant de police, le Préfet n'a fait qu'user du droit qui lui est conféré par l'article 46 de la loi des 19-22 juillet 1791, titre Iᵉʳ, et par l'article 2 de l'arrêté des consuls du 12 messidor an VIII ; que l'ordonnance par laquelle il a fait cette publication ne peut être substituée à l'ancien règlement dont elle se borne à rappeler les prescriptions et qui subsiste dans toutes ses dispositions non contredites par le Code pénal ou par une loi postérieure ; que c'est donc avec raison que le demandeur a été poursuivi pour avoir contrevenu à l'ordonnance du 8 novembre 1780, en n'inscrivant pas sur son registre l'achat par lui fait au nommé Labbé ; que le seul point qu'il importe d'examiner est celui de savoir si la pénalité édictée par l'ordonnance du 8 novembre 1780 doit être maintenue, ou si elle a été remplacée par la peine prévue par l'article 471 § 15 du Code pénal ;

Attendu que, s'il est de principe que les anciens édits et règlements de police locale sur des matières attribuées par la législation actuelle au pouvoir réglementaire de l'Administration, n'ont aujourd'hui pour sanction que les peines, portées par les art. 471, § 15 et 474 du Code pénal, il n'en est pas de même quand lesdits édits et règlements traitent une matière qui ne rentre pas dans les attributions soit de l'autorité municipale, soit de toute autre autorité administrative ; qu'aux termes de l'art. 484 du Code pénal ces règlements particuliers doivent continuer à être observés, tant qu'ils n'ont pas été remplacés par une loi ; qu'il en est ainsi des art. 2 et 3 de l'ordonnance du lieutenant de police du 8 novembre 1780, dont les dispositions n'ont été abrogées ni expressément ni tacitement, et qui sont, dès lors, toujours en vigueur ;

Attendu, en effet, que le droit d'imposer aux revendeurs ou brocanteurs l'obligation de tenir un registre destiné à l'inscription de leurs achats, ne rentre pas dans le cercle du pouvoir réglementaire qui appartient à l'autorité administrative ; que ce n'est pas là une matière de sûreté générale ou de police locale, et qu'elle ne pourrait être prise actuellement qu'en vertu d'une disposition de loi spéciale ;

Attendu que l'art. 2 de l'arrêté des consuls du 12 messidor an VIII ne confère au préfet de Police que le droit de publier de nouveau les lois et règlements de police, et de rendre les ordonnances tendant à en assurer l'exécution ; que si l'art. 32 du même arrêté lui donne le pouvoir de surveiller certaines professions, notamment celle des revendeurs ou brocanteurs en boutique, il ne l'autorise pas à prescrire à ces marchands la tenue d'un registre dans les conditions de l'ordonnance du 8 novembre 1780, mesure qui excède manifestement les limites d'une simple surveillance ;

Attendu, il est vrai, que l'arrêt attaqué a condamné le demandeur à 100 francs d'amende, en vertu de l'art. 3 de ladite ordonnance, tandis qu'en réalité c'est la peine de 400 francs d'amende, édictée par l'art. 2 qui aurait dû être prononcée ; qu'en effet l'art. 3 n'est relatif qu'aux brocanteurs ambulants et autres marchands forains, alors que l'art. 2 concerne tous les marchands et artisans qui, comme Delion, achètent, revendent ou échangent, à leur domicile, des effets et marchandises de hasard ; mais que le demandeur ne peut se faire un grief de l'application d'une peine inférieure à celle qu'il avait encourue, et qui est, d'ailleurs, justifiée par l'art. 411 du Code d'instruction criminelle ;

Attendu que l'arrêt est régulier en forme :

Rejette le pourvoi formé par Delion contre l'arrêt de la cour de Paris, en date du 30 juin dernier, et le condamne à l'amende envers le Trésor public.

N° **28**.

Ordonnance de 1887

Concernant l'organisation de la vente au carreau du Temple.

Paris, le 29 mars 1887.

Nous, préfet de Police,

Vu :

1° La loi des 16-24 août 1790, titre XI, art. 3, § 3 ;

2° L'arrêté du Gouvernement du 12 messidor an VIII (1er juillet 1800) ;

3° Les ordonnances de police des 15 juin 1831 et 29 décembre 1865 concernant les brocanteurs et leur installation au marché du Temple ;

4° La délibération du Conseil municipal du 21 mars 1887 ;

Ordonnons ce qui suit :

Article premier. — Les chineurs et brocanteurs, marchands au carreau du Temple, auront accès au marché par la rue Dupetit-Thouars et la rue Perrée.

Art. 2. — L'ouverture du Carreau aura lieu à huit heures trois quarts pour les chineurs et brocanteurs marchands au Carreau, avec faculté pour eux de déposer leurs marchandises sur l'emplacement qui leur sera désigné.

Art. 3. — L'emplacement que pourra occuper chaque chineur et brocanteur marchand au Carreau sera indiqué par des lignes tracées sur le sol. Les chineurs et marchands au Carreau pourront s'asseoir sur un siège placé derrière leur emplacement, mais ils ne pourront l'utiliser pour le dépôt des marchandises.

Art. 4. — L'emplacement accordé à chaque chineur et brocanteur marchand au Carreau sera de 1 m. 20 c. de longueur sur 0 m. 80 c. de profondeur. Il est interdit de faire usage de supports d'aucune sorte, tels que tréteaux, pliants, etc. Une toile seule pourra être interposée entre le sol et les marchandises.

Art. 5. — La vente au Carreau est absolument interdite à tout marchand ayant boutique au dehors du Carreau ou titulaire du rez-de-chaussée. Les employés et employées de ces marchands ou titulaires seront aussi exclus de la vente au Carreau.

Art. 6. — La vente des marchandises neuves est interdite au Carreau ; seront toutefois considérées comme marchandises d'occasion celles qui proviendront des soldes et des ventes du Mont-de-piété.

Art. 7. — Défense est faite aux chineurs et brocanteurs d'opérer aucune transaction dans les boutiques et salles de marchands de vin ou autres établissements de même nature autour du Temple.

Art. 8. — Les dispositions des ordonnances des 15 juin 1831 et 29 décembre 1865 qui ne sont pas contraires aux prescriptions ci-dessus resteront en vigueur.

Art. 9. — Les contraventions à la présente ordonnance seront constatées par des procès-verbaux ou rapports pour être déférés au tribunal de simple police.

Art. 10. — Le chef de la Police municipale, les commissaires de police et les agents placés sous leurs ordres, sont chargés, chacun en ce qui le concerne, d'assurer l'exécution de la présente ordonnance, à partir du 1er avril 1887.

Le préfet de Police,
GRAGNON.

Par le préfet de Police :

Le secrétaire général,
L. LÉPINE.

N° 29

Ordonnance de 1887

Modifiant l'organisation de la vente au carreau du Temple.

Paris, le 8 août 1887.

Nous, préfet de Police,

Vu :

1° L'art. 6 de l'ordonnance de police du 29 mars 1887 concernant l'organisation de la vente au carreau du Temple, lequel est ainsi conçu :

« La vente des marchandises neuves est interdite au Carreau ; seront toutefois considérées comme marchandises d'occasion celles qui proviendront des soldes et des ventes du Mont-de-piété ; »

2° La délibération du Conseil municipal du 29 juillet 1887,

ORDONNONS CE QUI SUIT :

ARTICLE PREMIER. — L'art. 6 de l'ordonnance de police du 29 mars dernier est modifié ainsi qu'il suit :

« La vente des marchandises neuves est interdite au Carreau ; les marchandises provenant des soldes seront considérées comme neuves. »

ART. 2. — Les contraventions aux dispositions ci-dessus seront constatées par des procès-verbaux ou rapports pour être déférées au tribunal de simple police.

ART. 3. — Le chef de la Police municipale, les commissaires de police et les agents placés sous leurs ordres sont chargés, chacun en ce qui le concerne, d'assurer l'exécution de la présente ordonnance.

Pour le préfet de Police :

Le secrétaire général,
L. LÉPINE.

No **30.**

Carnet de brocanteur (1er feuillet).

RÉPUBLIQUE FRANÇAISE

PRÉFECTURE DE POLICE

1re DIVISION

4e BUREAU

2e SECTION

N°

BROCANTEUR

Paris, le 189

SIGNALEMENT :

Âge
Taille
Cheveux
Front
Sourcils
Yeux
Nez
Bouche
Menton
Barbe
Visage

né à
dépar¹ d
dem¹ à
rue n°
q⁰ʳ de

Marques particulières :

Signature du porteur :

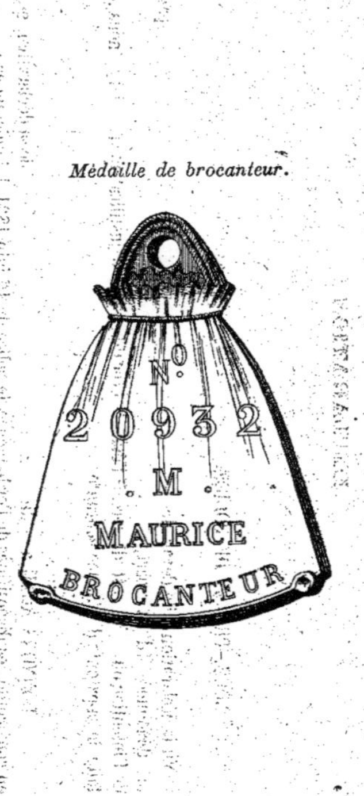

Médaille de brocanteur.

DECLARATION

NOUS, PRÉFET DE POLICE,

Vu la déclaration faite devant le   d   par
le dénommé   d'autre part,
de l'intention où   1   est d'exercer l'état de brocanteur, et la justification q   l   nous a
faite de sa patente de l'année courante,

DONNONS ACTE a   dit   de sa déclaration, et,
en conformité des dispositions de l'ordonnance de police du 15 juin 1831, lui enjoignons :

1° De porter d'une manière apparente la médaille qu'   est tenu   d'avoir;

2° De ne céder, vendre, prêter ou engager sa médaille ou son bulletin d'inscription à qui que
ce soit;

3° De déposer sa médaille et son bulletin à la préfecture de Police, lorsqu'   l   renoncera à
sa profession et chaque fois qu'   l   prendra un passeport;

4° De tenir un registre, côté et paraphé par
le commissaire de police du quartier, sur lequel
   l   inscrira exactement, jour par jour, sans
aucun blanc, rature, surcharge, ni interligne, les
objets qu'   l   aura achetés, ainsi que les noms
et demeures des personnes qui lui auront fait la
vente, et de faire viser ce registre, tous les mois,
par ledit commerce;

5° De n'acheter, des soldats, aucune arme ni aucun objet d'équipement militaire, comme aussi
de n'acheter ni vendre des armes offensives, dangereuses, cachées ou secrètes (art. 314 du Code
pénal);

6° De n'acheter aucun objet des enfants sans la permission expresse de leurs parents ou
tuteurs;

7° De porter ses marchandises à découvert; de n'opérer aucune transaction dans les boutiques
et salles de marchands de vin ou autres établissements de même nature, et de ne stationner ni
dans les rues, ni autre part que dans le local situé au premier étage du marché du Temple, et ce,
depuis onze heures du matin jusqu'à une heure de relevée seulement;

8° De représenter le présent bulletin, son livre, sa patente, et même les objets qu' l   aura achetés ou échangés, aux maires, commissaires de police, officiers de paix et préposés de la préfecture de Police, toutes les fois qu   l   en sera requis par eux ;

9° De faire la déclaration de tout changement de demeure non seulement à la préfecture de Police, mais encore au commissaire de police du quartier de l'ancien domicile, et à celui du quartier du nouveau ;

10° De faire viser, chaque année, le présent bulletin à la préfecture de Police, *du 1er janvier au 30 juin*, en représentant son livre et sa patente de l'année, ou le certificat d'exemption du droit de patente ;

11° De présenter le présent bulletin, dans le délai de TROIS JOURS, au VISA du commissaire de police de son quartier.

LE PRÉFET DE POLICE.

Pour le préfet et par autorisation :

LE SECRÉTAIRE GÉNÉRAL,

Vu :

LE CHEF DE LA 1re DIVISION,

Vu par le commissaire de police du quartier
de

Paris, le

ANNNEXES III

DOCUMENTS ADMINISTRATIFS SUR LE MARCHÉ DU TEMPLE

ANCIEN MARCHÉ.

29 vendémiaire an IX. — Arrêté des Consuls autorisant la création d'un marché dans l'enclos du Temple, pour y transférer les revendeuses de hardes établies au marché des Innocents et sur la place aux Veaux.

16 mars 1807. — Décret étendant les limites du marché.

8 septembre 1807. — Loi promulguée le 18 septembre, cédant en toute propriété à la ville de Paris les terrains domaniaux non aliénés entrant dans la formation du marché du Temple (titre VI, art. 145).

20 octobre 1810. — Arrêté du ministre de l'Intérieur fixant le prix de location des places.

24 février 1811. — Décret relatif à la cession aux hospices.

10 mai 1813. — Arrêté du préfet de la Seine relatif à cette cession.

20 décembre 1843. — Arrêté du préfet de la Seine prescrivant la perception par ses agents des droits de location, à dater du 1er janvier 1844.

24 octobre 1855. — Arrêté du préfet de la Seine concernant la mise en vigueur, à compter du 5 novembre 1855, des nouveaux tarifs. (Délibération du Conseil municipal du 5 septembre 1855 et approbation du ministre de l'Intérieur, du 9 octobre suivant.)

NOUVEAU MARCHÉ.

27 avril 1860. — Arrêté du préfet de la Seine instituant une Commission à l'effet d'examiner les propositions relatives à la reconstruction du marché du Temple.

15 février 1861. — Rapport de la Commission qui prend en considération le projet de MM. Ferrère et Cie.

5 juillet 1861. — Délibération favorable du Conseil municipal sur la concession projetée et sur le projet de reconstruction.

14 avril 1862. — Décret autorisant le préfet de la Seine à traiter avec M. Ferrère, gérant de la Compagnie du marché du Temple.

20 janvier 1863. — Traité conclu entre la Ville et la Compagnie concessionnaire (texte reproduit ci-après, n° 1).

9 mai 1866. — Décision autorisant la Compagnie à transformer en carreau à usage des brocanteurs le 1er étage du marché.

25 octobre 1869. — Arrêté du préfet de la Seine fixant à 6,850,000 francs la dépense de premier établissement du marché du Temple.

7 septembre 1870. — Arrêté du maire de Paris réduisant à moitié tarif le prix de location des places dans le marché du Temple.

15 octobre 1870. — Arrêté du maire de Paris suspendant la perception des locations dans le marché du Temple.

25 octobre 1870. — Arrêté du maire de Paris reportant au 3 octobre la date de suppression des perceptions.

13 février 1871. — Arrêté du maire de Paris rétablissant la perception des locations dans le marché du Temple.

12 juillet 1871. — Arrêté du préfet de la Seine rétablissant à partir du 1er septembre la perception des locations au tarif réglementaire.

29 décembre 1871. — Avis affiché par l'Administration municipale concernant la remise d'une partie des loyers.

19 janvier 1872. — Arrêté préfectoral fixant les heures d'ouverture et de clôture des ventes dans les marchés concédés.

22 mars 1872. — Arrêté du préfet de la Seine fixant au 1er août 1865 le point de départ des cinquante années de la concession faite à MM. Ferrère et Cie.

6 août 1881. — Délibération du Conseil municipal autorisant la reprise par la Ville de 2,795 mètres pour l'établissement d'un marché alimentaire destiné à remplacer le marché Saint-Martin-des-Champs et portant diminution de 25,000 francs sur la redevance annuelle payée par la Société concessionnaire.

16 août 1881. — Procès-verbal de la prise de possession, par la Ville, des 2,795 mètres situés dans la partie Est du marché et destinés à l'établissement d'un marché alimentaire.

00 décembre 1891. — Arrêté du préfet de la Seine modifiant les heures de fermeture du marché à la friperie (texte reproduit ci-après n° 4).

MARCHÉ ALIMENTAIRE DU TEMPLE.

31 décembre 1881. — Arrêté du préfet de la Seine relatif à la création du marché alimentaire dans le pavillon est du marché du Temple.

12 mai 1882. — Arrêté du préfet de la Seine sur le stationnement des voitures autour du marché alimentaire du Temple.

3 décembre 1887. — Arrêté du préfet de la Seine modifiant les heures d'ouverture et de fermeture du marché alimentaire du Temple.

2 septembre 1881. — Arrêté du préfet de la Seine relatif à la reprise d'une partie du Temple pour le marché alimentaire (texte reproduit ci-contre n° 2).

27 août 1888. — Arrêté du préfet de la Seine modifiant les conditions d'exploitation du marché du Temple et autorisant l'ouverture de deux artères (texte reproduit ci-après n° 3).

N° 1.

Traité du 20 janvier 1863

Entre la ville de Paris et la Compagnie concessionnaire pour la reconstruction du marché du Temple.

Les soussignés :

Monsieur le baron Georges-Eugène HAUSSMANN, sénateur, préfet du département de la Seine, grand'croix de l'ordre impérial de la Légion d'honneur, demeurant à Paris, à l'Hôtel de Ville,

Agissant en sa qualité de préfet de la Seine, au nom de la ville de Paris, et comme spécialement autorisé à l'effet des présentes, par un décret rendu par Sa Majesté l'Empereur, le quatorze août mil huit cent soixante deux,

Et Monsieur Jean-Marie-Phocion (dit Prosper) FERRÈRE, banquier, demeurant à Paris, rue Neuve-Saint-Augustin, n° 11,

Agissant au nom et comme seul gérant, et ayant la signature sociale de la *Compagnie du marché du Temple*, constituée sous la raison sociale de Jean-Marie FERRÈRE et Cⁱᵉ, dont le siège est à Paris, rue Neuve-Saint-Augustin, n° 11 ;

Ladite Société créée par acte reçu par Mᵉ CORRARD et son collègue, notaires à Paris, le huit décembre mil huit cent soixante-deux, et constituée par deux délibérations de l'Assemblée générale des actionnaires de ladite Compagnie, en date à Paris des dix-huit et vingt décembre mil huit cent soixante-deux, dont des extraits, enregistrés, ont été déposés pour minute audit Mᵉ CORRARD, suivant acte reçu par lui et un de ses collègues, notaires à Paris, le vingt-six décembre 1862 ;

Le tout enregistré et publié conformément à la loi,

Ont fait et arrêté entre eux et en leurs dites qualités le traité qui suit :

ARTICLE PREMIER. — Le marché dit du Temple sera reconstruit sur l'emplacement qu'il occupe et sur le terrain qu'occupent actuellement les trois maisons portant sur la rue du Temple les nᵒˢ 164, 166 et 168, la Rotonde dite du Temple et la partie de la place dite circulaire située entre le bâtiment de la Rotonde et le marché actuel, conformément aux alignements indiqués au plan ci-annexé.

Les maisons bordant la rue du Temple portant les nᵒˢ 164, 166 et 168, et l'immeuble appelé la Rotonde du Temple seront achetés par la Compagnie du marché du Temple au nom de la Ville, soit à l'amiable, soit par voie d'expropriation pour cause d'utilité publique.

A cet effet, la Ville remplira les formalités nécessaires pour l'expropriation, et ladite Compagnie sera substituée aux droits qui en résulteront pour elle, et les exercera à ses risques et périls.

La Compagnie du marché du Temple payera, à la décharge de la Ville, les prix et les frais de toute espèce de cette acquisition, et fournira dans l'année la justification, tant de ce payement que de la purge régulière de tous les droits, privilèges et hypothèques, dont les immeubles acquis pourraient être grevés.

ART. 2. — Le marché sera construit par les soins de la Compagnie du marché du Temple, suivant les devis, plans, coupes, élévations et nivellements déposés à la préfecture de la Seine, sous la surveillance d'un architecte de la ville de Paris, désigné par le préfet de la Seine.

Avant le commencement des travaux, le gérant de la Compagnie devra remettre à l'Administration une déclaration de l'entrepreneur général et des entrepreneurs particuliers, reconnaissant que dans aucun cas ils n'auront de recours à exercer contre la Ville propriétaire, pour quelle cause que ce puisse être, ladite Compagnie étant leur seule débitrice.

La Compagnie payera à la décharge de la Ville toutes les dépenses de constructions et d'installations, y compris le bâtis des boutiques, tel qu'il est indiqué au plan et au devis descpiptif et estimatif susénoncés, ainsi que le mobilier des bureaux de l'inspecteur et des gardiens du marché. Elle produira à l'Administration municipale les quittances des entrepreneurs et fournisseurs, lors de la réception qu'elle fera faire des travaux.

ART. 3. — Le marché sera construit en fer, les fondations en béton, les soubassements en pierre de taille, le sol du rez-de-chaussée en asphalte ou bitume, celui du premier étage sera formé par un plancher ou un enduit de dallage.

ART. 4. — Aucune modification de détail ne pourra être apportée, en cours d'exécution, aux plans approuvés, sans autorisation formelle et par écrit du préfet de la Seine.

L'Admnistration se réserve le droit d'apporter dans l'exécution des travaux telles modifications, changements ou additions qu'elle croira utiles et qui auront reçu l'approbation du Conseil municipal, sauf à tenir compte des augmentations de dépenses que ces modifications, changements ou additions pourraient entraîner. Ces augmentations seront réglées par l'architecte de la Ville, suivant les prix portés aux devis estimatifs, et pour les travaux qui n'y seraient pas compris, par analogie avec les prix de ces devis.

ART. 5. — La construction du marché et son appropriation devront être terminées au plus tard dans les deux ans des présentes.

ART. 6. — Afin de conserver à la Ville le revenu actuel du marché du Temple, pendant la durée de sa reconstruction, il ne sera procédé que partiellement aux démolitions. Les boutiques démolies seront remplacées préalablement, en égal nombre, aux frais de la Compagnie du marché du Temple, par des boutiques provisoires équivalentes. Ces boutiques provisoires seront établies sur des emplacements voisins du marché actuel, qui seront livrés gratuitement par la Ville à la Compagnie du Temple.

ART. 7. — Après l'achèvement du marché, les boutiques provisoires seront démolies par la Compagnie et à ses frais. Les matériaux en provenant, ainsi que ceux du Marché actuel, lui appartiendront.

La durée de la démolition des boutiques provisoires ne pourra excéder un mois.

Art. 8. — Jusqu'à l'achèvement du marché, la Ville percevra, à ses risques et péril, le prix de location des boutiques.

Après cet achèvement, il sera dressé par l'un des architectes de la Ville, contradictoirement avec la Compagnie du marché du Temple ou son représentant, un procès-verbal descriptif des constructions du marché.

Il pourra être fait dans la même forme des réceptions de travaux à mesure de leur exécution.

Art. 9. — Pour se rédimer des frais d'acquisition des trois maisons sur la rue du Temple et de la Rotonde, ainsi que des dépenses de construction du marché et des autres obligations qui lui sont imposées, la Compagnie du marché du Temple percevra, à son profit, pendant cinquante années consécutives, qui commenceront à courir le jour de l'ouverture du marché, le montant de la location des boutiques. Le prix de la location variera de quinze, vingt, vingt-cinq, trente et trente-cinq centimes par jour et par mètre superficiel, non compris une somme de vingt-cinq centimes que ladite Compagnie prélèvera sur les étalagistes, par boutique, et par semaine, à titre de contribution aux frais du balayage du marché.

Le marché contiendra deux mille quatre cents boutiques, ayant chacune une superficie variable de trois à cinq mètres et qui seront louées suivant les prix déterminés par le paragraphe précédent dans les proportions ci-après :

Treize cents boutiques à trente-cinq centimes le mètre par jour;

Trois cent quarante-quatre boutiques à trente centimes le mètre par jour;

Cent quatre-vingt-dix boutiques à vingt-cinq centimes le mètre par jour;

Trois cent quatre-vingt-quatre boutiques à vingt centimes le mètre par jour;

Cent quatre-vingt-deux boutiques à quinze centimes le mètre par jour.

Aucun changement dans cette répartition ne pourra être opéré par la Compagnie qu'après l'avis du Conseil municipal et avec l'autorisation du préfet de la Seine.

La Compagnie du marché du Temple pourra, d'ailleurs, tous les cinq ans, solliciter une révision de ses tarifs, l'Administration et le Conseil municipal restant seuls maîtres d'apprécier les modifications qu'il pourrait être utile d'y apporter.

Ladite Compagnie percevra par semaine et d'avance le prix des locations et versera en retour dans la caisse municipale, par mois et d'avance, une redevance annuelle de deux cent mille francs. Elle sera tenue, en outre, des dépenses ayant pour objet :

1° L'entretien en bon état des bâtiments et du mobilier du marché et leur reconstruction ou remplacement en cas de sinistre ou de destruction;

2° L'éclairage du marché;

3° L'approvisionnement d'eau;

4° L'assurance contre l'incendie des constructions et du mobilier du marché;

5° La propreté du marché et de ses dépendances et abords, notamment des lieux d'aisances et des urinoirs;

6° La vidange des fosses d'aisances;

7° Les contributions de toute nature auxquelles le marché et son emplacement seront assujettis.

Les dépenses ci-dessus prévues ne sont pas facultatives, elles seront obligatoires pour la Compagnie du marché du Temple.

Art. 10. — Si, après l'acquittement de la redevance et des dépenses énumérées dans l'article précédent et après prélèvement : 1° des frais généraux d'administration du marché fixés à forfait à quinze mille francs par an ; 2° des frais de l'amortissement annuel, à raison de quarante-sept centimes et demi par cent francs du capital employé à la construction du marché et à l'acquisition des immeubles mentionnés à l'article premier, le bénéfice annuel excède huit pour cent de ce capital, la Compagnie du marché du Temple comptera la moitié de cet excédent à la ville de Paris, à titre de supplément à la redevance de deux cent mille francs ci-dessus stipulée.

Art. 11. — A l'expiration de la concession, le marché et les objets mobiliers en dépendant seront remis en toute propriété à la Ville en bon état.

Il sera dressé contradictoirement procès-verbal de cette remise.

Art. 12. — A raison du caractère municipal du marché, la Compagnie pourra réclamer le bénéfice des dispositions de l'art. 15 du traité passé entre la ville de Paris et la Compagnie parisienne pour l'éclairage et le chauffage par le gaz.

Art. 13. — La Compagnie sera tenue de faire agréer par le préfet de la Seine le choix de la Compagnie d'assurances des bâtiments contre l'incendie.

La Compagnie devra congédier les employés et les locataires dont le renvoi lui serait demandé par la même autorité ou par le Préfet de police.

Art. 14. — La gestion de la Compagnie sera soumise au contrôle ou à l'inspection des délégués que le préfet de la Seine se réserve de nommer. Elle sera tenue de communiquer ses livres et ses comptes à ces délégués à toute réquisition de leur part.

Art. 15. — Elle devra se conformer à tous les règlements de police ou autres faits ou à faire, en ce qui touche le marché et les jours et heures où il restera ouvert, ainsi qu'aux règlements d'administration ou de police concernant le commerce des marchandises exposées en vente dans le marché.

Art. 16. — La Compagnie ne pourra, à peine de résiliation immédiate, transporter en totalité ou en partie les droits résultant pour elle de la présente autorisation sans le consentement formel et par écrit de l'Administration municipale. Elle ne pourra, sous la même peine, s'immiscer directement ni indirectement dans le commerce des marchandises exposées en vente dans l'établissement.

Le choix des locataires et la désignation de leur place appartiendront à la Compagnie. Toutefois, cette dernière ne pourra installer définitivement dans le marché que les locataires dont le choix aura été approuvé préalablement par M. le Préfet de police, ou n'aura été, dans la huitaine de l'avis qui en sera donné à ce magistrat, l'objet d'aucune opposition de sa part.

La Compagnie du Temple ne pourra recevoir dans le marché que les industries qui sont actuellement admises au Temple.

Art. 17. — La Compagnie devra, dans la huitaine de ce jour, déposer à la Caisse municipale un cautionnement de cent mille francs dont les intérêts lui seront comptés à raison de trois pour cent par an.

La moitié de cette somme lui sera rendue après l'achèvement et la réception des travaux et la justification régulière du payement de toutes les dépenses d'acquisitions, de constructions et d'installations mises à sa charge. Le surplus restera à la Caisse municipale en garantie de l'exécution des autres clauses du présent cahier des charges.

Au besoin il sera fait emploi de cette seconde partie du cautionnement pour les travaux d'entretien, de réparation et de reconstruction que l'Administration serait obligée d'exécuter d'office.

Dans ce cas, la Compagnie devra remplacer à la Caisse municipale les sommes ainsi employées, dans le délai de quinze jours, sur l'invitation qui lui en sera faite, sous peine de déchéance de son entreprise.

Art. 18. — L'entreprise, quoique faite pour cinquante ans, pourra être résiliée avant l'expiration de ce temps :

1° En cas d'infraction aux clauses du présent, ou d'inexécution de ces clauses ;

2° Dans le cas où l'exploitation du marché donnerait lieu à des abus graves.

Dans ces deux cas la résiliation sera prononcée par le préfet de la Seine, sur l'avis du Conseil municipal, après une mise en demeure restée infructueuse pendant un mois.

Elle ne pourra donner lieu en faveur de la Compagnie à aucune répétition ni recours contre la Ville, à raison des dépenses de construction et autres qu'elle aura faites.

Art. 19. — Dans le cas de résiliation, comme dans le cas de l'expiration de la concession, la Compagnie remettra en bon état le marché et son mobilier.

Art. 20. — Si la Compagnie abandonnait l'exécution de son entreprise ou suspendait pendant plus de six mois les travaux commencés, elle encourrait, sauf le cas de force majeure, la déchéance.

Dans l'un et l'autre cas, son cautionnement, les constructions commencées et les matériaux déposés sur les lieux resteront acquis à la ville de Paris, à titre de dommages-intérêts.

Art. 21. — Toutes les difficultés qui pourraient s'élever entre l'Administration municipale et la Compagnie du Temple concernant le sens et l'exécution des présentes seront portées devant le Conseil de préfecture, sauf recours au conseil d'État.

Art. 22. — La Compagnie supportera les frais de timbre et d'enregistrement et tous autres auxquels pourront donner lieu les présentes, ainsi que les droits de toute nature qui pourraient être établis sur son exploitation.

Art. 19. — Après quinze années au moins de jouissance par la Compagnie, la ville de Paris pourra se substituer à elle, à la condition de verser annuellement entre ses mains, pour chacune des années de jouissance restant à courir, une somme égale à la moyenne du bénéfice net résultant de l'exploitation du marché pendant les trois années qui précéderont immédiatement celle du rachat.

Art. 24. — Le mobilier du bureau affecté aux agents chargés de la surveillance et de la police du marché sera en chêne et comprendra :

1° Un bureau avec tiroirs ;

2° Un fauteuil garni en cuir noir ;

2° Une armoire à deux battants garnie de rayons ;

3° Un casier et douze cartons ;

4° Une table ;

6° Six chaises.

Art. 25. — La ville de Paris conserve la faculté de créer directement, ou d'accorder l'autorisation de créer sur les points de son enceinte et suivant le mode qu'elle jugera convenable, un ou plusieurs marchés de la nature de celui qui fait l'objet des présentes, à la condition toutefois :

1° Que la moyenne des prix de location des boutiques, dans les marchés nouveaux, ne pourra être inférieure à la moyenne des prix de location qui seront perçus dans le marché du Temple ;

2° Que les marchés nouveaux ne seront pas établis dans un rayon moindre de 2 kilomètres du marché du Temple.

Dans le cas où la Ville userait de la faculté ainsi réservée, la Compagnie ne pourra réclamer d'elle aucune indemnité.

Fait double entre les parties, à Paris, le 20 janvier 1863.

Approuvé l'écriture :

Signé : J.-M. Ferrère et Cⁱᵉ.

Approuvé l'écriture :

Signé : G.-E. Haussmann.

Nous déclarons pour la perception des droits d'enregistrement que l'importance des constructions mises à la charge de la Compagnie du marché du Temple est de la somme de *trois millions quatre cent vingt-et-un mille huit cent trente-huit francs deux centimes*, ainsi qu'il résulte du devis estimatif mentionné art. 2 du présent traité.

Paris, le 30 janvier 1863.

Signé : J.-M. Ferrère et Cⁱᵉ.

Enregistré à Paris, le 30 janvier 1863, f° 81, r°, c° 4 ; reçu trente-quatre mille deux cent dix-huit francs quarante centimes ; double décime, six mille huit cent quarante-trois francs soixante-huit centimes.

N° 2.

Arrêté préfectoral du 2 septembre 1881 pour la reprise du marché alimentaire.

Le SÉNATEUR, Préfet de la Seine,

Vu la délibération du Conseil municipal de la ville de Paris, en date du 6 août 1881, autorisant la cession de jouissance à la ville de Paris par la Compagnie concessionnaire du marché du Temple d'une superficie de 2,795 mètres environ destinée à l'exploitation d'un marché alimentaire, moyennant une diminution de 25,000 francs sur le montant de la redevance annuelle de 200,000 francs payée à la Ville par ladite Compagnie ;

Vu le décret du 25 mars 1852 ;

Vu la loi du 24 juillet 1867 ;

Sur la proposition du sous-directeur des Affaires municipales,

ARRÈTE :

ARTICLE PREMIER. — Est approuvée la délibération du Conseil municipal de la ville de Paris en date du 6 août 1881 :

1° Autorisant la cession de jouissance à la ville de Paris par la Compagnie concessionnaire du marché du Temple d'une superficie de 2,795 mètres environ destinée à l'exploitation d'un marché alimentaire, moyennant une diminution de 25,000 francs (vingt-cinq mille francs) sur le montant de la redevance annuelle de 200,000 francs payée à la Ville par ladite Compagnie ;

2° Autorisant, dans la limite d'une dépense de cent quatre-vingt-dix-huit mille deux cent soixante-dix-neuf francs (198,279 francs), les travaux dudit marché alimentaire dans la partie cédée à la Ville ;

3° Approuvant le tarif de location à percevoir dans ce marché ;

4° Invitant l'Administration à étudier les améliorations à introduire dans la partie du marché du Temple restant affectée à sa destination primitive.

34

Art. 2. — Ampliation du présent arrêté sera adressée :

1° Au sous-directeur des Affaires municipales ;

2° Au directeur des Finances, en double ;

3° Au directeur des Travaux.

Fait à Paris, le 2 septembre 1881.

Pour le préfet et par délégation :

Le secrétaire général de la Préfecture,
Signé : J.-G. Vergniaud.

N° 3.

Arrêté préfectoral du 27 août 1888 modifiant les conditions d'exploitation du marché du Temple et autorisant l'ouverture de deux grandes artères.

Le préfet de la Seine,

Vu le traité passé le 20 janvier 1863, entre la ville de Paris et la Compagnie du marché du Temple (actuellement Compagnie des marchés du Temple et Saint-Honoré), pour la construction et l'exploitation du marché du Temple ;

Vu la décision, en date du 9 mars 1866, autorisant ladite Compagnie à transformer en carreau à l'usage des brocanteurs le 1er étage dans lequel devaient être installées 382 boutiques ;

Vu l'arrêté préfectoral du 3 septembre 1881 pris en exécution d'une délibération du Conseil municipal de la ville de Paris en date du 6 août 1881 autorisant l'abandon à la Ville d'une partie du marché du Temple pour la création d'un marché alimentaire ;

Vu la délibération du Conseil municipal de Paris, en date du 11 juillet 1888, autorisant la Compagnie concessionnaire du marché à la friperie du Temple à exécuter divers travaux et à supprimer les boutiques nécessaires à l'exécution de ces travaux ;

Vu la loi du 18 juillet 1837, art. 47 ; la loi du 24 juillet 1867, art. 17 et le décret du 25 mars 1852, tableau A, n° 51.

Vu les lois des 28 pluviôse an VIII et 20 avril 1834 ;

Sur la proposition du sous-directeur chargé de la Direction des Affaires municipales,

Arrête :

Article premier. — Est approuvée la délibération susvisée du Conseil municipal de Paris en date du 11 juillet 1888.

En conséquence, la Compagnie concessionnaire du marché à la friperie du Temple est autorisée à ouvrir, dans le pavillon spécial dudit marché, deux nouvelles grandes artères en supprimant 234 boutiques numérotées 216 à 330, 333 à 447, 810 à 926 et 929 à 1045.

Art. 2. — La Compagnie est autorisée également à supprimer les huit boutiques numérotées 13-31-69-87-1178-1196-1234 et 1252, et à les remplacer par des grilles de même largeur donnant accès dans le marché au droit des allées transversales.

Art. 3. — La Compagnie est autorisée à affecter, le cas échéant, avec l'assentiment de l'Administration, tout ou partie du pavillon annexe (entre la rue Molay et le marché alimentaire) à des industries autres que celles qui peuvent s'exercer dans le Temple, et à faire, à cet effet, dans ce pavillon, toutes modifications ou suppressions de boutiques qui seront reconnues nécessaires.

Art. 4. — La création des deux grandes voie mentionnées en l'article premier pourra n'être que provisoire ; si, après une période d'essai, la Compagnie reconnaissait que cette modification est préjudiciable à ses intérêts et sans effet sur la prospérité du marché du Temple, elle serait autorisée à rétablir les lieux dans leur état actuel.

Par contre, l'autorisation de supprimer ou modifier les boutiques dans le pavillon annexe, pour y installer des industries nouvelles, ne sera accordée que lorsque la modification essayée dans le grand pavillon aura été déclarée définitive.

Art. 5. — La Compagnie concessionnaire supportera tous les frais des diverses modifications indiquées ci-dessus et notamment les frais de timbre et d'enregistrement auquel donnera lieu le présent arrêté ; aucune diminution de redevance ne lui sera accordée.

Art. 6. — La Compagnie concessionnaire ne pourra augmenter le prix actuel des places existantes, même de celles qui se trouveront le plus avantageusement situées.

Art. 7. — Ampliation du présent arrêté sera adressée :

1° Au sous-directeur chargé de la direction des Affaires municipales ;

2° Au Secrétariat général (1re division, 1er bureau) ;

3° A la Compagnie concessionnaire du marché du Temple ;

4° A la Direction des travaux.

Fait à Paris, le 27 août 1888.

Pour le préfet et par délégation :

Le secrétaire général de la Préfecture,
Signé : A. Lauranceau.

N° **4**.

Arrêté du 28 décembre 1891 modifiant les heures de clôture.

Le préfet de la Seine,

Vu l'arrêté préfectoral du 19 janvier 1872 fixant, notamment, les heures d'ouverture et de fermeture du marché à la friperie du Temple;

Vu la pétition, en date du 22 octobre 1891, par laquelle la majorité des boutiquiers de ce marché demandent que, pendant les mois de novembre, décembre et janvier, le marché ne ferme qu'à 6 heures du soir au lieu de 4 heures et demie;

Vu l'avis favorable du directeur de la compagnie concessionnaire, en date du 9 novembre 1891;

Vu l'avis du préfet de Police, en date du 13 novembre 1891;

Vu les articles 9 et 15 du traité de concession du 20 janvier 1863, relatifs aux frais d'éclairage qui doivent être supportés par le concessionnaire;

Vu les décrets des 25 mars 1852 et 10 octobre 1859;

Sur la proposition du sous-directeur chargé de la direction des Affaires municipales,

Arrête :

Article premier. — L'arrêté susvisé du 19 janvier 1872 est modifié en ce qui concerne l'heure de fermeture du marché à la friperie du Temple, pendant les mois de novembre, décembre et janvier.

A l'avenir, le marché fermera à six heures du soir, pendant les mois susindiqués.

Art. 2. — Le présent arrêté sera affiché. Il sera, en outre, inséré au *Recueil des actes administratifs* et au *Bulletin municipal officiel*.

Ampliation en sera adressée, etc.

ANNEXES IV

—

N° 1.

Lettre de la Compagnie au préfet de la Seine.

Paris, le 6 décembre 1890.

Monsieur le Préfet,

Nous avons eu l'honneur de recevoir votre dépêche, nous demandant dans quelle proportion nous pourrions diminuer les loyers des marchands du Temple, dans le cas où la ville de Paris nous autoriserait à installer en façade de la rue du Temple un grand bazar de toutes sortes d'articles quelconques, à l'exception de ceux qui se débitent au marché.

Nous nous sommes empressés, Monsieur le Préfet, d'examiner attentivement cette question avec le vif désir d'arriver à une solution conforme aux vues de l'Administration municipale ; mais, dès le premier examen que nous en avons fait, nous avons eu le regret de rencontrer deux difficultés capitales qui ne nous permettent pas d'user de la faculté d'établir le bazar en question.

La première, c'est qu'il nécessiterait le déplacement d'un grand nombre de marchands, dont les intérêts se trouveraient très gravement lésés.

La seconde, c'est que nous n'avons pas les fonds nécessaires pour organiser et aménager ce bazar. Vous savez, en effet, Monsieur le Préfet, quelle est notre situation actuelle. Notre capital social a été entièrement employé, dès l'origine de notre société, à payer, en l'acquit de la Ville, toutes les dépenses quelconques de reconstruction et d'établissement du marché, lesquelles se sont élevées à 6,850,000 francs.

Quant aux produits des droits de places qui nous ont été concédés pour cinquante ans en remboursement et rémunération de ce capital, ils sont absorbés en majeure partie par les frais d'exploitation et le paiement de la redevance à la Ville qui s'élèvent ensemble annuellement à 250,000 francs, de sorte que le capital engagé reçoit à peine la moitié de l'annuité nécessaire à sa reconstitution.

Veuillez agréer, Monsieur le Préfet, l'assurance de notre haute et respectueuse considération.

Le directeur,

Signé : Raballet.

N° 2.

Lettre de la Compagnie au président de la 2ᵉ Commission.

Paris, le 14 mars 1891.

Monsieur le Président,

Je m'empresse, après avoir pris l'avis de mes collègues du Conseil d'administration, de répondre à la lettre que vous avez bien voulu m'adresser au sujet d'une réduction des loyers des boutiques du marché du Temple.

Ainsi que je l'ai expliqué verbalement à la 2ᵉ Commission, dans la séance à laquelle vous m'avez fait l'honneur de me convoquer, la situation actuelle de notre Compagnie peut se résumer ainsi : son capital de 6,850,000 francs a été entièrement employé, dès l'origine, à payer, à la décharge de la Ville, toutes les dépenses quelconques d'établissement du nouveau marché ; quant aux produits des loyers des boutiques, qui lui ont été concédés temporairement à titre de rémunération de ce capital, ils sont absorbés annuellement en majeure partie par les frais d'exploitation et par le prélèvement de 175,000 francs que la Ville s'est réservé à titre de redevance, de sorte que les prévisions des parties contractantes relatives, soit à l'amortissement, soit aux fruits de ce capital, sont très loin de se réaliser.

Étant donnée cette situation, ce n'est évidemment qu'au moyen d'une exonération de la redevance que la Compagnie peut être mise en mesure de réduire les loyers du marché.

Dans cet ordre d'idées, voici quelles sont les propositions qu'elle a l'honneur de faire à la Ville en vue de seconder de tout son pouvoir les intentions bienveillantes du Conseil et de l'Administration municipale vis-à-vis des marchands.

Elle offre : 1° de faire bénéficier exclusivement ces marchands, sans aucune réserve à son profit, de toute la réduction de redevance que la Ville voudra consentir ; cela, en réduisant l'ensemble des loyers des boutiques qu'ils occupent actuellement d'une somme équivalente à cette réduction de redevance ; 2° de faire subir en même temps une semblable réduction aux loyers des boutiques actuellement inoccupées. Enfin, dans le cas où, par suite de ces réductions, il se produirait en sa faveur une amélioration sur le revenu moyen des trois dernières années, elle se déclare disposée à examiner dans quelle mesure il serait possible de faire profiter, soit la Ville, soit les marchands, des conséquences de cette amélioration.

Veuillez agréer, Monsieur le Président, l'assurance de ma considération la plus distinguée.

Le président du Conseil d'administration,

Signé : BROLEMANN.

N° 3.

Lettre du directeur des Affaires municipales à la Compagnie.

Paris, le 16 octobre 1891.

Monsieur,

La 2ᵉ Commission du Conseil municipal, saisie d'une pétition de marchands à la friperie du Temple, estime que, pour enrayer la décadence de ce marché et lui rendre quelque prospérité, il est indispensable de réduire considérablement les tarifs ; ce dégrèvement entraînerait un sacrifice qui ne pourrait pas être évalué à moins de 100,000 francs.

La ville de Paris pourrait ne pas être éloignée d'accepter une redevance moindre de la part de la société du marché du Temple si celle-ci, de son côté, consentait à restreindre le taux des places dans une proportion assez forte. De toutes façons, les concessions de la Ville seraient en rapport avec celles de la Compagnie.

Cette combinaison est directement avantageuse à votre société ; en effet, si on reste dans le statu quo, il est à craindre que le marché ne périclite de plus en plus ; les recettes baisseraient rapidement et n'atteindraient même plus celles que l'on peut encore espérer si l'on fait dès maintenant les dégrèvements nécessaires.

Si au contraire on se résout en temps utile aux concessions indispensables, le marché continuerait d'exister, les recettes ne baisseraient plus ; elles auraient même peut-être la chance de remonter ; on voit aussitôt apparaître pour la Compagnie la compensation du sacrifice accepté par elle ou tout au moins un arrêt dans la décroissance continue de ses ressources.

Étant donné la situation, la Compagnie aurait donc d'ores et déjà intérêt à faire elle-même et elle seule des sacrifices qui pourraient lui être fructueux ; elle y a double avantage du moment où la commission du Conseil municipal semble disposée à la seconder dans cette voie, et lui offrir une occasion dont elle devrait profiter avec empressement.

En ce qui concerne les combinaisons subsidiaires auxquelles il a été fait allusion au cours d'un entretien avec un représentant de votre Compagnie, et tendant au rachat de la partie non encore désaffectée du deuxième pavillon, celle-ci pourra, bien entendu, faire toutes propositions qu'elle jugera convenables.

Ces propositions seront transmises à la Commission du Conseil, qui appréciera la suite qu'elles comporteraient.

Au surplus, la combinaison dont il est parlé au début de cette lettre a été présentée par la Commission pour cette seule raison que la Commission n'avait soumis aucune offre acceptable ; mais si la société que vous représentez se rangeait à tout autre projet, quel qu'il soit, l'Administration s'empresserait de soumettre ces contre-propositions à la Commission du Conseil, qui n'a fait qu'indiquer un moyen de sauvegarder les intérêts du marché du Temple, sans tenir exclusivement à une solution plutôt qu'à une autre.

Vous n'ignorez pas, Monsieur, l'importance qu'il convient d'attacher à cette affaire. Je vous serai donc obligé de répondre le plus tôt possible à la présente lettre, la Commission du Conseil municipal désirant soumettre d'urgence son rapport à cette assemblée.

Veuillez agréer, Monsieur, l'assurance de ma considération distinguée.

Le sous-directeur chargé de la direction des Affaires municipales,
Signé : A. MÉNANT.

N° 4.

Réponse de la Compagnie.

Paris, le 7 novembre 1891.

Monsieur le Directeur,

Nous avons eu l'honneur de recevoir votre lettre du 16 octobre dernier nous faisant connaître les bases d'une proposition qui aurait pour objet, au moyen d'un sacrifice commun de la Ville et de la Compagnie, de dégrever d'une manière sensible les loyers du marché du Temple.

Nous nous sommes empressés d'examiner attentivement cette proposition avec le vif désir d'arriver à une solution qui répondît aux intentions de l'Administration municipale. Après nous être rendu compte de tout ce qu'il nous était possible de faire dans la situation où se trouve notre Compagnie, voici les deux combinaisons auxquelles nous nous sommes arrêtés et que nous avons l'honneur de soumettre à la Ville, nous déclarant prêts à accepter celle des deux qui obtiendrait sa préférence.

1re Combinaison. — La Ville consentirait une diminution de cent mille francs sur le montant de notre redevance, de son côté la Compagnie dégrèverait de cent mille francs, soit environ 27 °/₀, les loyers des boutiques actuellement occupées, et réduirait dans la même proportion les loyers des boutiques vacantes. De plus, elle rétrocéderait à la Ville le pavillon contigu au marché alimentaire ; et, enfin, si les produits futurs du marché excédaient la moyenne des produits des trois dernières années, elle abandonnerait à la Ville le tiers de cet excédent.

2e Combinaison. — La Ville ferait l'abandon intégral de la redevance de 175,000 francs ; les loyers des 1,298 boutiques qui composent le marché seraient dégrevés de 33 °/₀, soit 197,600 francs, dont 120,000 francs environ applicables aux loyers des boutiques actuellement occupées ; — l'ensemble des produits nets du marché (déduction faite des frais et charges de l'exploitation fixés à forfait à 105,000 francs d'après la moyenne des dernières années) seraient partagés par moitié entre la Ville et la Compagnie.

En supposant cette combinaison admise, le revenu de la Ville et de la Compagnie ressortirait :

A 176,000 francs pour chacune, dans le cas où il n'y aurait pas de non-valeurs ;

A 155,400 francs, — dans le cas où il y aurait 10 % de non-valeurs ;

A 134,800 francs, — dans le cas où il y aurait 20 % de non-valeurs ;

A 124,500 francs, — dans le cas où il y aurait 25 % de non-valeurs.

Veuillez agréer, Monsieur le Directeur, l'assurance de nos sentiments les plus distingués,

Le directeur,
Signé : B. Raballet.

Nº 5.

Lettre du préfet de la Seine à la Compagnie.

Paris, le 2 décembre 1891.

Monsieur,

Après avoir examiné les combinaisons que vous avez proposées dans votre lettre du 9 novembre courant, pour arriver à la réduction du tarif de location des places au marché à la friperie du Temple, la 2ᵉ Commission du Conseil municipal estime que, telles qu'elles sont formulées, ces combinaisons ne sauraient être susceptibles de suite.

En effet, la première (qui consiste à rendre à la Ville la jouissance de ce qui vous reste encore du petit pavillon du Temple, moyennant une diminution de redevance de 100,000 francs que vous emploieriez à réduire de 27 % le prix de location) fait supporter à la Ville seule le sacrifice de cet abaissement de tarif, puisque vos locataires actuels du petit pavillon seraient réinstallés par vous dans les places vacantes du grand pavillon, et que vous ne subiriez, en réalité, aucune perte de revenu, étant donné que la diminution de recettes résultant d'un abaissement de tarif de 27 %, estimée par vous à 100,000 francs par an, serait compensée et même au-delà par la diminution de redevance que vous demandez.

Quant à la seconde combinaison proposée (qui consiste : 1° à réduire le tarif des locations de 33 % ; 2° à supprimer toute redevance ; 3° à appeler la Ville au partage des bénéfices nets), bien qu'elle comporte de la part de votre Compagnie d'importants sacrifices, elle a le tort grave de modifier dans son essence le contrat du 20 janvier 1863, puisqu'elle substitue à ce contrat de location un contrat de société.

La Ville, en fait, ne saurait être associée aux risques pécuniaires d'une exploitation confiée à une société privée, et il importe que votre Compagnie, qui a toute la responsabilité de sa gestion, en conserve les risques, afin qu'il y ait là pour elle un stimulant à rechercher les combinaisons propres à ramener la prospérité au marché de la friperie du Temple.

Or, la seconde combinaison que vous avez proposée au Conseil municipal, dans votre lettre du 7 novembre courant, irait diamétralement contre ce but puisqu'elle diminuerait vos risques de la part qu'elle en rejetterait sur la Ville.

Toutefois, la 2e Commission du Conseil ne perd pas l'espoir d'arriver avec votre Compagnie à une entente, et elle insiste pour savoir si, dans l'hypothèse où la Ville consentirait une réduction de loyer, la Compagnie serait, de son côté, disposée à faire un sacrifice correspondant en vue de l'abaissement du tarif, et, en cas d'affirmative, quelle serait l'importance de ce sacrifice.

Permettez-moi d'appeler à nouveau votre attention sur les avantages de cette combinaison que je vous ai déjà signalés dans ma lettre du 16 octobre dernier.

Étant donné que la désertion du Temple par les marchands fripiers s'y accentue de jour en jour, il semble de l'intérêt bien entendu de votre Compagnie de se prêter à la combinaison que signale la 2e Commission.

Assurément cette combinaison vous causera une perte de revenu dans le présent, mais, dans l'avenir, si, comme il y a lieu de l'espérer, elle enraye le mouvement de désertion des marchands, la Compagnie concessionnaire du Temple profitera, par une non-décroissance de ses revenus futurs, non seulement des sacrifices qu'elle aura faits, mais aussi de ceux que ferait la Ville de son côté.

Si vous considérez que, en 10 ans (1880—1890), les recettes brutes du Temple se sont abaissées de 640.934 fr. 05 c. à 443.869 fr. 55 c., soit de près de 200,000 francs, et qu'un abaissement équivalent peut se produire de 1890 à 1900, vous reconnaîtrez très certainement que votre Compagnie aurait actuellement intérêt à consentir d'elle-même un sacrifice de 50,000 fr., par exemple, pour obtenir, avec un sacrifice de la Ville, le maintien à demeure fixe des recettes du Temple au chiffre de 343,869 fr. 55 c. plutôt que de le laisser, par son refus, tomber à près de 243.869 fr. 55 c.

Je vous serai très obligé de me faire connaître, dans le plus bref délai possible, la décision de votre société sur ce point.

Agréez, Monsieur, l'assurance de ma considération distinguée.

Pour le préfet de la Seine, et par autorisation :

Le sous-directeur des Affaires municipales.

Signé : MENANT.

N° 6.

Réponse de la Compagnie.

Paris, le 5 décembre 1891.

Monsieur le Préfet,

Nous avons eu l'honneur de recevoir votre dépêche du 2 courant et nous nous sommes empressés d'examiner à nouveau, en nous plaçant dans l'ordre d'idées que vous nous indiquez, dans quelle mesure il nous serait possible, par un abandon partiel de notre revenu, de contribuer au sacrifice que la Ville serait disposée à faire pour alléger les charges des marchands du Temple.

Permettez-nous, Monsieur le Préfet, de rappeler tout d'abord que notre revenu actuel est tellement modique qu'il ne nous permet pas de servir au capital engagé plus de 0 fr. 75 % d'intérêt en sus de l'amortissement. Dans ces conditions, il nous est bien difficile, au regard de nos actionnaires, de consentir une diminution de ce minime revenu. Toutefois, pour faire acte de bonne volonté et pour nous prêter aux vues bienveillantes de l'Administration et du Conseil municipal à l'égard de nos marchands, voici ce que nous proposons :

1° Dans le cas où la Ville diminuerait de 75,000 francs le montant de sa redevance, nous dégrèverions de 90,000 francs les loyers des boutiques actuellement occupées et nous dégrèverions à proportion les loyers des boutiques vacantes comprises dans le bâtiment principal (abstraction faite du pavillon contigu au marché alimentaire), ce qui ferait un dégrèvement total de 124,000 francs sur l'ensemble des loyers, soit 25,000 francs ;

2° Dans le cas où la Ville diminuerait de 100,000 francs le montant de sa redevance, nous dégrèverions de 125,000 francs les loyers des boutiques actuellement occupées et nous dégrèverions à proportion les loyers des autres boutiques du bâtiment principal, ce qui ferait un dégrèvement total de 170,000 francs sur l'ensemble des loyers, soit un peu plus de 33 %.

Dans l'un et l'autre cas, nous abandonnerions en outre à la Ville le pavillon contigu au marché alimentaire, pavillon qui contient 1,750 mètres superficiels, et qui serait, bien entendu, affecté à des industries autres que celles qui s'exercent dans le marché.

Nous ferions ainsi en dehors de cet abandon un sacrifice pécuniaire qui serait, dans le premier cas, de 15,000 francs et dans le second cas de 25,000 francs. Ce dernier chiffre est le maximum de ce qu'il soit possible de consentir ; c'est la limite extrême qu'il ne nous est pas permis de dépasser.

Veuillez agréer, Monsieur le Préfet, l'assurance de notre haute et respectueuse considération.

Le directeur,

Signé : RABALLET.

NOTE-ANNEXE.

MARCHÉ DU TEMPLE.

Loyers actuels de 1298 boutiques..	592.800 »	
Dégrèvement de 33 °/₀..	197.500 »	
Reste..........	395.200 »	

A ajouter :

1° Perception du balayage...............................	16.800 »	
2° Carreau, environ.....................................	45.000 »	
	61.800 »	61.800 »
		457.000 »
A déduire charges et frais d'exploitation......................		105.000 »
Reste..........	552.000 »	

dont la moitié (176,000 fr.) pour la Ville et moitié (176,000 fr.) pour la Compagnie.

Tel est le produit plein, sans non-valeurs.

En admettant 10 °/₀ de non-valeurs dans les loyers, le produit tomberait à 310,800 francs, et la Ville et la Compagnie recevraient chacune 155,400 francs.

Avec 20 °/₀ de non-valeurs, produit 269,600 francs, soit 134,800 francs pour la Ville et autant pour la Compagnie.

Avec 25 °/₀ de non-valeurs, produit 249,000 francs, soit 124,500 francs pour chacune.

N° 7.

Lettre de la Compagnie au directeur des Affaires municipales.

Paris, le 12 novembre 1892.

Monsieur le Directeur,

Comme suite à l'entretien que j'ai eu l'honneur d'avoir avec vous au sujet du marché du Temple, permettez-moi de vous faire remarquer que les produits actuels de ce marché ne laissent plus, après le paiement de la redevance à la Ville et l'acquittement des dépenses d'exploitation, qu'un revenu net d'environ 135,000 francs, somme qui représente à peine l'annuité nécessaire au service de l'*amortissement* du capital engagé. Cette situation nous met, vis à vis de nos actionnaires, dans l'impossibilité absolue d'aller au-delà des propositions énoncées en notre lettre du 5 décembre 1891.

Veuillez agréer, Monsieur le Directeur, l'expression de mes sentiments les plus distingués.

Le directeur,
Signé : RABALLET.

TABLE DES MATIÈRES